부자
아빠

가난한 아빠

**20주년
특별 기념판**

RICH DAD POOR DAD

(20th Anniversary Edition with Updates For Today's World
– And 9 New Study Session Sections):
What The Rich Teach Their Kids About Money That
The Poor and Middle Class Do Not!
by Robert T. Kiyosaki

First Korean Edition: February 2000

Second Korean Edition: November 2012

Third Korean Edition: February 2018

로버트 기요사키

안진환 옮김

부자
아빠

가난한 아빠

부자들이 들려주는 '돈'과 '투자'의 비밀

ROBERT T. KIYOSAKI

민음인

"자신의 재정적 미래를 관리하기를 바라는 사람들은

『부자 아빠 가난한 아빠』를 출발점으로 삼길 권한다."

—《USA 투데이》

20년이 지나도
변하지 않는 것들

비틀스는 1967년 6월 1일 「서전트 페퍼스 론리 하츠 클럽 밴드」 앨범을 발표했다. 앨범은 발매되자마자 비평가들의 극찬 속에서 선풍적인 인기를 끌며 영국 앨범 차트 27주 연속 1위를 차지했고, 미국 빌보드 차트에서 15주 동안 정상에 올랐다. 《타임》은 그 앨범을 "음악의 진보를 향한 역사적인 출발"로 평가했다. 이듬해 그래미상 시상식에서는 '올해의 앨범'을 비롯해 네 개 부문을 석권했다. 록 앨범이 '올해의 앨범'의 영예를 안은 것은 역사상 최초의 일이었다.

『부자 아빠 가난한 아빠』는 이십 년 전인 1997년, 나의 오십 번째 생일인 4월 8일에 출간되었다. 비틀스의 앨범과 달리 그 책은 즉각적인 상업적 성공을 거두지 못했다. 비평가들의 평론도 호의적이지 않았다. 그 책의 출간과 뒤이은 평론은 비틀스의 경우와 정반대였다.

『부자 아빠 가난한 아빠』는 처음에 자비로 출간되었다. 나의 제안을 받은 모든 출판사가 출간을 거부했기 때문이다. 그들은 대개 이런 말을 덧붙이며 원고를 돌려보냈다.

"당신은 자신이 무슨 말을 하고 있는지 모르는군요."

나는 대부분의 출판 관계자들이 교육 수준이 높은 나의 가난한 아버지와 같은 생각을 한다는 사실을 발견했다. 부자 아버지와는 거리가 멀었다는 뜻이다. 대부분의 출판 관계자들은 나의 가난한 아버지처럼 부자 아버지의 돈에 관한 교훈에 동의하지 않았다.

이십 년의 세월을 통과해 온 부자 아버지의 교훈들

1997년『부자 아빠 가난한 아빠』는 미래에 대한 경고와 교훈을 제시하는 책으로 등장했다. 그리고 이십 년이 지난 오늘날, 세계 전역의 수백만 명이 부자 아버지의 경고와 교훈을 알고 있다. 지난 이십 년을 돌아보며 많은 사람들은 그의 경고와 교훈이 예언적이었다고 말한다. 부자 아버지의 말대로 실현되었다는 뜻이다. 그런 교훈을 몇 가지 소개하면 다음과 같다.

부자 아버지의 교훈 1

"부자들은 돈을 위해 일하지 않는다."

이십 년 전 몇몇 출판사가 내 책의 출간을 거절한 이유는 바로 부자 아버지의 이 교훈 때문이다.

오늘날 갈수록 커지는 빈부 격차를 세계의 모든 사람들이 우려하고 있다. 1993년에서 2010년 사이에 미국에서 발생한 국가 수입의 증분 가운데 50퍼센트 이상이 상위 1퍼센트 부자들에게 돌아갔다. 그 이후로 상황은 점점 더 악화되고 있을 뿐이다. 캘리포니아 대학의 경제학자들은 2009년에서 2012년 사이의 소득 증분 가운데 95퍼센트가 상위 1퍼센트에게 돌아갔다고 밝혔다. 소득 증가는 고용인들이 아니라 기업가와 투자가들에게 이득을 안겨 주고 있다는 것이다. 이는 돈을 위해 일하는 사람들은 혜택을 입지 못하고 있음을 의미한다.

부자 아버지의 교훈 2

"저축하는 사람은 패배자가 된다."

이십 년 전 대부분의 출판인들이 부자 아버지의 이 교훈에 격분했다. 가난한 사람들과 중산층에게 '돈을 저축하는 것'은 모종의 종교와도 같다. 그것이 가난에서 벗어날 수 있는 재정적 구원이자 이 잔인한 세상에서 견딜 수 있는 보호책이라고 믿기 때문이다. 그래서 그런 사람들에게 "저축하는 사람이 패배자"라고 말하는 것은 많은 경우 저주를 퍼붓는 것과 같다. 백문이 불여일견이다. 지난 백이십 년간의 다우존스 산업평균지수를 나타내는 도표를 보면 저축하는 사람이 패배자가 되는 이유와 방식을 알 수 있다. 다음 도표는 21세기 초반 십 년 사이에 세 차례의 주식 시장 폭락이 있었음을 보여 준다.

첫 번째는 2000년경의 닷컴 붕괴, 두 번째는 2007년의 부동산 시장 붕괴, 세 번째는 2008년의 금융 시장 붕괴다.

120년간의 다운존스 산업평균지수 (DJIA)
도표의 음영 부분은 미국 경제의 침체기를 의미한다.

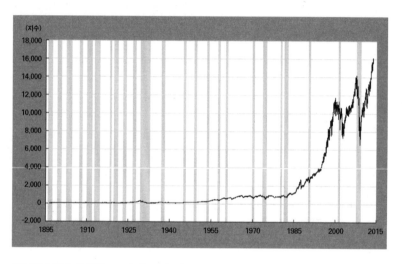

출처: S&P 다우존스 지수(2013 research,stlouisfed.org)

그리고 다음 도표의 1929년 대폭락 부분을 보라.

21세기 초반의 세 차례 폭락과 1929년의 대폭락을 비교하면 금세기의 세 차례 주식 시장 폭락이 얼마나 '거대한' 것인지 알 수 있다.

120년간의 다운존스 산업평균지수 (DJIA)

도표의 음영 부분은 미국 경제의 침체기를 의미한다.

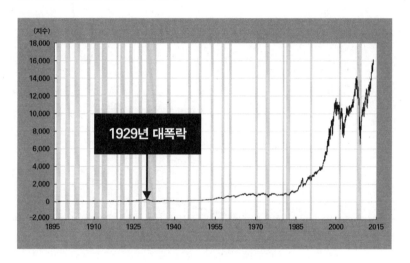

출처: S&P 다우존스 지수(2013 research.stlouisfed.org)

그리고 다음 도표는 각각의 붕괴 사태 이후 미 정부와 연방준비은행이 '돈을 찍어 내기' 시작했다는 사실을 보여 준다.

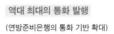

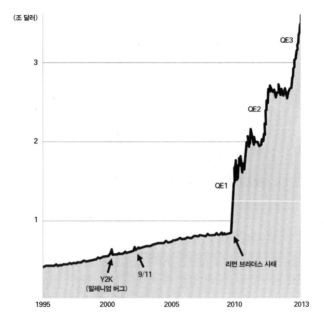

역대 최대의 통화 발행
(연방준비은행의 통화 기반 확대)

2000년에서 2016년 사이 경제를 구한다는 명목하에 세계의 은행들은 계속 이자율을 낮추고 돈을 찍어 냈다.

지도자들은 자신들이 세상을 구하고 있다고 우리가 믿어 주길 바라지만, 실은 부자들이 스스로를 구하며 가난한 사람들과 중산층을 버스 아래로 밀어 넣고 있는 것이다.

오늘날 많은 나라에서 예금에 마이너스 금리를 적용하고 있다. 그래서 저축하는 사람은 패배자가 된다. 오늘날 가장 큰 패배자는 돈을 위해 일하고 저축을 하는 사람들, 즉 가난한 사람들과 중산층이다.

부자 아버지의 교훈 3

"당신의 집은 자산이 아니다."

이십 년 전 내게 출간 거부 의사를 밝힌 모든 출판인들이 부자 아버지의 이 교훈을 비판했다.

그로부터 십 년 후인 2007년, 서브프라임 채무자들이 서브프라임 모기지에 대한 상환불능 상황에 처하기 시작하자 세계의 부동산 시장 거품이 터졌고 수백만의 주택 소유자들은 이 교훈의 진실을 뼈저리게 체험했다. 그들의 집은 결코 '자산'이 아니었던 것이다.

그런데 대부분의 사람들은 부동산 시장 붕괴가 실은 진정한 부동산 시장 붕괴가 아니었다는 사실을 모른다.

부동산 시장 붕괴를 유발한 것은 가난한 사람들이 아니라 부자들이었다. 부자들은 이른바 파생상품이라는 것을 창출했다. 워런 버핏이 '금융의 대량살상무기'라 칭한 상품이었다. 이 대량살상무기가 터지기 시작했을 때 부동산 시장은 붕괴했다. 그리고 그에 대한 비난은 가난한 서브프라임 모기지 채무자들에게 돌아갔다.

2007년 금융 파생상품의 규모는 약 700조 달러로 추산되었다. 오늘날 그 규모는 1200조 달러에 달한다. 진정한 문제는 개선된 것이 아니라 더 커졌을 뿐이다.

부자 아버지의 교훈 4

"부자들은 세금을 덜 낸다."

이십 년 전, 몇몇 출판인들은 『부자 아빠 가난한 아빠』가 부자들이 세금을 덜 내는 이유와 방법을 폭로한 것에 대해 비난했다. 한 출판인은 이 교훈이 불법이라고 말했을 정도다.

그로부터 십 년 후인 2007년, 버락 오바마 대통령이 주지사 출신인 미트 롬니를 상대로 재선 경쟁을 벌였다. 오바마 대통령은 소득세로 약 30퍼센트를 납부한 반면 롬니는 13퍼센트 미만을 납부했다는 사실이 알려지면서 롬니의 지지율은 하락하기 시작했고, 결국 그해 대선은 오바마의 승리로 돌아갔다.

세금 문제는 2016년 대선에서도 또 다시 결정적인 역할을 수행했다.

가난한 사람들과 중산층은 미트 롬니나 도널드 트럼프 같은 사람들이 어떻게 합법적으로 세금을 덜 내는지에 대해서 알려고 하기보다는 그저 화를 내고 분개했을 뿐이다.

도널드 트럼프 대통령이 가난한 사람들과 중산층에게 세금을 줄여주겠다고 약속했지만, 그래도 여전히 세금을 덜 내는 쪽은 부자들이다. 부자들이 세금을 덜 내는 이유를 살펴보면 부자 아버지의 첫 번째 교훈이 여전히 반영되어 있다. "부자들은 돈을 위해 일하지 않는다." 돈을 위해 일하는 사람은 누구든 세금 징수의 주요 대상이 된다.

민주당 대선 후보였던 힐러리 클린턴은 부자들의 세금을 올리겠다고 약속했지만, 그 역시 진정한 부자들의 세금을 올리겠다는 말이 아니라 의사나 변호사, 연예인 같은 고소득자의 세금을 올리겠다는 얘기였다.

20년 전 그리고 오늘

비록 비틀스의 「서전트 페퍼스 론리 하츠 클럽 밴드」 앨범처럼 즉각적인 성공을 거두지는 못했지만 『부자 아빠 가난한 아빠』는 2000년경 《뉴욕타임스》 베스트셀러 목록에 올라 거의 칠 년 동안 머물렀다. 또한 2000년에 나는 「오프라 윈프리 쇼」에 출연해 한 시간 동안 열변을 토했고, 그 이후로 사람들이 흔히 말하듯 "새로운 역사를 창조했다."

『부자 아빠 가난한 아빠』는 개인 재정 부문 역대 1위의 베스트셀러가 되었고, '부자 아빠' 시리즈는 지금까지 전 세계적으로 4000만 부 가까이 판매된 것으로 집계되고 있다.

많은 사람들이 "부자 아버지가 실제로 있었느냐?"고 묻는다. 이에 대한 답으로는 부자 아버지의 아들인 마이크의 얘기를 들어 보라고 권하고 싶다. 마이크는 「리치 대드 라디오 쇼」에 게스트로 출연한 바 있다. 'Richdadradio.com'에 들어가면 해당 프로그램을 들을 수 있다.

리치 대드 대학원으로의 초대

나는『부자 아빠 가난한 아빠』에 가능한 한 쉬운 내용을 담았다. 거의 모든 사람들에게 부자 아버지의 교훈을 알리고 싶었기 때문이다.

더 많은 것을 알고자 하는 사람들을 위해, 그리고 20주년을 기념하기 위한 일환으로『왜 부자는 더욱 부자가 되는가Why the Rich Are Getting Richer』라는 책도 썼다.

이 책은 돈과 투자에 관해서 부자 아버지가 나와 마이크에게 실제로 가르친 내용을 보다 구체적으로 자세히 살펴본다. 대학원 수준의 교육 과정을 담고 있다고 할 수 있다. 리치 대드 학생들을 위한 대학원인 셈이다.

나는 이 책 역시 가능한 한 단순하게 쓰기 위해 노력을 기울였지만 부자들이 실제로 행하는 일은 그렇게 쉽지 않고 설명하는 것 역시 쉽지 않다. 부자들이 실제로 행하는 일은 학교에서는 가르치지 않는 금융 교육을 필요로 한다.

나는 먼저『부자 아빠 가난한 아빠』를 읽고, 더 많은 것을 알고 싶으면『왜 부자는 더욱 부자가 되는가』를 읽어 보라고 권한다.

지난 이십 년 세월에 대한 감사

과거와 현재, 그리고 미래의 독자 여러분께

리치 대드 컴퍼니의 모두는 이렇게 말한다.

"대단했던 지난 이십 년 동안

성원해 주신 데 대해 심심한 감사를 표합니다."

인류의 재정적 웰빙을 고양하는 것,

그것이 우리의 미션이다.

한 번에 한 사람씩 그 인생을 바꿔 나갈 것이다.

차례

이 책을 세상의 모든 부모들께 바칩니다.

자녀에게 가장 중요한 스승은 부모이기 때문입니다.

감사의 말씀을 드려야 할 대상이 너무 많을 때는 과연 어떻게 해야 할까? 먼저 강력한 역할 모델로서 나를 인도해 준 두 아버지께, 그리고 사랑과 친절을 가르쳐 주신 어머니께 감사의 말씀을 올리는 게 순서일 것이다.

하지만 이 책이 세상의 빛을 보는 데 직접적인 공헌을 한 사람들은 다음과 같다. 먼저 나의 삶을 완전하게 만들어 준 나의 아내 킴. 그녀는 내 결혼 생활과 사업, 나아가 인생의 파트너다. 그녀가 없었다면 나는 길을 잃고 방황했을지도 모른다. 훌륭하게 딸을 키우신 장인 장모, 위니·빌 메이어 님께 감사드린다. 다음으로 우정과 격려로 내게 힘을 준 래리·리사 클라크 부부에게 고마움을 전한다. 롤프 파타는 전문적 천재성으로 나를 도왔다. 앤 네빈과 보비 데포터, 조 채폰은 통찰력과 지식을 전해 주었다.

부자 아버지
vs.
가난한 아버지

나의 두 아버지는 내게 상반되는 견해를 가르쳐 주셨다.
하나는 부자의 시각이었고, 다른 하나는 가난한 자의 시각이었다.

나에게는 두 분의 아버지가 계셨다. 한 분은 부자였고, 다른 한 분은 가난했다. 한 분은 교육을 많이 받은 지적인 분이었다. 그분은 대학 사년 과정을 이 년 만에 마쳤으며 박사 학위까지 받았다. 그 후로도 스탠퍼드 대학, 시카고 대학, 노스웨스턴 대학에서 모두 전액 장학금을 받으면서 연구 과정을 수행했다. 반면, 다른 한 분은 중학교도 채 마치지 못했다.

두 분 모두 평생 열심히 일하며 성공적인 경력을 쌓았다. 또 두 분모두 상당한 수입을 올렸다. 하지만 한 분은 평생 금전적으로 고생했고, 다른 한 분은 하와이 최고의 갑부가 되었다. 부자 아버지는 가족과 자선 단체, 교회에 수천만 달러를 남기고 돌아가셨지만, 가난한 아버지는 지불해야 할 청구서들을 남기셨다.

강인함과 카리스마를 지니고 있던 두 분은 나에게 특별한 영향을 미쳤다. 두 분 모두 나에게 많은 가르침을 주었으나 그 내용은 서로 달랐다. 두 분 모두 교육의 중요성을 굳건히 믿었지만 동일한 교육 과정을 권유하지는 않았다.

만약 아버지가 한 분만 계셨다면, 나는 그분의 가르침을 받아들이거나 거부하거나 둘 중 하나였을 것이다. 하지만 두 분의 아버지를 둔 덕분에 나는 서로 상반되는 견해 중 한 가지를 택할 수 있었다. 부자의 견해와 가난한 자의 견해 중에서.

나는 어느 한 분의 견해나 시각을 일방적으로 받아들이거나 거부하는 대신 더 많이 생각하고 양쪽을 비교한 후 나 자신을 위한 결정을 내렸다. 문제는 부자 아버지는 아직 부자가 아니었고, 가난한 아버지도 아직 가난하지 않았다는 것이었다. 두 분 모두 막 사회생활을 시작했고, 돈을 벌어 가족을 돌보기 위해 애쓰고 있었다. 그러나 돈에 관한 두 분의 시각은 전혀 달랐다.

예를 들어, 한 분은 이렇게 말씀하시곤 했다. "돈을 사랑하는 것은 모든 악의 근원이다." 반면 다른 아버지는 이렇게 말씀하셨다. "돈이 부족하다는 것은 모든 악의 근원이다."

어린 시절, 뚜렷한 주관을 가지고 내게 영향력을 행사하는 두 분의 아버지가 있다는 것은 감당하기 쉽지 않은 일이었다.

나는 말을 잘 듣는 착한 아들이 되고 싶었다. 그러나 두 아버지는 같은 말을 하지 않았다. 특히 돈에 관한 그분들의 시각은 너무도 달라서 나는 점점 더 호기심과 궁금증을 느끼지 않을 수 없었다. 나는 오랜 시간 두 분의 말씀을 곰곰이 생각하기 시작했다.

혼자 있을 때면 생각에 잠겨 이런 의문을 품곤 했다. '그분은 왜 그런 말을 했을까?' 그러면서 다른 아버지의 말씀에 대해서도 같은 질문을 던졌다. 그냥 단순히 이렇게만 생각했다면 훨씬 더 쉬웠을 것이다. '그래, 그분의 말씀이 맞아. 나도 그 말에 동의해.' 또는 이런 식으로 그저 거부할 수도 있었다. '뭘 모르고 하시는 소리지.' 하지만 나는 두 분을 모두 사랑했기 때문에 고민을 할 수밖에 없었고 결국 나를 위한 선택을 내리지 않을 수 없었다. 스스로 선택을 하는 것이 한 가지 관점만 받아들이거나 거부하는 것보다 훨씬 가치 있는 일임은 곧 드러나기 시작했다.

부자가 더 부자가 되고 가난한 사람이 더 가난해지고 중산층이 빚에 억눌리는 이유 중 하나는 '돈'이라는 문제를 학교가 아닌 가정에서 가르치기 때문이다. 사람들은 대부분 부모로부터 돈에 대한 문제를 배운다. 그렇다면 가난한 부모들은 돈에 대해 무엇을 가르칠 수 있을까? 그들은 이렇게 말할 뿐이다. "공부 열심히 해서 좋은 대학 가거라." 이런 집의 자녀는 우수한 성적으로 졸업하고도 가난한 사람의 재정 계획과 사고방식을 갖게 될 수 있다. 배움은 아이가 어렸을 때 이루어진다.

슬프게도, 학교에서는 돈에 대해 가르치지 않는다. 학교는 학문적 혹은 전문적 지식만 강조하고 금융 지식은 등한시한다. 이렇다 보니 우수한 성적으로 졸업한 은행가, 의사 혹은 회계사가 평생 동안 금전적으로 곤경을 겪을 수도 있다. 끔찍한 국가 부채의 상당 부분은 교육을 많이 받은 정치가와 행정가들이 돈에 대해 거의 혹은 전혀 모른 채 재정적 결정을 내리는 데 기인한다.

요즘 나는 곧 수백만의 인구가 동시에 재정 보조와 의료 지원이 필요한 순간이 오면 어떤 일이 벌어질지 생각하며 종종 걱정하곤 한다. 그들은 가족이나 정부에 의존해서 금전적 문제를 해결해야 할 것이다. 그런데 사회보장이나 건강보험 재정이 바닥나면 어떻게 될까? 돈에 대한 교육이 계속해서 부모들에게만 맡겨질 때 우리는 어떻게 생존할 수 있을까? 그들 대부분이 이미 가난하거나 앞으로 가난해질 사람들이라면 어떻게 될까?

20년 전 그리고 오늘
부채 시계

이십 년이 흐른 지금, 미국의 국가 부채는 충격을 넘어 믿기 어려운 수준에 이르렀다. 이 글을 쓰는 현재 20조 달러에 육박하고 있는데, '조' 단위라면 0이 열두 개나 붙는다는 얘기다.

강한 영향을 미치는 두 분의 아버지가 있었던 덕분에 나는 많은 것을 배울 수 있었다. 두 분의 각기 다른 가르침으로 인해 나는 많은 생각을 할 수 있었고, 그러는 와중에 개인의 삶에 미치는 사고의 영향과 힘에 대한 소중한 통찰력을 얻었다. 예를 들어, 한 분은 습관적으로 이렇게 말씀하곤 했다. "그런 거 살 돈 없다." 다른 아버지는 그런 말을 입에 담지 못하게 했다. 대신 이렇게 자문하도록 시켰다. "내가 어떻게 하면 그런 걸 살 수 있을까?" 하나는 단언이었고, 다른 하나는 고민이었다. 곧 부자가 될 아버지는 "그런 거 살 여유가 없다."고 습관적으로 말할 때 우리의 사고는 멈추게 된다고 설명했다. 반면 "내가 어떻게 하면 그런 걸 살 수 있을까?"라고 질문하면 우리의 사고가 움직이기 시작한다고 얘기했다. 물론 이는 원하는 모든 것을 사야 한다는 의미는 아니었다. 다만 세상에서 가장 강력한 컴퓨터인 두뇌를 적극 활용하라고 강조한 것이었다. "우리의 두뇌는 쓰면 쓸수록 더욱 강력해진다. 그리고 그것이 강력해질수록 더욱 많은 돈을 벌 수 있는 법이다." 그분은 "그런 거 살 돈 없다."고 습관적으로 말하는 것이 정신적인 게으름의 신호라고 굳게 믿었다.

두 아버지 모두 열심히 일했지만 한 아버지는 돈에 관해서라면 두뇌를 잠들게 만드는 경향이 있었고, 다른 한 분은 적극적으로 활용하는 습성이 있었다. 그 장기적 결과로 한 분은 경제적으로 점점 어려워졌고, 다른 한 분은 점점 강해졌다. 이는 소파에 앉아 텔레비전이나 보는 사람과 정기적으로 운동을 하러 헬스장을 찾는 사람의 차이와 별반 다르지 않다. 적절한 육체적 운동이 건강을 향상시키듯이, 적절한 정신적 운동은 재산 증식의 가능성을 높여 준다.

나의 두 아버지는 상반되는 태도를 견지했기 때문에 사고방식도 달랐다. 한 분은 부자들이 더 많은 세금을 내서 불운한 사람들을 도와야 한다고 생각했다. 반면에 다른 아버지는 세금은 적극적으로 생산 활동에 참여하는 사람들에게 벌을 주고 그렇지 않은 사람에게 상을 주는 제도라고 얘기했다.

한 아버지는 이렇게 충고했다. "공부 열심히 해서 좋은 직장을 구해야 한다." 다른 아버지는 이렇게 충고했다. "공부 열심히 해서 좋은 투자 대상을 찾아야 한다."

한 아버지는 이렇게 얘기했다. "내가 부자가 될 수 없는 이유는 너희들이 있기 때문이다." 다른 아버지는 이렇게 얘기했다. "내가 부자가 되어야 하는 이유는 너희들이 있기 때문이다."

한 분은 식사 시간에 돈을 화제로 삼는 것을 금했지만, 다른 한 분은 식탁에서 돈과 사업에 대해 얘기하는 것을 권했다.

한 분은 이렇게 얘기했다. "돈은 늘 안전하게 관리하고 리스크는 피하는 게 상책이다." 다른 한 분은 이렇게 얘기했다. "무엇보다 리스크를 관리하는 법을 배워라."

한 분은 이렇게 믿었다. "우리 집이 내게는 가장 큰 투자인 동시에 가장 큰 자산이다." 다른 한 분은 이렇게 믿었다. "우리 집은 부채이며, 그것이 가장 큰 투자가 되면 곤경에 처하게 된다."

20년 전 그리고 오늘
집은 자산이 아니다

2008년 미국의 주택 시장 붕괴는 당신이 소유한 집이 자산이 아니라는 사실을 명확하게 보여 주었다. 집은 당신의 주머니에 돈을 넣어 주지 않을뿐더러 가치가 오른다고 확실하게 보장되지도 않는다. 오늘날 미국의 경우 많은 주택이 이십 년 전보다 값이 떨어진 상태다.

두 아버지 모두 제때 청구서를 처리했다. 하지만 한 분은 그것을 가장 먼저 처리했고, 다른 한 분은 그것을 가장 나중에 처리했다.

한 아버지는 기업이나 정부가 우리를 돌보고 우리의 필요를 해결해 주어야 한다고 생각했다. 그분은 늘 봉급 인상, 은퇴 계획, 의료 혜택, 병가, 휴가 등 이런저런 보상에 신경을 쏟았다. 그분은 자신의 삼촌 두 명이 이십 년 군 복무를 마치고 퇴직한 후 평생 연금 혜택을 받은 것에 감명을 받았다. 그분은 군에서 퇴역 군인에게 제공하는 의료 혜택과 PX 특권을 아주 마음에 들어 했다. 때로는 평생고용 보장과 복리후생을 직업 자체보다 더 중요한 것으로 여겼다. 그분은 종종 이렇게 얘기했다. "나는 정부를 위해 열심히 일했으므로 이런 혜택을 받을 자격이 있다."

다른 아버지는 완전한 재정적 자립을 중시했다. 그분은 정부나 기업을 향한 '보상 심리'를 비판했고, 그것이 사람들을 나약하고 재정적으로 취약하게 만든다고 생각했다. 그분은 재정적 자립을 늘 강조했다.

한 아버지는 몇 푼이라도 아끼려고 노력했고, 다른 아버지는 몇 푼이라도 투자할 곳을 찾았다.

한 아버지는 인상적인 이력서를 작성해 좋은 일자리를 얻는 방법을 내게 가르쳤다. 다른 아버지는 강력한 사업 및 재정 계획을 세워 일자리를 창출하는 법을 내게 가르쳤다.

두 아버지의 가르침을 받은 나는 사고방식의 차이가 삶에 끼치는 영향을 여실히 관찰할 수 있었다. 나는 사람들이 사고를 통해 삶을 형성해 나간다는 것을 깨달았다.

예를 들어, 가난한 아버지는 늘 이렇게 얘기했다. "내가 부자가 될 일은 없을 거야." 그리고 그의 예언은 그대로 실현되었다. 반면 부자 아버지는 언제나 자신을 부자로 간주했다. 그분은 이런 식으로 말하곤 했다. "나는 부자야. 부자는 이런 건 안 하지." 그분은 커다란 투자 실패로 빈털터리가 되었을 때조차도 여전히 스스로를 부자로 여겼다. 그분은 이렇게 말하며 스스로를 격려했다. "가난한 것과 빈털터리인 것은 차원이 다르다. 빈털터리는 일시적이지만 가난은 영원한 것이다."

가난한 아버지는 또 이렇게 말하곤 했다. "나는 돈에는 관심이 없다." 혹은 "돈은 중요하지 않다." 하지만 부자 아버지는 늘 이렇게 말했다. "돈이 곧 힘이다."

우리의 사고가 갖는 힘은 결코 측정되거나 평가될 수 없는 것인지도 모른다. 하지만 소년 시절부터 나는 나의 사고와 그것의 표현 방식을 인식하는 것이 중요하다는 사실을 깨달았다. 내 가난한 아버지가 가난한 것은 돈을 적게 벌어서가 아니라(실제로 적잖이 벌었다.) 부정적인 사고방식과 행동방식 때문임을 알아차렸다. 두 명의 아버지를 둔 소년으로서 나는 어느 사고방식을 습득해야 할지 고민하지 않을 수 없었다. 누구 말을 들어야 하는 걸까? 부자 아버지인가 가난한 아버지인가?

두 분 모두 교육과 학습의 가치를 매우 높이 평가했지만, 무엇을 배

부자 아빠 가난한 아빠

우는 게 중요한지에 대해서는 생각이 달랐다. 한 분은 열심히 공부해서 변호사나 회계사 같은 전문가가 되거나, 경영대학원에 가서 MBA를 취득하기를 원했다. 다른 분은 부자가 되기 위해, 돈의 작용 원리를 이해하기 위해, 돈이 나를 위해 일하도록 만드는 법을 배우기 위해 열심히 공부하라고 가르쳤다. "나는 돈을 위해 일하지 않는다!" 그분은 거듭 이런 얘기를 했다. "돈이 나를 위해 일한다!"

나는 아홉 살 때 부자 아버지의 말을 따르기로, 그분에게서 돈에 대해 배우기로 결심했다. 바꿔 말해, 학위는 많아도 여전히 가난한 아버지의 말은 따르지 않기로 결정한 것이다.

로버트 프로스트의 교훈

로버트 프로스트는 내가 가장 좋아하는 시인이다. 그의 시 대부분을 사랑하지만, 가장 좋아하는 시는 역시 「가지 않은 길」이다. 나는 그 시의 교훈을 거의 매일 되새긴다.

가지 않은 길(피천득 옮김)

노란 숲 속에 길이 두 갈래로 났었습니다.
나는 두 길을 다 가지 못하는 것을 안타깝게 생각하면서,
오랫동안 서서 한 길이 굽어 꺾여 내려간 데까지,
바라다볼 수 있는 데까지 멀리 바라다보았습니다.

그리고, 똑같이 아름다운 다른 길을 택했습니다.

그 길에는 풀이 더 있고 사람이 걸은 자취가 적어,

아마 더 걸어야 될 길이라고 나는 생각했었던 게지요.

그 길을 걸으므로, 그 길도 거의 같아질 것이지만.

그날 아침 두 길에는

낙엽을 밟은 자취는 없었습니다.

아, 나는 다음날을 위하여 한 길은 남겨 두었습니다.

길은 길에 연하여 끝없으므로

내가 다시 돌아올 것을 의심하면서…….

훗날에 훗날에 나는 어디선가

한숨을 쉬며 이야기할 것입니다.

숲 속에 두 갈래 길이 있었다고,

나는 사람이 적게 간 길을 택하였다고,

그리고 그것 때문에 모든 것이 달라졌다고.

그리고 그것 때문에 모든 것이 달라졌다.

나는 살아오는 내내 종종 프로스트의 시를 떠올리곤 했다. 학식이 높은 내 아버지의 조언과 돈에 관한 그의 태도를 따르지 않기로 한 것은 사실 아픈 결정이었다. 하지만 그것은 이후 이어질 내 삶의 모습을 규정할 결정이었다.

그렇게 결심을 굳히자마자 돈에 대한 나의 학습이 시작되었다. 부자 아버지는 내가 서른아홉 살이 될 때까지 삼십 년 동안 가르침을 베풀었다. 더디게 돌아가는 내 머리에 그분이 애써 주입하려 한 그 모든 것을 내가 완전히 이해하고 습득했다는 판단이 섰을 때, 그분은 가르침에 종지부를 찍었다.

돈은 힘의 한 형태다. 하지만 그보다 강력한 것은 돈에 관한 지식이다. 돈은 있다가도 없는 것이지만, 돈의 작용 원리에 관한 지식만 있으면 돈을 통제할 수 있을 뿐 아니라 부를 쌓을 수 있다. 긍정적인 사고만으로는 충분치가 않다. 왜냐하면 대부분의 사람들은 학교에서 돈의 작용 원리에 대해 전혀 배우지 못하고, 그래서 평생을 돈을 위해 일하는 데 바치기 때문이다.

처음 돈에 대해 배우기 시작했을 때 나는 아홉 살에 불과했기 때문에 부자 아버지는 간단한 교훈부터 가르쳐 주었다. 그러나 결국에는 그 모든 것이 여섯 가지 주요 교훈으로 압축되어 삼십 년 동안 반복되었다. 이 책은 바로 그 여섯 가지 교훈에 관해 설명한다. 나는 부자 아버지가 내게 전해 준 방식 그대로 최대한 단순하게 설명할 것이다. 여기에 소개된 교훈들은 해답이 아니라 지침임을 밝힌다. 이 지침은 당신과 당신의 자녀들이, 변화와 불확실성이 늘고 있는 세상에서 무슨 일이 일어나든 더욱 부자가 되도록 도울 것이다.

Chapter 1

교훈 1 부자들은 돈을 위해 일하지 않는다

가난한 자들과 중산층은 돈을 위해 일한다.
부자들은 돈이 그들을 위해 일하게 만든다.

"아빠, 제게 부자가 되는 법 좀 말씀해 주실 수 있어요?"

아버지는 석간신문을 내려놓았다. "왜 부자가 되고 싶은 거니?"

"왜냐하면 오늘 지미 엄마가 새로 산 캐딜락을 몰고 왔는데, 아이들과 함께 주말에 해변 별장에 간다고 했어요. 지미가 친구 세 명을 데리고 가는데, 마이크와 나는 초대받지 못했어요. 우리가 '가난한 아이들' 이라서 초대하지 않는 거래요."

"정말 그랬어?" 아버지는 믿지 못하겠다는 표정으로 물었다.

"예, 그랬어요." 내가 풀 죽은 목소리로 대답했다.

아버지는 묵묵히 머리를 젖고는 콧잔등 위로 안경을 추켜올렸다. 그러고는 다시 신문을 읽었다. 나는 선 채로 아버지의 대답을 기다렸다.

때는 1956년이었고, 나는 아홉 살이었다. 운명의 장난이었는지, 나는 부자들의 자녀가 다니는 공립학교에 다녔다. 우리가 살던 곳은 사탕수수 농장을 중심으로 형성된 마을이었다. 그 대규모 농장의 관리인과 의사, 사업가, 은행가 같은 부유한 사람들은 이 육 년제 초등학교에 아이들을 보냈다. 그 아이들은 졸업 후 대개 사립 중고등학교로 진학했다. 우리 가족이 부자들이 주로 살고 있는 거리의 한쪽에 살고 있었기 때문에, 내가 그 초등학교에 들어간 것이다. 우리가 그 거리의 건너편에 살았더라면 나는 나와 비슷한 처지의 아이들이 다니는 다른 학교에 들어갔을 것이다. 그 아이들과 나는 6학년을 마치면 공립 중고등학교에 진학할 예정이었다. 그들과 나는 사립 학교에 들어갈 수 없었다.

마침내 아버지는 신문을 내려놓았다. 아버지가 생각 중이라는 것을 알 수 있었다.

"아들아······." 아버지가 천천히 입을 열었다. "부자가 되고 싶으면 돈 버는 법을 배워야만 한다."

"어떻게 하면 돈을 벌 수 있는데요?" 내가 물었다.

"글쎄, 네가 잘 생각해 보려무나." 아버지는 그렇게 말하며 슬며시 미소를 지었다. 어린 나이였지만, 그 말의 진정한 의미가 "그렇게밖에는 말해 줄 게 없구나." 혹은 "나는 답을 모르니 곤란한 질문 하지 마라."는 것임을 알 수 있었다.

파트너를 만나다

다음 날 아침, 나는 제일 친한 친구인 마이크에게 아버지가 한 말을 얘기했다. 내가 아는 한 이 학교에서 가난한 아이들은 마이크와 나였다. 마이크 역시 운명의 장난으로 이 학교에 들어왔다. 누군가가 그려 놓은 학군 때문에 우리가 부자 아이들과 같은 학교에 다니게 된 것이다. 사실 우리는 그렇게 가난하지 않았지만 가난하다고 느낄 수밖에 없었다. 모든 아이들이 늘 새 야구 글러브와 새 자전거, 그 밖에 온갖 것들을 자랑했기 때문이다.

아버지와 어머니는 우리에게 의식주와 관련된 기본적인 것은 뒷받침해 주었다. 하지만 그것이 전부였다. 아버지는 이렇게 얘기하곤 했다. "갖고 싶은 게 있으면 네 스스로 일을 해서 얻도록 해라." 갖고 싶은 것은 많았지만, 아홉 살 난 아이가 할 수 있는 일은 많지 않았다.

"그럼, 우리가 뭘 해서 돈을 벌 수 있을까?" 마이크가 물었다.

"나도 잘 몰라." 내가 말했다. "하지만 너, 나랑 파트너가 되지 않을래?"

그렇게 해서 그 토요일 아침에 마이크는 내 최초의 사업 파트너가 되었다. 우리는 오전 내내 머리를 쥐어짜며 돈 벌 방법을 궁리했다. 중간중간 우리는 그 '잘난 애들'이 지미네 해변 별장에서 얼마나 재미있게 놀고 있을지 상상해 보기도 했다. 마음이 조금 쓰라렸지만, 그 쓰라림은 약이 되었다. 그 때문에 계속해서 돈 버는 방법을 연구했기에 하는 말이다. 마침내 그날 오후, 번쩍이는 아이디어 하나가 떠올랐다. 마이크가 어떤 과학책에서 읽고 생각해 낸 아이디어였다. 우리는 흥분에 들떠 악수를 나누었다. 이제 진정한 사업을 시작할 수 있게 된 것이다.

다음 몇 주 동안 마이크와 나는 동네를 돌아다니며 집집마다 문을 두드리곤 이웃 사람들에게 이렇게 부탁했다. "다 쓴 치약 튜브를 모아서 저희에게 주실 수 있나요?" 대부분의 어른들은 의아한 표정을 지었지만 웃으면서 동의했다. 몇몇 어른들은 무엇 때문에 그러는지 물었다. 그러면 우리는 이렇게 대답했다. "말씀드릴 수가 없어요. 사업 기밀이거든요."

어머니가 당혹스러워하는 가운데 몇 주가 지나갔다. 우리는 어머니가 사용하는 세탁기 근처에 자재를 모아 놓는 장소를 마련했다. 한때 케첩 병들이 들어 있던 갈색 마분지 상자 속에 다 쓴 치약 튜브들이 쌓이기 시작했다.

마침내 어머니가 단호하게 막아섰다. 이웃들의 더럽고 찌그러진 치약 튜브들이 쌓이는 모습에 심기가 불편해진 것이다. "너희들, 도대체 뭐하는 거니?" 어머니가 물었다. "사업 기밀이니 어쩌니 하는 소리 말아라. 이 쓰레기들을 어떻게든 처리하지 않으면 전부 갖다 버릴 테니까."

마이크와 나는 두 손 모아 싹싹 빌었다. 곧 충분한 자재가 모일 거고, 그러면 바로 생산에 들어갈 거라고 설명했다. 이제 두세 집에서만 튜브가 나오면 준비 완료라고 덧붙였다. 어머니는 마지못해 일주일의 시간을 주었다.

제품 생산 개시 일자가 앞당겨졌고 압력도 가중되었다. 나의 첫 번째 파트너십이 바로 우리 어머니로 인해 무산될 위기에 처했다. 마이크는 이웃들을 찾아다니며 치과 의사도 양치질을 자주 할 것을 권장하니 빨리빨리 치약을 다 써 버리라고 재촉했다. 나는 생산 라인을 설치하기 시작했다.

어느 날 아버지가 친구 한 분과 차를 몰고 집으로 들어오다가 아홉 살짜리 꼬맹이 둘이 진입로에서 생산 라인을 최대 속도로 가동시키고 있는 것을 목격했다. 여기저기에 하얀 가루가 널려 있었다. 긴 탁자 위에는 학교에서 가져온 작은 우유 팩들이 놓여 있었고, 우리 가족의 일본식 화로가 벌겋게 달아오른 숯불로 타오르고 있었다.

아버지는 차를 진입로 입구에 세워 놓고 조심스럽게 걸어왔다. 차고로 가는 길이 생산 라인으로 막혀 있었기 때문이었다. 아버지와 친구분은 가까이 다가와서 숯불에 올려놓은 쇠냄비 속에서 치약 튜브들이 녹고 있는 모습을 보았다. 당시에는 치약 튜브가 플라스틱이 아닌 납으로 만들어졌다. 우리는 먼저 칠을 태워 없앤 후 튜브를 쇠냄비에 차례로 넣었다. 튜브들은 녹아서 용액이 되었고, 우리는 냄비 집게로 냄비를 들어올려 납 용액을 우유 팩 상단의 작은 구멍으로 부었다.

우유 팩 속에는 석고틀이 들어 있었다. 우리의 생산 라인 주변은 마치 눈폭탄이라도 맞은 듯 보였다. 내가 급히 서두르다가 석고 분말 봉지를 발로 찼기 때문이었다. 우유 팩은 석고틀의 외부 용기 역할을 했다.

아버지와 친구분은 우리가 조심스럽게 석고틀 상단의 구멍에 용액을 부어 넣는 장면을 지켜보았다.

"조심해라." 아버지가 말했다.

나는 올려다보지도 않은 채 고개만 끄덕였다.

마침내 작업이 끝난 후 나는 쇠냄비를 내려놓고 아버지를 쳐다보며 미소를 지었다.

"너희들 지금 뭐하는 거니?" 아버지가 걱정과 호기심이 섞인 표정으로 물었다.

"아버지가 얘기하신 일을 하는 중이에요. 우린 곧 부자가 될 거예요."

"맞아요." 마이크가 이렇게 말하며 싱긋 웃곤 고개를 끄덕였다. "우린 동업자예요."

"그런데 그 틀 속에 든 게 뭐니?" 아버지가 물었다.

"한번 보세요." 내가 답했다. "아주 멋진 제품이 나올 거예요."

내가 작은 망치로 접합 부분을 두드려 입방체를 반으로 나누었다. 그리고 조심스럽게 석고틀의 윗부분을 들어올렸다. 그러자 납으로 된 니켈(5센트짜리 동전) 하나가 떨어졌다.

"오, 이런." 아버지가 말했다. "납으로 니켈을 만들고 있었구나."

"맞아요." 마이크가 말했다. "말씀하신 대로 돈을 만들고 있어요."

아버지의 친구분이 너털웃음을 터뜨렸다. 아버지는 어이없다는 듯 웃으며 고개를 저었다. 바로 앞에서 두 소년이 한 상자 분량의 다 쓴 치약 튜브와 화로를 놓고, 하얀 가루를 뒤집어쓴 채 돈을 만들면서 입이 찢어져라 웃고 있었던 것이다.

아버지가 우리에게 다 내려놓고 현관 계단에 앉아 얘기 좀 하자고 말했다. 아버지는 미소 띤 얼굴로 '위조'라는 단어의 뜻을 차분히 설명했다.

우리의 꿈은 무너졌다. "그럼, 이게 불법이란 말인가요?" 마이크가 떨리는 목소리로 물었다. "그냥 내버려 두지 그래." 아버지의 친구분이 말했다. "그쪽 방면에 타고난 재능이 있는지도 모르잖아."

아버지가 친구분을 노려보았다.

"그래, 불법이란다." 아버지가 부드럽게 말했다. "하지만 너희들은 멋진 독창성과 아이디어를 보여 주었구나. 그런 점은 살려 나가는 게 좋다. 나는 너희들이 자랑스럽다!"

실망한 마이크와 나는 이십 분쯤 말없이 앉아 있다가 어지럽혀진 현장을 치우기 시작했다. 우리의 사업은 그렇게 첫날에 끝나고 말았다. 분말을 쓸면서 나는 마이크를 쳐다보며 말했다.

"지미와 걔네 친구들의 말이 맞는 것 같아. 우리는 가난해."

아버지가 막 자리를 뜨려다가 그 말을 들었다. "애들아, 너희들은 포기할 때만 가난한 거란다. 가장 중요한 것은 너희가 무언가를 실행했다는 점이다. 대부분의 사람들은 말로만 부자가 되는 꿈을 꾼다. 그런데 너희들은 무언가를 직접 행동에 옮겼지. 그런 너희들이 무척이나 자랑스럽구나. 다시 얘기하마. 그런 점은 계속 살려 나가야 한다. 포기하지 말아라."

마이크와 나는 묵묵히 서 있었다. 다 좋은 말이었지만, 우리는 여전히 무엇을 해야 할지 몰랐다.

"그런데 아버지는 왜 부자가 아닌가요?" 내가 물었다.

"그건 내가 교사가 되는 것을 택했기 때문이지. 학교 교사는 부자가 되는 것에 그다지 신경 쓰지 않는단다. 그저 가르치는 것을 좋아할 뿐이지. 네게 도움이 되었으면 좋겠지만, 나도 돈 버는 법에 대해서는 별로 아는 게 없단다."

마이크와 나는 몸을 돌려 계속 작업장을 치웠다.

"좋다." 아버지가 말했다. "너희들이 부자가 되는 법을 배우고 싶다면 나에게 묻지 말고 마이크의 아버지에게 물어보렴."

"우리 아빠요?" 마이크가 미간을 찡그리며 물었다.

"그래, 너희 아버지." 아버지가 미소를 지으며 얘기했다. "너희 아버지와 나는 같은 은행과 거래하는데, 그곳 담당자가 너희 아버지 얘기를 많이 하더구나. 너희 아버지가 돈 버는 법을 잘 안다고 몇 번이나 얘기했단다."

"우리 아빠가요?" 마이크가 믿지 못하겠다는 듯 다시 물었다.

"우리는 부잣집 애들처럼 근사한 자동차와 멋진 집 같은 게 없는데요?"

"근사한 자동차와 멋진 집이 있다고 반드시 부자이거나 돈 버는 법을 아는 것은 아니란다." 아버지가 대답했다. "지미의 아버지는 사탕수수 농장에서 일을 한단다. 그 사람도 나와 별반 다를 것이 없어. 그분은 회사를 위해 일을 하고, 나는 정부를 위해 일을 하는 거지. 그 캐딜락도 회사에서 제공하는 거야. 하지만 그 회사는 지금 재정적으로 어려움에 처해 있고, 그래서 지미 아버지는 곧 모든 것을 잃게 될지도 모른단다. 하지만 마이크의 아버지는 다르지. 네 아버지는 제국을 건설하고 있는 것 같더구나. 그래서 몇 년만 있으면 아주 큰 부자가 될 것 같단 말이다."

그 말을 듣고 마이크와 나는 다시 흥분하기 시작했다. 우리는 새로운 활력으로, 망해 버린 첫 사업이 야기한 아수라장을 말끔히 청소해 나갔다. 그 와중에 우리는 언제 어떻게 마이크의 아버지와 얘기할지 계획을 세웠다. 문제는 마이크의 아버지가 밤 늦게까지 일을 해서 종종 집에 늦게 돌아온다는 점이었다. 마이크의 아버지는 창고와 건설회사, 일련의 상점들, 그리고 세 개의 레스토랑을 갖고 있었다. 그분이 늦는 것은 레스토랑 때문이었다.

청소를 마친 후 마이크는 버스를 타고 집으로 갔다. 마이크는 그날 밤 아버지가 돌아오면 우리에게 부자 되는 법을 알려 줄 수 있는지 물어볼 작정이었다. 늦은 시간이라도 자기 아버지와 얘기하는 즉시 내게 전화를 하겠다고 마이크가 약속했다.

전화벨이 울린 것은 저녁 8시 반이었다.

"알았어." 내가 말했다. "다음 주 토요일." 나는 수화기를 내려놓았다. 마이크의 아버지가 우리 둘을 만나 주기로 한 것이다.

토요일 아침 7시 30분, 나는 버스를 타고 마을의 가난한 지역으로 향했다.

마이크와 나는 그날 아침 8시에 마이크의 아버지를 만났다. 그분은 벌써 한 시간도 넘게 일을 하고 계셨다. 그분 회사의 건설 현장 감독이 픽업트럭을 타고 막 떠날 때 나는 그 작고 소박하지만 깔끔한 집으로 들어섰다. 마이크가 현관에서 나를 맞았다.

"아빠 통화 중이셔. 우리에게 뒷문 쪽 베란다에서 기다리라고 하셨어." 마이크가 문을 열며 이렇게 말했다.

내가 그 오래된 집의 문지방을 넘을 때, 낡은 목재 바닥이 삐걱거리는 소리를 냈다. 문 안쪽으로 값싼 양탄자가 깔려 있었다. 양탄자는 그 바닥이 견뎌 낸 무수한 발자국의 흔적을 감추기 위한 용도인 것 같았다. 깨끗하기는 했지만 바꿀 때가 된 양탄자였다.

나는 갑갑함을 느끼며 좁은 거실로 들어갔다. 거실에는 골동품이나 다름없는 낡고 케케묵은 가구들이 놓여 있었고, 소파에는 여자 두 분이 앉아 있었다. 우리 어머니보다 나이가 조금 더 들어 보였다. 그분들 맞은편에는 작업복을 입은 남자가 앉아 있었다. 그 사람들이 입고 있는 카키색 작업복은 다림질이 잘 되어 있긴 했지만 풀을 먹이지는 않았다. 반들거리는 작업 부츠를 신은 그는 우리 아버지보다 열 살은 더 많아 보였다. 그들은 뒷문 쪽으로 걸어가는 마이크와 나에게 웃음을 지었다. 나는 수줍은 미소로 답했다.

"저분들은 누구야?" 내가 물었다.

"응, 우리 아빠 밑에서 일하는 분들이야. 남자분은 아버지의 창고를 관리하고, 여자분들은 아빠 레스토랑을 관리하지. 그리고 아까 네가 올 때 본 그 현장 감독 아저씨는 여기서 팔십 킬로미터쯤 떨어진 곳에서 도로 건설을 감독하고 있어. 그분 말고 주택 건설을 감독하는 분도 있는데, 그분은 네가 오기 전에 벌써 떠났지."

"너희 아빠는 늘 이런 식으로 일을 하시니?" 내가 물었다.

"늘 그렇지는 않지만, 그럴 때가 많아. 마이크가 그렇게 말하면서 미소를 지었다. 그리고 의자를 당겨 내 옆에 앉았다.

"아빠한테 돈 버는 법을 가르쳐 주실 수 있는지 여쭤 봤어." 마이크가 말했다.

"그랬더니 뭐라고 말씀하시든?" 내가 호기심 어린 표정으로 조심스럽게 물었다.

"처음에는 그냥 재미있다는 표정만 지으셨는데, 그러시곤 우리에게 제안을 하나 하겠다고 하셨어."

"그래?" 나는 그렇게 말하면서 의자를 뒤로 젖혀 등받이가 벽에 닿게 했다. 그렇게 의자의 뒷자리에 체중을 싣고 앉았다. 마이크도 나를 따라 했다.

"그 제안이란 게 무엇인지 알고 있니?" 내가 물었다.

"아니. 하지만 곧 알게 되겠지."

그때 갑자기 마이크의 아버지가 삐걱거리는 방충망 문을 열고 베란다로 나왔다. 마이크와 나는 벌떡 일어섰다. 존경심 때문이 아니라 놀랐기 때문이었다.

"준비됐니, 꼬마들?" 마이크의 아버지는 그렇게 물으면서 의자를 당겨 우리 쪽을 향해 앉았다.

우리는 고개를 끄덕이며 벽에 기댄 의자를 당겨 마주보고 앉았다. 마이크의 아버지는 키가 180센티미터 이상인 데다가 몸무게도 90킬로그램이 넘어 보였다. 우리 아버지는 마이크의 아버지보다 키가 컸으며 몸무게는 비슷했고 나이는 다섯 살 많았다. 두 분은 외모는 비슷했지만 인종상으로는 같지 않았다. 아마 기운이 넘친다는 점은 비슷했을 것이다.

"마이크가 그러던데, 돈 버는 법을 배우고 싶다며? 내 말이 맞니, 로버트?"

나는 재빨리 고개를 끄덕였다. 하지만 왠지 조금 두려움이 일었다. 그분의 말과 미소 뒤로 엄청난 힘이 느껴졌다.

"좋아. 그렇다면 내가 너희들에게 제안을 하나 하겠다. 난 너희들을 가르치겠지만 교실 수업과는 다른 방식으로 가르칠 거다. 너희들이 나를 위해 일을 하면, 내가 너희들을 가르치지. 너희들이 나를 위해 일을 하지 않으면, 나도 가르치지 않겠다. 너희들이 일을 해야 내가 더 빨리 가르칠 수 있고, 너희들이 학교에서처럼 그냥 앉아서 듣기만 하면 내가 시간을 낭비하게 되기 때문이다. 이게 내 제안이다. 어때, 해볼 테냐 말 테냐?"

"음, 먼저 질문 하나 해도 될까요?" 내가 물었다.

"안 돼. 내 제안을 받아들일지 말지부터 결정해라. 나는 할 일이 무척 많아서 조금의 시간이라도 낭비할 수 없어. 단호하게 결심하는 능력이 없다면 돈 버는 법도 결코 배울 수 없지. 기회는 왔다가 가는 법이다. 언제 빠른 결정을 내려야 하는지 아는 것도 중요한 기술이야. 자, 네가 원했던 기회가 왔다. 수업이 시작되거나 아니면 십 초 후에 끝날 거다." 마이크의 아버지가 짓궂은 미소를 지었다.

"할게요." 내가 말했다.

"저도요." 마이크도 말했다.

"좋다." 마이크의 아버지가 말했다. "마틴 여사가 십 분쯤 후에 올 거다. 내가 그분과 얘기를 끝내면 너희들은 그분과 함께 차를 타고 내 가게로 가거라. 거기서 일을 시작하는 거야. 보수는 한 시간에 10센트고, 매주 토요일마다 세 시간씩 일을 하는 거다."

20년 전 그리고 오늘
결단력

세상은 갈수록 빠르게 돌아가고 있다. 주식시장의 거래는 이제 천 분의 몇 초 사이에 이뤄진다. 상거래 또한 인터넷상에서 수분 이내에 성사된다. 갈수록 많은 사람들이 좋은 조건에 거래를 맺기 위해 경쟁한다. 결국 빠른 결정을 내릴수록 기회를 잡을 가능성이 커진다는 얘기다. 망설이면 다른 누군가가 기회를 채 간다.

"근데 오늘은 소프트볼 게임을 하기로 약속이 되어 있는데요." 내가 말했다.

그러자 마이크의 아버지는 목소리를 낮춰 엄한 어조로 말했다.

"할 테냐, 말 테냐?"

"하겠습니다." 내가 대답했다. 노는 것 대신에 일과 배움을 택한 것이다.

30센트는 나중에……

그날 아침 9시경, 마이크와 나는 마틴 여사가 시키는 대로 일을 하고 있었다. 마틴 여사는 친절하고 참을성이 많은 분이었다. 마이크와 내가 이제는 다 자라서 독립한 자신의 두 아들을 연상시킨다고 수차례 얘기했다. 마틴 여사는 친절했지만 열심히 일하는 것을 중시하는 분이라 우리를 계속 움직이게 했다. 우리는 세 시간 동안 선반에서 통조림 통들을 내려 총채로 먼지를 털어 내고는 다시 가지런히 정리했다. 정말 지루하기 짝이 없는 일이었다.

내가 '부자 아빠'라고 부르는 마이크의 아버지는 그런 소형 슈퍼마켓을 아홉 개나 갖고 있었다. 그 가게들에는 모두 넓은 주차장이 딸려 있었는데, 말하자면 편의점이나 동네 식료잡화점의 초기 유형인 셈이었다. 사람들은 우유와 빵, 버터, 담배 같은 물건들을 사러 그곳을 찾았다. 문제는 하와이에 에어컨이 널리 보급되기 이전 시절이었다는 점이다. 찌는 듯한 열기 때문에 가게들은 문을 닫아 놓을 수가 없었다. 그래서 도로와 주차장 쪽으로 난 가게 앞뒷문을 활짝 열어 놓아야 했다. 자동차가 지나가거나 주차장에 들어올 때마다 먼지가 풀풀 날려 가게로 들어왔다. 결국 우리에게 주어진 것은 에어컨이 없던 시절에나 존재할 수 있었던 일자리였던 셈이다.

마이크와 나는 삼 주 동안 마틴 여사의 지시를 받으며 세 시간씩 일을 했다. 정오쯤이면 일이 끝났고, 그러면 마틴 여사는 우리 각자의 손에 10센트짜리 동전을 세 개씩 떨어뜨렸다. 아무리 때가 1950년대 중반이고 우리가 아홉 살짜리 꼬마들이라 해도 30센트는 그리 흡족한 돈이 아니었다. 그 시절 만화책 한 권이 10센트였으며, 나는 대개 그 돈을 만화책 사는 데 소비하고는 집에 돌아왔다.

그렇게 사 주째가 되던 수요일, 나는 그 일을 그만두기로 마음먹었다. 내가 일을 하겠다고 한 것은 마이크의 아버지에게 돈 버는 법을 배우고 싶어서였다. 그런데 한 시간에 10센트를 받으며 노예처럼 일을 하고 있었다. 게다가 그 첫 번째 토요일 이후로 마이크의 아버지는 단 한 번도 보지 못했다.

"나 그만둘 거야." 점심시간에 마이크에게 말했다. 지루한 학교생활에 토요일을 기다리는 낙마저 사라진 터였다. 하지만 정말로 나를 실망케 한 것은 30센트라는 보수였다.

그러자 마이크가 미소를 지었다.

"왜 웃는 거야?" 내가 분노와 좌절감으로 물었다.

"이렇게 될 거라고 아빠가 그러셨거든. 네가 그만두겠다고 하면 데려오라 하셨어."

"뭐야?" 내가 분개하며 말했다. "내가 지쳐서 이렇게 나오길 기다리고 계셨다고?"

"그런 셈이지." 마이크가 말했다. "우리 아빠는 좀 다르신 분이셔. 너희 아빠랑은 다른 방식으로 가르치시지. 너희 부모님은 훈계를 많이 하시는 편이잖아. 하지만 우리 아빠는 말씀이 별로 없는 편이야. 이번 토요일까지 기다려 봐. 네가 준비가 되었다고 아빠한테 말씀드릴게"

"그렇다면 내가 지금까지 조종당하고 있었다는 거야?"

"아니, 뭐 꼭 그런 건 아니지만…… 어쩌면 그런 건지도. 아빠가 토요일에 설명해 주실 거야."

토요일, 기다리고 기다리다가

나는 마이크의 아버지에게 맞설 준비가 되어 있었다. 내 진짜 아버지도 부자 아버지에게 화가 나 있었다. 내가 '가난한 아빠'라고 칭하는 나의 진짜 아버지는 부자 아버지가 미성년 노동법을 위반하고 있으며, 따라서 조사를 받아야 한다고 생각했다.

공부를 많이 한 나의 가난한 아버지는 내가 마땅히 받아야 할 수준을 요구해야 한다고 말했다. 적어도 시간당 25센트는 받아야 한다는 것이 그의 생각이었다. 가난한 아버지는 그렇게 올려 주지 않으면 즉시 그만두라고 말했다.

"어쨌든 그런 빌어먹을 일자리가 네게 꼭 필요한 것도 아니잖니." 가난한 아버지는 분노에 찬 목소리로 이렇게 얘기했다.

토요일 아침 8시, 나는 마이크의 아버지가 열어 준 문을 통해 마이크네 집에 발을 들여놓았다.

"자리에 앉아 기다리도록 해라." 내가 들어서자 마이크의 아버지가 말했다. 그분은 몸을 돌려 침실 옆의 작은 사무실로 사라졌다.

주변을 둘러보았지만 마이크는 보이지 않았다. 나는 어색함을 느끼며 사 주 전에 그곳에서 봤던 두 여자분 옆에 조심스럽게 앉았다. 두 분은 미소를 지으며 조금씩 움직여 내가 앉을 자리를 내주었다.

45분이 흘러갔고 나는 열불이 나기 시작했다. 두 여자분은 이미 마이크의 아버지를 만나고 30분 전에 떠난 상태였다. 나이 많은 신사 한 분도 20분 동안 머물다 가 버렸다. 텅 빈 집에 나 혼자 앉아 있었다. 맑고 아름다운 하와이의 토요일에 사향 냄새 나는 칙칙한 거실에 홀로 앉아, 아이들을 착취하는 구두쇠와 얘기하려고 기다리고 있었다. 마이크의 아버지가 사무실에서 부스럭거리며 움직이는 소리, 전화로 얘기하는 소리 등이 들렸다. 그는 그렇게 나를 무시하고 있었다. 그냥 가 버릴까 하는 생각이 들었다. 하지만 무슨 이유에서인지 나는 그냥 나올 수가 없었다.

마침내 15분이 더 흘러 정각 9시가 되자 부자 아버지가 사무실에서 나왔다. 그러고는 아무 말 없이 손짓으로 내게 들어오라고 했다.

"보수를 올려 주지 않으면 일을 그만둘 거라면서?" 부자 아버지는 그렇게 말하며 회전의자에서 몸을 돌렸다.

"음…… 아저씨가 약속을 지키지 않고 계시니까요." 내가 불쑥 내뱉었다. 거의 울 것 같은 목소리였다. 어린아이로서 어른에게 맞서는 것은 정말로 무서운 일이었다.

"내가 가게에서 일을 하면 돈 버는 법을 가르쳐 주신다고 했잖아요. 그래서 일을 했어요. 정말 열심히 일했다고요. 야구 놀이까지 포기하면서 말이에요. 그런데 아저씨는 약속을 안 지키셨어요. 제게 아무것도 가르쳐 주시지 않았다고요. 아저씨는 동네 사람들 모두가 생각하는 것처럼 사기꾼이에요. 욕심이 너무 많으세요. 돈밖에 모르고 직원들에게는 관심이 없잖아요. 조금 전에도 나를 기다리게 해 놓고 그냥 무시했어요. 아무리 제가 어린아이라 해도 그렇게 대접하는 것은 잘못된 일이라고 생각해요."

부자 아버지는 회전의자에서 몸을 젖히며 양손으로 턱을 괴고는 나를 응시했다.

"그만하면 나쁘지 않은 편이구나." 그분이 말했다. "한 달도 안 돼서 우리 직원들 대다수처럼 말하니 말이다."

"뭐라고요?" 내가 물었다. 그분의 말을 이해하지 못한 채 나는 계속 불만을 터뜨렸다. "저는 아저씨가 돈 버는 법을 가르쳐 주신다는 약속을 지키실 줄 알았어요. 그런데 그냥 저를 괴롭히시는 것뿐이잖아요. 그것은 잔인한 일이에요. 정말로 잔인한 일이라고요."

"나는 너를 가르치고 있는 중이다." 부자 아버지가 조용히 얘기했다.

"무얼 가르쳐 주셨나요? 아무것도 없잖아요." 내가 화를 내며 말했다. "아저씨는 제가 푼돈 받고 일하는 것에 동의한 이후 제게 말을 거신 적도 없어요. 시간당 10센트라니, 흥! 아저씨를 정부에 신고해야겠어요. 미성년 노동법이 있는 거 아시죠? 우리 아버지가 공무원이라는 것도 잘 아시죠?"

"와우!" 부자 아버지가 말했다. "이제 너는 내 밑에서 일했던 사람들 대다수와 똑같이 얘기하는구나. 내가 해고했거나 스스로 그만둔 사람들처럼 말이다."

"할 말 없으시죠? 어디 있으면 해 보세요." 나는 이렇게 다그치며 스스로 어린애치고는 용감하다고 생각했다. "아저씨는 제게 거짓말을 했어요. 저는 일을 했는데, 아저씨는 약속을 지키지 않았어요. 아무것도 가르치지 않으셨다고요."

"내가 아무것도 가르치지 않았는지 어떻게 아니?" 부자 아버지가 차분히 물었다.

"음, 제게 말씀 한마디 안 하셨잖아요. 저는 삼 주 동안 일을 했는데, 아저씨는 아무것도 가르치지 않으셨어요." 내가 뾰로통한 입술로 얘기했다.

"말로 설명하거나 강의를 해야 가르치는 거라고 생각하니?" 부자 아버지가 물었다.

"음, 그렇죠." 내가 대답했다.

"그건 학교에서나 쓰는 방식이지." 그분이 미소를 띠며 말했다. "하지만 삶이 가르치는 방식은 그와 다르단다. 그리고 우리 삶이야말로 최고의 스승이라고 말할 수 있지. 대개의 경우 삶은 얘기해 주지 않는다. 그냥 우리를 제멋대로 내두른다고 해야 옳지. 그렇게 내두를 때마다 삶은 우리에게 이렇게 말하지. '정신 차려. 네게 가르칠 게 있어.'"

'도대체 지금 무슨 얘기를 하는 거야?' 나는 속으로 되물었다. '삶이 나를 내두르면서 가르치는 거라고?' 이제 일을 그만둬야겠다는 생각이 더욱 확고해졌다. 내가 지금 사기꾼과 얘기를 나누고 있는 게 분명했다.

"삶의 교훈을 배우면 더 잘살 수 있단다. 그렇지 않으면 계속해서 삶에 내둘리게 될 뿐이지. 사람들은 대개 두 가지 반응을 보인단다. 어떤 사람들은 삶이 자신을 내두르도록 내버려 두고, 어떤 사람들은 화를 내며 덤벼든다는 얘기다. 하지만 그들은 상사나 일자리, 혹은 남편이나 아내에게 덤벼들지. 자신을 내두르고 있는 게 삶이라는 사실을 모르기 때문이야."

나는 그분의 얘기를 도통 이해할 수 없었다.

"삶은 우리 모두를 내두른단다. 어떤 사람들은 포기하고 어떤 사람들은 싸우는데, 몇몇 사람들은 뭔가를 배워서 앞으로 나아가지. 이런 사람들은 삶이 자신을 내두르는 것을 오히려 환영한단다. 이런 소수의 사람들에게는 그것이 무언가 배워야 할 필요가 있음을 의미하기 때문이지. 그들은 그렇게 배우면서 전진한단다. 물론 대부분은 포기하고, 어떤 사람들은 너처럼 싸우고……."

부자 아버지는 자리에서 일어나 오래되어 삐걱거리는 나무 창문을 닫았다. "만약 네가 이 교훈을 제대로 배운다면 현명하고 부유하며 행복한 젊은이로 성장할 수 있을 거란다. 하지만 이 교훈을 깨닫지 못한다면 너는 너 자신의 문제에 대해

20년 전 그리고 오늘
학습 원뿔

학습 원뿔을 고안한 에드거 데일 박사는 우리가 실제적인 행동을 할 때, 즉 무언가에 대한 실행이나 시뮬레이션을 할 때 가장 잘 배운다는 사실을 이해하도록 도운 인물이다. 이른바 '체험 학습'의 토대를 세운 셈이다. 그의 학습 원뿔은 책이나 자료를 읽거나 강의를 듣는 것이 가장 비효과적인 학습법임을 밝힌다. 그럼에도 대부분의 학교에서는 지금도 그런 학습법에 중점을 두고 있다.

일자리나 낮은 급료, 상사 등을 탓하며 평생을 보내게 되겠지. 너는 늘 무언가 획기적인 돌파구가 생겨 돈과 관련된 모든 문제를 해결해 줄 거라는 헛된 희망이나 꿈꾸며 삶을 살게 될 거야."

부자 아버지는 나를 굽어보며 내가 여전히 귀를 기울이고 있는지 살폈다. 그분의 눈길이 내 눈과 마주쳤다. 우리는 서로를 응시하며 눈으로 대화를 나누었다. 마침내 나는 그분의 메시지를 받아들이고 눈길을 돌렸다. 그분의 말이 옳다는 걸 알았다. 나는 그분을 비난하고 있었으며, 그와 동시에 가르침을 요구하고 있었다. 나는 싸우고 있었다.

학습 원뿔		
2주 후 기억의 정도		개입의 정도
말하거나 행한 것의 90퍼센트	실제로 행하는 경우	능동적
	실제 경험을 시뮬레이션 하는 경우	
	극적인 프레젠테이션을 하는 경우	
말한 것의 70퍼센트	말을 하는 경우	
	토론에 참여 하는 경우	
듣거나 본 것의 50퍼센트	현장에서 행위를 목격하는 경우	수동적
	시범을 보는 경우	
	전시물을 보는 경우	
	영상을 보는 경우	
본 것의 30퍼센트	그림이나 사진을 보는 경우	
들은 것의 20퍼센트	강의를 듣는 경우	
읽은 것의 10퍼센트	자료를 읽는 경우	

출처: 데일의 학습 원뿔을 개작한 자료, 1969

20년 전 그리고 오늘
삶이라는 스승

오늘날 밀레니얼 세대(Y세대, 1980년대 초에서 2000년대 초 사이에 출생한 세대)는 삶이 결코 녹록치 않다는 사실을 뼈저리게 느끼고 있다. 자동화와 로봇이 다양한 분야에서 사람들의 일을 대체하는 바람에 갈수록 일자리를 찾기 어려워지고 있다. 더불어 시행착오를 거치며 실수를 통해 배우는 일 역시 그 중요성이 날로 커진다. 학교 공부는 실제 세계에서 그다지 큰 도움이 되지 않는다. 대학 졸업장이 일자리를 보장해 주던 시대는 끝났다.

부자 아버지는 계속 말을 이었다. "또는 네가 배짱이 없는 사람이라면 삶이 너를 내두를 때마다 그냥 포기하고 말 거야. 만약 네가 그런 사람이라면 평생 위험한 일은 피하며 안전한 삶만 좇고 옳다는 일만 하면서 생기지도 않을 일에 대비해 자신을 아끼게 되겠지. 그러다가 따분한 노인네가 되어 죽게 될 거야. 그래도 너를 진정으로 좋아하는 친구들은 많이 생기겠지. 네가 근면하고 친절한 사람으로 보일 테니까 말이야. 하지만 진실은 달라. 너는 그저 삶이 너를 내두르며 굴복시키도록 놔두는 사람일 뿐이지. 마음속 저 깊은 곳은 위험을 감수하는 행위에 대한 두려움으로 가득 차 있는 사람일 뿐이고. 네가 정말로 원하는 것은 이기는 것이지만, 패배에 대한 두려움이 승리에 대한 흥분보다 더 크기 때문에 나서질 못하지. 너는 알아. 마음속 깊이 너만은 알지. 네가 승리를 거머쥐기 위해 나선 적이 없다는 것을. 이게 바로 안전하게만 살려는 사람들이 걷는 길이란다."

우리의 눈이 다시 마주쳤다.

"그러니까, 지금까지 저를 내두르신 거군요?" 내가 물었다.

"그렇게 말하는 사람들도 있겠지." 부자 아버지가 미소를 띠었다.

"하지만 나는 네게 인생의 맛을 좀 보여 줬다고 말하고 싶구나."

"인생의 어떤 맛을요?" 내가 물었다. 여전히 화가 난 상태였지만 호기심도 일었다. 이제는 배울 준비까지 되어 있었다.

"너와 마이크, 너희 둘은 적어도 나에게 돈 버는 법을 가르쳐 달라고 부탁을 했다. 나도 난생 처음 들어 본 부탁이지. 내 밑에서 일하는 직원들이 150명도 넘는데, 지금까지 나에게 돈에 대해 가르쳐 달라고 요청한 사람이 단 한 명도 없었단다. 그들은 일자리와 급료에 대해서만 얘기하거나 요구하지 돈에 대해 가르쳐 달라고는 하지 않아. 그래서 대부분이 인생의 황금기를 돈을 위해 일하면서 허비하게 되지. 자신들이 무엇을 위해 일하는지도 제대로 이해하지 못하면서 말이야."

나는 귀를 쫑긋 세우고 경청했다.

"그래서 네가 돈 버는 법을 배우고 싶어 한다는 얘기를 마이크에게 들었을 때, 나는 현실 세계를 체험할 수 있는 과정을 하나 준비했단다. 물론 너를 앉혀 놓고 종일토록 말로 가르칠 수도 있다. 하지만 그러면 네가 귀를 기울이지 않을 게 뻔하지. 그래서 네가 귀를 기울이게 만들기 위해 삶이 너를 조금 내두르도록 조치한 거다. 그래서 너에게 시간당 10센트만 준 거란다."

"그래서 제가 한 시간에 10센트를 받으면서 어떤 교훈을 배운 건데요?" 내가 물었다.

"아저씨가 실은 구두쇠에 직원들이나 착취하는 사람이라는 거요?"

부자 아버지는 몸을 뒤로 젖히며 너털웃음을 터트렸다. 이윽고 그분이 말했다.

"다시 생각해 보렴. 관점을 바꿔 봐. 나를 탓하지 말고. 내가 문제라고 여겨서도 안 된다. 만일 내가 문제라고 생각한다면 넌 나를 바꿔야겠지. 하지만 네가 문제라는 걸 깨달으면 너 자신을 바꿀 수 있어. 그러면서 뭔가를 배우고 더 현명해지는 거지. 대부분의 사람들은 자기 자신은 그대로 놔두고 늘 남들을 바꾸려고만 하지. 이 점을 명심하렴. 다른 사람들보다 나 자신을 바꾸는 것이 훨씬 쉽단다."

20년 전 그리고 오늘
할 수 있는 것을 바꿔라

나는 부자 아버지의 말씀 속에서 진리와 지혜를 배웠다. 삶의 많은 부분은 우리의 통제 범위를 벗어나 있다. 그래서 나는 내가 통제할 수 있는 부분, 즉 '나 자신'에게 초점을 맞추는 법을 배웠다. 만약 상황을 바꿔야 한다면 먼저 나 자신부터 바꿔야 한다.

"무슨 말인지 모르겠어요." 내가 말했다.

"네 문제에 대해 나를 탓하지 말렴." 부자 아버지가 참을성이 바닥 났는지 약간 초조하게 말했다.

"하지만 아저씨가 시간당 10센트밖에 안 주잖아요."

"그래서 너는 거기서 뭘 배웠니?" 부자 아버지가 미소 지으며 물었다.

"아저씨가 구두쇠라는 거요." 나는 씨익 웃으면서 대답했다.

"그것 봐라. 너는 아직도 내가 문제라고 생각하고 있잖니." 부자 아버지가 말했다.

"하지만 그렇잖아요."

"그런 태도를 버리지 않으면 아무것도 배우지 못할걸. 남이 문제라는 태도를 버리지 않으면 결국 네가 할 수 있는 선택은 뭐가 있겠니?"

"음, 아저씨가 시급을 올려 주거나 아니면 약속대로 제게 돈을 버는 법을 가르쳐 주지 않으면 그만두는 수밖에 없죠."

"잘 아는구나." 부자 아버지가 말했다. "대부분의 사람들은 정말로 그렇게 한단다. 직장을 그만두고 다른 일자리를 찾지. 더 나은 기회, 더 나은 보수 그런 게 문제를 해결해 줄 거라고 여기고 말이야. 하지만 그런다고 문제가 해결되는 경우는 거의 없어."

"그럼 어떻게 해야 하는데요?" 내가 물었다. "그냥 시간당 10센트나 받으면서 만족하는 척해요?"

부자 아버지가 빙그레 웃었다. "어떤 사람들은 그렇게 하지. 월급이 오르길 기다리면서 돈만 벌면 모든 문제가 해결될 거라고 생각하는 거야. 대개는 상황을 그저 순순히 받아들이고, 일부는 열심히 몸 바쳐 부업이라도 하지만 그래 봤자 역시 보수는 얼마 되지 않지."

나는 바닥을 멀뚱히 쳐다보았다. 부자 아버지가 말하는 교훈이 조금씩 이해되기 시작했다. 그게 바로 삶의 맛이라는 것이었다. 이윽고 나는 고개를 들고 물었다. "그럼 어떻게 해야 문제를 해결할 수 있나요?"

"이걸 써야지." 부자 아버지가 몸을 기울이더니 내 머리를 가볍게 토닥였다. "여기 달린 네 머리 말이다."

그런 다음 부자 아버지는 자신과 내 가난한 아버지 그리고 직원들의 길을 가르는 핵심적인 사고방식을 알려 주었다. 그러한 관점을 통해 부자 아버지는 하와이에서 가장 큰 부자 중 한 명이 되었고, 학식은 높지만 가난한 내 아버지는 늘 금전적으로 시달렸다. 하나의 관점이 두 사람의 운명을 결정지은 것이다.

부자 아버지는 그러한 관점을 몇 번이고 강조하곤 했는데, 나는 그것을 첫 번째 교훈이라고 부른다. **"가난한 사람들과 중산층은 돈을 위해 일한다. 부자들은 돈이 자신을 위해 일하게 만든다."**

그 눈부시게 아름다운 토요일 아침, 나는 이제껏 가난한 아버지에게서 배운 것과 전혀 다른 관점을 배우고 있었다. 당시에 아홉 살이던 나는 두 아버지 모두가 내가 무언가 배우기를 원한다는 것을 알고 있었다. 두 분 아버지는 모두 내가 공부를 하길 바랐지만, 무엇을 공부할 것인가에 대해서는 생각이 달랐다.

고등교육을 받은 내 아버지는 나도 당신처럼 공부하기를 권했다.

"얘야, 나는 네가 공부를 열심히 해서 좋은 성적을 받아 대기업처럼 안전하고 안정된 직장을 얻을 수 있으면 좋겠구나. 월급도 많이 받고 말이야." 하지만 부자 아버지는 내가 돈이 어떻게 움직이는지를 배워

20년 전 그리고 오늘
소득 이상의 자산

현금흐름을 창출하는 자산을 구입하거나 구축하면 돈이 당신을 위해 일하게 된다. 고소득 일자리는 두 가지를 의미한다. 하나는 당신이 돈을 위해 일한다는 뜻이고, 다른 하나는 당신이 내는 세금이 갈수록 오를 것이라는 뜻이다. 나는 돈이 나를 위해 일하며 급여 소득이 아닌 자산 소득을 창출하도록 만드는 법을 배웠고, 덕분에 세금 혜택도 누리고 있다.

그것이 나를 위해 일하게 해야 한다고 말했다.

그분의 도움으로, 나는 교실에서가 아니라 삶을 통해 그 교훈을 배울 수 있었다.

부자 아버지는 계속해서 내게 첫 번째 교훈을 말해 주었다. "네가 시간당 10센트를 받는다는 데 대해 화를 내서 참 기쁘구나. 만약 네가 화를 내지 않고 그냥 체념하고 받아들였더라면 난 너를 가르칠 수 없다고 말했을 거다. 진정한 배움에는 활력과 열정, 그리고 불타는 욕망이 필요하거든. 한데 그 방정식에서 커다란 부분을 분노가 차지하지. 분노와 사랑이 결합된 것이 열정이라 그렇다. 그런데 대부분의 사람들이 돈 문제에 있어서만큼은 안전을 추구하고 안정감을 느끼고 싶어 하지. 그래서 열정이 아니라 두려움을 따르는 거야."

"그래서 사람들이 보수가 낮은데도 계속 일하는 건가요?" 내가 물었다.

"그래." 부자 아버지가 말했다. "어떤 사람들은 내가 사탕수수 농장이나 정부처럼 돈을 많이 주지 않는다고 해서 직원들을 착취한다고 하지. 나는 오히려 그 사람들이 스스로를 착취하고 있다고 말한단다. 그건 그 사람들의 두려움이지 내 것이 아니야."

"하지만 그 사람들에게 월급을 더 많이 줘야 한다고 생각하지 않으세요?" 내가 물었다.

"난 그럴 필요가 없다. 게다가 돈을 많이 준다고 해서 그 사람들 문제가 해결되는 것도 아니야. 네 아버지를 보렴. 네 아버지는 돈을 많이

벌지만 그래도 청구서를 다 처리하지 못하잖니. 대부분의 사람들에게
더 많은 돈은 대개 더 많은 빚으로 이어지지."

"그래서 제게 시간당 10센트를 주시는 건가요?" 내가 미소를 지으
며 말했다. "교훈을 주시려고요?"

"그렇단다." 부자 아버지는 싱긋 웃었다. "네 아버지는 학교에서 좋
은 교육을 받으셨다. 그래서 보수가 좋은 직장을 얻었지. 그렇지만 아
직도 돈 때문에 문제를 겪고 계신다. 왜냐하면 학교에서 돈에 대해 배
운 적이 없기 때문이야. 무엇보다 네 아버지는 돈을 위해 일해야 한다
고 믿고 계시지."

"아저씨는 그렇게 생각하지 않으시고요?" 내가 물었다.

"그래, 난 아니다." 부자 아버지가 말했다. "네가 돈을 위해 일하는
법을 배우고 싶다면 계속 학교에 있어라. 학교는 그런 걸 배우기에 좋
은 곳이지. 그렇지만 돈이 너를 위해 일하게 만드는 법을 배우고 싶다
면 내가 가르쳐 주마. 네가 진심으로 배우고 싶다면 말이다"

"누가 그런 걸 안 배우고 싶어 하겠어요?" 내가 물었다.

"모두가 그런 건 아니란다." 부자 아버지가 말했다. "돈을 위해 일하는 법을 배우는 편이 훨씬 쉽거든. 특히 돈 얘기가 나오면 겁부터 집어

20년 전 그리고 오늘
학교에 가야 한다고?

물론 나는 교육과 평생학습을 열렬히 지지
한다. 하지만 갈수록 '학교에 가는 것', 특히
대학에 들어가는 것은 재정적 악몽이 되고
있다. 미국의 경우 현재 학자금 융자라는
빚에 시달리는 인구가 4400만 명이고,
그 총액은 약 1조 3000억 달러에 달한다.

먹는 사람들은 말이다."

"무슨 이야기인지 잘 모르겠어요." 내가 얼굴을 찡그리며 말했다.

"지금은 걱정하지 않아도 돼. 단지 대부분의 사람들이 계속 참고 일을 하는 건 두려움 때문이라는 것만 알아 두렴. 청구서를 제때 내지 못할지도 모른다는 두려움, 해고될지도 모른다는 두려움, 돈이 항상 부족할지도 모른다는 두려움, 그리고 모든 걸 새로 시작해야 할지도 모른다는 두려움, 그런 것들 말이다. 그게 바로 직장에서 일하는 법을 배워서 돈을 위해 일해야 할 때 지불해야 하는 대가란다. 대부분의 사람들은 돈의 노예가 되지. 그러고는 애꿎은 사장에게 화를 내."

"돈이 저를 위해 일하도록 만드는 법을 배우려면 완전히 다른 종류의 공부를 해야 하는 거군요?" 내가 물었다.

"그렇지." 부자 아버지가 말했다. "그렇다마다."

하와이의 아름다운 토요일 오후, 우리는 아무 말 없이 조용히 앉아 있었다. 내 친구들은 지금쯤 야구 경기를 하고 있을 터였다. 하지만 나는 왠지 한 시간에 10센트만 받고 일을 하기로 결정한 게 다행이라는 생각이 들었다. 다른 친구들이 학교에서는 절대 배우지 못할 무언가를 배우게 될 것이라는 예감이 들었기 때문이다.

"그래, 준비됐니?" 부자 아버지가 물었다.

"그렇고말고요." 나는 싱긋 웃으며 대답했다.

"난 약속을 지켰다. 멀리서 널 가르치고 있었지." 부자 아버지가 말했다. "넌 어린 나이에 벌써 돈을 위해 일한다는 게 어떤 건지 조금이

나마 맛을 본 거야. 지난 몇 달 동안 한 일을 앞으로 오십 년 동안 해야 한다고 상상해 보렴. 평범한 사람들이 평생 어떻게 살아가는지 짐작이 갈 게다."

"무슨 말인지 모르겠어요." 내가 말했다.

"날 만나려고 기다리는 동안 기분이 어땠니? 처음에는 일자리를 얻으려고, 그리고 오늘 시급을 올려 달라고 말하려고 기다렸을 때 말이다."

"끔찍했어요." 내가 말했다.

"만약 네가 돈을 위해 일하는 걸 선택한다면, 평생 동안 그렇게 될 거다." 부자 아버지가 말했다.

"세 시간 동안 열심히 일한 뒤에 마틴 여사가 네 손바닥에 동전 세 개를 떨어뜨렸을 때에는 기분이 어땠니?"

"그걸로는 부족하다는 생각이 들었어요. 아무 가치도 없어 보이더라고요. 실망스러웠죠." 내가 말했다.

"그게 바로 대부분의 직원들이 월급봉투를 받았을 때 느끼는 거란다. 특히 세금이라든가 이것저것 공제를 다 하고 난 뒤에는 더욱 그렇지. 최소한 너는 일한 값을 다 받잖니."

"그 사람들은 일한 값을 전부 다 받는 게 아니에요?" 나는 깜짝 놀라 물었다.

"전혀 아니야!" 부자 아버지가 말했다. "정부가 언제나 제일 먼저 자기들 몫을 떼어 가거든."

"어떻게 그럴 수가 있죠?" 내가 물었다.

"세금이지." 부자 아버지가 말했다. "돈을 벌면 세금을 내야 해. 돈을 쓸 때에도 세금을 내야 하지. 저축을 할 때도 세금을 내고, 심지어 죽을 때도 세금을 내야 한단다."

"왜 정부가 그런 짓을 하게 내버려 두는데요?"

"부자들은 안 그런다." 부자 아버지는 미소를 지으며 말했다. "가난한 사람들과 중산층은 그러지만 말이야. 난 너희 아버지보다 더 많이 벌지만 세금은 더 적게 내지."

20년 전 그리고 오늘
세금, 세금, 세금

세계 각지에서 정부가 확대되며 점점 더 많은 돈을 필요로 하고 있다. 그렇다면 그 돈은 어디서 구하는가? 대개의 경우 그런 돈을 뽑아낼 데라곤 중산층밖에 없다. 즉 근로자가 타깃이라는 얘기다. 오늘날 각국의 정부는 전문 투자자와 사업체 소유주도 선호한다. 근로자와 마찬가지로 그들에게서도 세금을 거둬들일 수 있기 때문이다. 하지만 세법을 본래의 의도 그대로, 즉 경제를 구축하는 도구로 사용하는 국가에서는 전문 투자자와 사업체 소유주에게서 아주 적은 수준의 세금만을 거둬 간다.

"어떻게 그럴 수가 있죠?" 내가 물었다. 나는 전혀 이해가 되지 않았다. "왜 정부가 그런 짓을 하게 그냥 내버려 두죠?"

부자 아버지는 천천히 몸을 흔들며 말없이 앉아 나를 바라보았다.

"배울 준비는 됐니?" 부자 아버지가 물었다.

나는 천천히 고개를 끄덕였다.

"아까 말한 대로 배울 것이 무척 많단다. 돈이 나를 위해 일하게 만드는 방법을 배우는 건 평생 동안 공부를 해야 하는 문제야. 사람들은 사 년 동안 대학 공부를 하고 졸업을 하고 나면 더 이상 공부를 하지 않지. 하지만 돈이란 건 평생 동안 배우고 공부해야 해. 배우면 배울수록 알아야 할 게 더욱더 많이 생기거든. 대부분의 사람들은 돈에 대해 공부하지 않는다. 그들은 일터에 가고, 월급을 받고, 수지를 맞추고, 그게 다지. 그래 놓고는 왜 자기에게 돈 문제가 생기는지 궁금해해. 그들은 돈이 더 많이 있다면 문제가 다 해결될 거라고 생각한다. 실은 자기의 금융 지식이 부족하기 때문이라는 걸 깨닫지 못하고 말이다."

"그럼 우리 아빠가 세금 때문에 고생하는 건 아빠가 돈에 대해 제대로 이해하지 못하기 때문인가요?"

나는 어리둥절해서 물었다.

"얘야. 세금은 돈이 너를 위해 일하게 만드는 방법을 배우는 데 있어 아주 작은 부분일 뿐이란다. 나는 오늘 네가 아직도 돈에 대해 배우겠다는 열정을 갖고 있는지 알고 싶었다. 대부분의 사람들은 그렇지 않거든. 그들은 학교에 가고, 전문 지식을 배우고, 직장에서 재미있게 일하고, 많은 돈을 벌고 싶어 하지. 그러다 어느 날 눈을 뜨면 심각한 재정적 문제에 빠져 있다는 걸 알게 된다. 그러면 그때부터는 정말로 일을 그만둘 수가 없어. 그게 바로 돈이 너를 위해 일하게 하는 법을 배우지 않고 돈을 위해 일하는 법만 아는 데 따르는 대가다. 자, 아직도 배우겠다는 열정이 있니?" 부자 아버지가 물었다.

나는 고개를 끄덕였다.

"좋아." 부자 아버지가 말했다. "이제 그만 일하러 가렴. 지금부터는 돈을 주지 않겠다."

"뭐라고요?" 나는 깜짝 놀라 물었다.

"잘못 들은 게 아니다. 오늘부터는 시급을 주지 않을 거야. 매주 토요일마다 예전처럼 똑같이 세 시간씩 일하겠지만, 이제부터는 한 시간에 10센트도 못 받을 거야. 돈을 위해 일하지 않는 법을 배우고 싶다고 하지 않았니? 그러니 난 네게 돈을 주지 않을 생각이다."

나는 부자 아버지가 하는 말을 믿을 수가 없었다.

"마이크한테도 이미 똑같은 얘기를 했다. 그리고 그 애는 벌써 일터에서 일을 하고 있을 게다. 한 푼도 받지 않고 공짜로 통조림통 먼지를 털고 선반을 정리하고 있지. 너도 빨리 가게로 돌아가렴."

"그건 불공평해요." 나는 소리쳤다. "일을 하면 당연히 보수를 주셔야죠!"

"너는 내게서 배우고 싶다고 말했다. 그걸 지금 배우지 못하면 나중에 커서 오늘 아침에 네가 여기서 봤던 세 명처럼 될 거다. 돈을 위해 일하면서 내가 자르지만 않길 바라는 거지. 혹은 너희 아버지처럼 돈은 많이 벌지만 빚만 잔뜩 쌓여서는 돈만 더 있다면 모든 문제가 해결될 거라고 생각할 수도 있다. 그게 네가 바라는 거라면 처음 약속대로 시간당 10센트를 주마. 그게 아니라면 대개의 어른들이 하는 일을 할 수도 있다. 보수가 너무 적다고 불평하면서 이 일을 그만두고 다른 일자리를 찾는 거지."

"하지만 제가 어떻게 해야 하는데요?" 내가 물었다.

부자 아버지는 내 머리를 가볍게 두드렸다. "이걸 사용하렴. 잘만 사용하면 곧 내가 준 기회에 감사하게 될 거다. 그리고 커서 부자가 될 테지."

나는 멍하니 서 있었다. 아무것도 못 받고 일을 해야 한다는 걸 믿을 수가 없었다. 시급을 올려 달라고 부탁하러 왔는데, 반대로 공짜로 일을 해 줘야 할 처지가 되었기 때문이다.

부자 아버지가 다시 내 머리를 톡톡 치며 말했다.

"이걸 사용하려무나. 자, 이제 빨리 일터로 돌아가렴."

부자는 절대 돈을 위해 일하지 않는다

나는 가난한 아버지에게 내가 돈을 받지 않고 일한다는 사실을 말하지 않았다. 가난한 아버지는 절대로 이해하지 못할 테고 나는 나 자신도 제대로 이해하지 못하는 것을 아버지에게 설명하고 싶지 않았다.

그 뒤로 삼 주 동안 마이크와 나는 매주 토요일마다 세 시간씩 돈을 받지 않고 일했다. 일은 별로 힘들지 않았고, 곧 익숙해졌다. 다만 친구들과 야구를 하는 게 그리웠고, 만화책을 살 수 없다는 게 아쉬웠다.

세 번째 주 정오쯤 부자 아버지가 가게에 들렀다. 주차장에 그분의 트럭이 멈춰 서더니 엔진이 꺼지는 소리가 들렸다. 부자 아버지가 가게로 들어와 마틴 여사를 포옹하며 인사를 나눴다. 마틴 여사와 가게 일에 대해 이런저런 얘기를 나눈 뒤, 부자 아버지는 냉장고에서 아이스크림 두 개를 꺼내 값을 치르고는 마이크와 나를 불렀다.

"잠시 산책이나 가자꾸나."

우리는 잽싸게 자동차를 피하며 길을 건넌 다음, 너른 풀밭을 가로질렀다. 어른들 몇 명이 소프트볼을 하고 있었다. 부자 아버지는 외따로 떨어진 피크닉 테이블에 앉아 마이크와 내게 아이스크림을 건네주었다.

"일은 잘하고 있니?"

"네." 마이크가 대답했다.

나도 고개를 끄덕였다.

"그동안 배운 건 없고?" 부자 아버지가 물었다.

마이크와 나는 서로 얼굴을 마주보며 어깨를 으쓱하고는 동시에 고개를 가로저었다.

삶에서 가장 큰 함정 피하기

"글쎄, 이제 머리를 좀 쓸 때도 되지 않았느냐? 너희들은 지금 삶에서 배울 수 있는 가장 중요한 교훈 하나를 앞에 두고 있는 거야. 그걸 배우면 자유롭고 안정적인 삶을 즐길 수 있지. 그걸 배우지 못하면 마틴 여사나 저기 공원에서 소프트볼을 하는 대다수의 사람들과 비슷한 처지가 될 거다. 저들은 쥐꼬리만 한 돈을 벌기 위해 열심히 일하고, 안정적인 직장이라는 환상에 매달리고, 삼 주밖에 안 되는 연차를 손꼽아 기다리고, 사십오 년 동안 뼈 빠지게 일한 뒤에 받는 얼마 되지도 않는 연금을 바라보며 살지. 그런 게 좋다면 시간당 25센트로 시급을 올려 주마."

"하지만 저분들은 열심히 일하는 착한 사람들이에요. 그런데 지금 저런 분들을 놀리시는 거예요?" 내가 다그쳤다.

부자 아버지의 얼굴에 미소가 떠올랐다.

"마틴 여사는 내게 어머니 같은 분이시지. 내가 어떻게 그런 잔인한 짓을 할 수 있겠니. 내 말이 못되게 들리는 건 내가 너희들에게 뭔가를 가르쳐 주려고 하고 있기 때문이다. 너희 시야를 넓혀서 다른 사람들은 못 보는 것들을 보여 주려는 거야. 저 사람들은 시야가 너무 좁아서 그런 걸 보지 못하지. 자기들이 지금 어떤 함정에 빠져 있는지를 모른다."

마이크와 나는 부자 아버지의 말을 이해할 수가 없었다. 부자 아버지의 말은 잔인하게 들렸지만, 그분이 우리에게 뭔가 중요한 것을 알려 주려고 한다는 것만은 느낄 수 있었다.

부자 아버지는 미소를 지으며 말을 이었다. "한 시간에 25센트야. 마음에 들지 않니? 그 말을 들으니 심장이 조금 빨리 뛰지 않느냐?"

나는 고개를 저었다. 그렇지만 실제로는 그랬다. 시간당 25센트는 내게 큰돈이었다.

"좋아. 그러면 한 시간에 1달러를 주마." 부자 아버지가 능청스러운 웃음을 띠며 말했다.

그 말에 심장이 달음박질을 치는 것 같았다. 머릿속에서 외치는 소리가 들렸다. '받아. 받아들여.' 나는 방금 들은 제안을 믿을 수가 없었다. 그럼에도 나는 아무 말도 하지 않았다.

"좋아, 한 시간에 2달러는 어떠냐."

내 작은 머리와 가슴이 터질 것만 같았다. 1956년에 시간당 2달러는 나를 세계 제일의 꼬마 부자로 만들어 줄 수 있었으리라. 그렇게 큰돈을 벌게 되리라고는 상상조차 해 본 적이 없었다. 나는 금세라도 승낙하고 싶었다. 그 제안을 받아들이고 싶었다. 새 자전거와 새 글러브가 눈앞에서 어른거렸다. 내가 보란 듯이 현금을 내놓으면 친구들은 나를 경탄의 눈으로 쳐다보겠지. 지미와 그 애의 부자 친구들도 다시는 나를 가난하다고 놀리지 못할 것이었다. 하지만 이상하게도 나는 입을 열지 못했다.

녹은 아이스크림이 내 손가락 위로 흘러내리고 있었다. 부자 아버지는 넋을 잃은 채 휘둥그레한 눈으로 자신을 쳐다보고 있는 두 어린 소년을 바라보았다. 그분은 우리를 시험하고 있었다. 그리고 우리가 마음속 한구석으로는 그 제안을 받아들이고 싶어 한다는 걸 알고 있었다. 그는 모든 이들의 영혼에는 돈으로 살 수 있는 나약하고 절박한 조각이 존재한다는 것을 알고 있었으며, 또한 돈으로 살 수 없는 강건하고 굳센 조각도 존재한다는 것도 알고 있었다. 문제는 그중 어느 쪽이 더 강력하느냐는 것이었다.

"좋아. 그러면 시간당 5달러를 주겠다."

그 순간 나는 할 말을 잃었다. 갑자기 뭔가가 변했다. 그건 너무 거창하고 우스꽝스럽기까지 한 제안이었다. 1956년에는 어른들조차도 시급 5달러를 벌기가 힘들었다. 유혹이 재빨리 자취를 감추고, 고요가 찾아들었다. 나는 천천히 고개를 돌려 왼쪽에 있는 마이크를 쳐다봤다. 마이크도 나를 바라봤다. 내 영혼의 약하고 절박한 부분은 침묵을 지켰다. 내 영혼의 돈으로 살 수 없는 부분이 승리를 거머쥐었다. 나는 마이크도 같은 상태임을 알 수 있었다.

인간의 삶은
두 가지 감정에 의해
지배된다. 그것은 바로
'두려움'과 '욕심'이다.

"잘했다." 부자 아버지가 부드럽게 말했다. "대다수의 사람들은 적당한 가격을 부르면 살 수 있지. 그게 가능한 건 인간이 두려움과 욕심이라는 두 개의 감정을 갖고 있기 때문이다. 먼저 돈이 떨어진다는 두려움이 우리를 열심히 일하게 채찍질한다. 월급을 받은 뒤에는 탐욕이나 욕심 때문에 돈으로 살 수 있는 온갖 멋진 것들에 마음을 빼앗기게 되지. 그렇게 해서 하나의 패턴이 생기는 거다."

"어떤 패턴인데요?" 내가 물었다.

"아침에 일어나서 직장에 출근하고 청구서를 내고, 또 일어나서 직장에 가고 청구서를 내는 패턴이지. 인간의 삶은 죽을 때까지 두 가지 감정에 의해 지배된단다. 바로 두려움과 욕심이야. 그들에게 더 많은 돈을 주면 지출을 늘려서 다시 그 패턴을 반복하지. 나는 그걸 '새앙쥐 레이스'라고 부른단다."

"다른 길은 없나요?" 마이크가 물었다.

"있다마다." 부자 아버지가 느릿한 말투로 대답했다. "하지만 그걸 찾을 수 있는 사람은 몇 안 되지."

"그건 어떤 길인데요?" 마이크가 물었다.

"그게 바로 너희들이 나와 함께 일하고 공부하면서 배웠으면 하는 거다. 내가 너희들에게 일한 보수를 지급하지 않는 이유이기도 하고."

"힌트 같은 건 없어요?" 마이크가 말했다. "열심히 일하는 게 슬슬 지겨워지기 시작했단 말이에요. 거기다 돈도 못 받고 있잖아요."

"첫 번째 단계는 사실대로 말하는 거란다." 부자 아버지가 말했다.

"우린 거짓말한 적 없는데요." 내가 말했다.

"너희들이 거짓말을 했다는 게 아니다. 말 그대로 사실대로 얘기하라는 거지." 부자 아버지가 응수했다.

"무슨 사실이요?" 내가 물었다.

"너희들이 느끼는 감정, 기분 말이다." 부자 아버지가 말했다. "다른 사람들에게 말할 필요는 없다. 그저 스스로 어떻게 느끼는지 인정하기만 하면 돼."

"그럼 여기 공원에 있는 사람들이나 마틴 여사처럼 아저씨 밑에서 일하는 사람들은 그렇게 하지 않는다는 말인가요?" 내가 물었다.

"나는 그렇다고 생각한다." 부자 아버지가 말했다. "그들은 돈이 없다는 데 두려움을 느끼지. 그렇지만 거기에 대해 이성적으로 대처하려 들지는 않아. 머리를 쓰는 대신에 감정적으로 반응하지." 부자 아버지가 말했다. "그러곤 다시 손에 몇 달러가 들어오면 기쁨과 욕망, 욕심에 휘둘리게 된다. 그렇게 계속해서 머리로 생각하는 게 아니라 감정적으로 반응하는 거지."

"그러니까 감정이 이성을 지배하는 거네요." 마이크가 말했다.

"그렇단다." 부자 아버지가 말했다. "자신의 느낌을 솔직하게 이야기하는 게 아니라 감정에만 반응하고 머리로 생각을 안 하는 거야. 그들은 두렵기 때문에 일터에 가고, 돈이 두려움을 덜어 줄 거라고 생각하지. 하지만 그렇게 되지는 않아. 두려움은 계속해서 그들을 따라다니고, 그들은 다시 일터로 돌아간다. 이번에도 돈이 두려움을 달래 주길 바라면서 말이야. 하지만 이번에도 그런 일은 일어나지 않아. 그들은 두려움이 사라지길 바라면서 일을 하고, 돈을 벌고, 일을 하고, 돈을 버는 쳇바퀴 같은 삶 속에 갇히지. 하지만 매일 아침 그들이 잠을 깰 때마다 두려움도 함께 눈을 뜬단다. 수많은 사람들이 그런 두려움 때문에 밤새 걱정에 시달리며 밤을 설치지. 그러곤 아침에 다시 일어나 일하러 가서는 월급봉투가 그들의 영혼을 갉아먹는 두려움을 없애 줄 거라고 생각해. 그런 식으로 돈이 그들의 인생을 지배하는 거다. 그러면서도 사실을 이야기하려 들지 않아. 돈이 그들의 감정과 영혼까지 통제하는 거지."

부자 아버지는 조용히 앉아 우리가 그의 말을 이해하기를 기다렸다. 마이크와 나는 그분이 무슨 소리를

20년 전 그리고 오늘
최악의 공포

세계 인구의 고령화로 은퇴 인구가 점점 늘고 있다. 조사에 따르면 사람들의 가장 큰 걱정은 역시 돈 문제다. 설문에 응한 사람 가운데 거의 50퍼센트가 죽기 전에 돈이 떨어지게 되는 상황, 노후를 돈 없이 보내게 되는 상황이 가장 두렵다고 답했다.

부자 아빠 가난한 아빠

하는지 제대로 이해할 수 없었다. 나는 그저 간혹 왜 어른들은 그토록 서둘러 일터로 달려가는지 궁금해하곤 했다. 일하는 게 그렇게 재미있어 보이지도 않았고, 어른들도 별로 행복해 보이지는 않았는데 말이다. 그럼에도 그들은 늘 황급히 일터로 갔다.

부자 아버지는 우리가 나름 최선을 다해 이해하려고 노력하고 있다는 것을 알고는 말했다. "나는 너희들이 그 함정을 피할 수 있길 바란다. 너희들에게 정말로 가르치고 싶은 것도 그것이란다. 나는 단순히 부자가 되는 법을 가르치려는 게 아니다. 왜냐하면 부자가 된다고 해서 문제를 해결할 수는 없기 때문이지."

"정말요?" 내가 놀란 표정으로 물었다.

"그래. 다른 감정에 대해서도 설명해 주마. 먼저 욕망이 있지. 어떤 사람들은 그걸 욕심이라고 부르기도 하지만 나는 욕망이라고 부르는 걸 더 좋아한다. 무언가 더 좋고, 예쁘고, 재미있거나 흥미로운 것을 원하는 것은 지극히 정상적인 거야. 그래서 사람들은 욕망 때문에라도 돈을 위해 일하지. 그들은 돈으로 살 수 있는 즐거움을 얻기 위해 돈을 갖고 싶어 한다. 하지만 돈으로 사는 즐거움은 대개 순간적이고, 더 많은 즐거움이나 기쁨, 편안함, 안정감을 얻으려면 곧 더 많은 돈이 필요하게 돼. 그래서 그들은 계속 일을 하지. 두려움과 욕망으로 흔들리는 영혼을 돈이 달래 줄 수 있을 것이라고 생각하면서 말이야. 그렇지만 돈은 그런 일을 해 주지 않아."

"심지어 부자들도 그래요?" 마이크가 물었다.

"부자들도 그렇단다." 부자 아버지가 말했다. "사실 부자들 중 상당수가 욕망이 아니라 두려움 때문에 부자가 될 수 있었지. 그들은 돈을 많이 벌면 가난해질지도 모른다는 두려움을 덜 수 있을 거라고 생각한다. 그래서 돈을 산더미처럼 벌지만, 돈을 벌면 벌수록 두려움은 더욱 커져만 간다. 그리고 그다음부터는 돈을 잃을까 봐 두려움에 떨게 되고 말이야. 내 친구들 중 몇 명은 이미 충분한 재산을 가지고 있는데도 계속 일을 한다. 또 백만장자면서도 가난했을 때보다 더 두려움 속에 사는 사람들도 있고. 그 사람들은 모은 재산을 잃을까 봐 항상 두려워해. 그 사람들을 부자로 만들어 준 바로 그 두려움이 점점 거대해진 거야. 그들 영혼의 나약하고 절박한 부분이 더욱 크게 소리를 지른단다. 큰 집과 비싼 자동차, 돈이 가져다 준 편안한 생활을 잃을까 봐 두려운 거야. 그들은 모은 재산을 잃게 되면 친구들이 뭐라고 할지 걱정한다. 그래서 많은 부자들이 감정적이고 필사적이고 신경질적이란다. 아무리 부자처럼 보이고 돈이 많을지라도 말이다."

"그럼 가난한 사람이 더 행복한가요?" 내가 물었다.

"아니. 그건 아니지." 부자 아버지가 대답했다. "돈을 피하는 건 돈에 집착하는 것만큼이나 이상한 거야."

그 말이 마치 신호라도 되는 듯, 마을에서 자주 보던 거지가 우리 테이블을 지나 커다란 쓰레기통 앞에서 발을 멈추더니 안을 뒤지기 시작했다. 우리는 그 사람이 하는 짓을 빤히 지켜보았다. 어쩌면 이때까지 우리는 그 사람을 못 본 체하고 있었는지도 모른다.

부자 아빠 가난한 아빠

부자 아버지가 지갑에서 1달러를 꺼내 늙은 거지에게 내밀었다. 돈을 본 거지는 즉시 다가와 지폐를 손에 쥐고는 부자 아버지에게 고맙다고 거듭 인사를 늘어놓더니, 기대하지도 않은 행운에 기뻐 팔짝거리며 서둘러 사라졌다.

"저 사람은 우리 직원 대다수와 별반 다르지 않아." 부자 아버지가 말했다. "나는 '돈에는 관심 없어요.'라고 말하는 사람들을 수도 없이 만나 봤다. 하지만 그런 사람들도 하루 여덟 시간씩 일을 한다. 그건 진실을 거부하는 행동이야. 돈에 관심이 없다면 애당초 왜 일을 하겠니? 그런 사고방식은 돈을 쌓아 올리는 사람들보다 더 잘못된 거다."

나는 부자 아버지의 말을 들으면서 내 진짜 아버지가 수도 없이 하던 말을 떠올렸다. "나는 돈에는 관심이 없다." 진짜 아버지는 자주 그런 말을 했다. "내 일을 사랑하기 때문에 이 일을 하는 거야."라며 스스로를 합리화하기도 했다.

> 수많은 사람들이
> "나는 돈에는 관심 없어요."
> 라고 말한다.
> 하지만 그런 사람들도
> 하루 여덟 시간씩 일을 한다.

"그러면 어떻게 해야 하나요?" 내가 물었다. "두려움과 욕심이 모두 사라질 때까지 돈을 위해 일하지 말아야 하는 건가요?"

"아니지. 그렇게 하면 시간 낭비가 되겠지." 부자 아버지가 말했다. "감정은 우리를 인간으로 만들어 준다. '감정emotion'이라는 단어 자체가 '움직이는 에너지energy in motion'라는 의미지. 우린 감정에 솔직해야 한다. 마음과 감정을 우리 자신에게 유리하게 사용해야 해. 불리하거나 적대적으로 사용하지 말고."

"으아! 그게 무슨 뜻이에요?" 마이크가 말했다.

"내가 방금 한 말은 별로 신경 쓰지 말아라. 크고 나면 이해하게 될 테니까. 다만 감정에 반응하지 말고 관찰하렴. 대부분의 사람들은 자신이 이성 대신 감정을 사용하고 있다는 걸 깨닫지 못한단다. 감정은 감정일 뿐이야. 그러니 스스로 생각하는 법을 배워야 한다."

"예를 들면 어떤 거요?" 내가 물었다.

"어디 보자." 부자 아버지가 말했다. "어떤 사람이 '직장을 구해야 해.'라고 말하면, 그건 이성적인 사고가 아니라 감정에서 나온 소리지. 돈이 없다는 두려움이 그런 생각을 하게끔 만드는 거야."

"하지만 청구서 대금을 내려면 돈이 있어야 하잖아요." 내가 말했다.

"물론 그렇지." 부자 아버지가 싱긋 웃었다. "내가 하고 싶은 말은 두려움이 사고를 좌우하는 경우가 너무 많다는 거야."

"무슨 말인지 모르겠어요." 마이크가 말했다.

"예를 들어, 돈이 없다는 두려움에 사로잡힐 경우에는 그 즉시 직장을 구하러 나서는 게 아니라 스스로 이런 질문을 던져 볼 필요가 있다. '직장을 구하는 것이 과연 이런 두려움을 장기적으로 없앨 수 있는 최상의 해결책일까?' 내 생각에는 아니다. 직장은 장기적 문제에 대한 단기적인 해결책일 뿐이야."

"하지만 우리 아빠 항상 이렇게 말씀하시는데요. 학교 공부를 열심히 하고 좋은 성적을 얻어서 안정적인 직장을 가지라고요." 나는 다소 혼란스러워하며 털어놓았다.

"그래, 너희 아버지는 그러실 거다." 부자 아버지가 미소를 지으며 말했다. "대부분의 사람들이 그렇게 살라고 말하고, 사실 대부분의 사람들에게 그건 좋은 길이기도 하지. 하지만 사람들이 그렇게 말하는 이유는 기본적으로 두려움 때문이야."

"우리 아빠가 두려워서 그런 말을 하는 거라고요?"

"그래." 부자 아버지가 말했다. "그분은 네가 돈을 잘 벌지 못하고 사회에 적응하지 못할까 봐 두려우신 거야. 아, 그렇다고 내 말을 오해하지는 말렴. 너희 아버지는 분명 너를 사랑하고 네가 잘되길 바라시지. 나도 교육과 직업이 중요하다는 것은 인정한다. 그렇지만 그걸로는 두려움을 다스릴 수 없어. 너희 아버지는 몇 푼을 벌기 위해 아침마다 일어나는 것과 마찬가지로 그것과 똑같은 두려움 때문에 너를 대학에 보내기 위해 안간힘을 쓰시지."

"그러면 아저씨는 어떻게 생각하시는데요?" 내가 물었다.

"난 너희들에게 돈의 힘을 정복하는 방법을 가르쳐 주고 싶다. 두려워하는 게 아니라 통제하는 법을 가르쳐 주마. 학교에서는 그런 걸 가르쳐 주지 않아. 그렇지만 그걸 배우지 않으면 돈의 노예가 되지."

 20년 전 그리고 오늘
금융 지식을 마스터하라

파생상품이 출현하고 경제가 갈수록 복잡해짐에 따라 돈에 대해 마스터하는 것, 즉 금융 지식이 세계 경제에서 생존하는 필수 수단이 되었다. 저금리와 불확실한 주식 시장의 세상에서 장기 저축과 장기 투자를 독려하는 낡은 격언은 이제 더 이상 씨알도 먹히지 않는다.

마침내 이해되기 시작했다. 부자 아버지는 우리의 시야를 넓혀 주고 싶어 했다. 마틴 여사는 보지 못하는 것을 우리에게 보여 주고 싶어 했다. 그때 그분은 잔인한 이야기들을 예로 들었지만 그 덕분에 나는 그 내용을 잊지 않고 기억할 수 있었다. 그날 내 시야는 넓어졌고, 나는 사람들의 앞길을 가로막고 있는 함정들을 볼 수 있게 되었다.

"사실 우리는 모두 누군가의 고용인일 수밖에 없단다. 다만 일하는 수준이 다를 뿐이지." 부자 아버지가 말했다. "난 그저 너희들이 두 가지 감정, 즉 두려움과 욕망 때문에 생기는 함정을 피할 수 있게 해 주고 싶은 것뿐이다. 그것들을 너희들에게 유리한 방향으로 사용해야 해. 방해하게 내버려 두지 말고 말이다. 그게 바로 내가 너희들에게 가르치고 싶은 거란다. 난 너희들에게 돈을 많이 버는 방법을 가르치는 데에는 관심이 없다. 그런 것으로는 두려움이나 욕망을 해결하지 못해. 두려움이나 욕망을 해결하는 방법을 배우지 않고 부자가 된다면 돈 많은 노예가 되는 것이나 다름없지."

"함정은 어떻게 피해요?" 내가 물었다.

"가난이나 재정적인 어려움을 겪는 근본적인 원인은 두려움과 무지다. 경제나 정부나 다른 부자들 때문이 아니야. 사람들이 함정에 빠지는 건 스스로 초래한 두려움과 무지 때문이다. 그러니 너희들은 학교에도 가고 대학에도 가렴. 함정에서 어떻게 빠져나올 수 있는지는 내가 가르쳐 줄 테니."

퍼즐 조각들이 점점 모습을 드러내기 시작했다. 교육을 많이 받은 내 아버지는 좋은 교육을 받고 좋은 직업을 얻었다. 하지만 학교는 그분에게 돈이나 돈에 대한 두려움을 다루는 법을 가르쳐 주지 않았다. 그렇지만 나는 이제 두 아버지로부터 서로 다른 중요한 것들을 배울 수 있었다.

"이제까지 돈이 없을 때 느끼는 두려움에 대해 말씀하셨잖아요. 그러면 돈에 대한 욕망이 우리의 사고에 어떤 영향을 끼치나요?" 마이크가 물었다.

"내가 너희들에게 시급을 올려 준다고 유혹했을 때 기분이 어땠니? 욕망이 불어나는 게 느껴지더냐?"

우리는 고개를 끄덕였다.

"감정에 굴하지 않고 참을 수만 있다면 즉각적인 반응을 지체하고 이성적으로 생각할 수 있게 된다. 그 부분이 중요하지. 우리는 늘 두려움과 욕망이라는 감정을 품고 산다. 그렇지만 중요한 건 그런 감정들을 자신에게 유리하게, 그리고 유용하게 사용하는 거야. 감정이 사고를 지배하도록 내버려 둬서는 안 돼. 사람들은 대부분 두려움과 욕망이 자기를 불리하게 만들도록 내버려 둔다. 그게 바로 무지의 시작이야. 대부분의 사람들은 두려움과 욕망이라는 감정에 휘말려 월급봉투와 임금 인상, 그리고 안정적인 직장을 좇지. 그런 감정이 지배하는 사고가 자기를 어디로 몰고 갈지도 전혀 모르고 말이야. 그건 마치 당나귀가 코앞에 매달린 당근을 쫓아가는 것과 비슷하지. 당근을 손에 들고 있는 주인을 맹목적으로 쫓아가는 거야. 당나귀 주인은 그런 식으로 자기가 원하는 곳으로 가지만 당나귀는 환상을 좇고 있는 것에 불과해. 다음 날에도 그다음 날에도 당나귀는 새 당근만 받으면 끝이니까……."

"그렇다면 제가 새 야구 글러브와 사탕, 그리고 장난감을 갖고 싶어 하는 것도 당나귀의 당근과 비슷한 건가요?" 마이크가 물었다.

"그래, 그리고 나이가 들수록 장난감은 점점 더 비싸지지. 새 자동차, 보트, 친구들에게 자랑을 하기 위한 큰 집처럼 말이다." 부자 아버지가 미소를 지으며 말했다. "두려움이 우리를 문 밖으로 밀쳐 내고, 욕망은 네게 손짓하지. 그게 바로 함정이란다."

"그래서 해답이 뭐예요?" 마이크가 물었다.

"두려움과 욕망을 가중시키는 것은 무지란다. 돈 많은 부자들이 돈이 많으면 많을수록 더 큰 두려움을 느끼는 것도 그런 이유에서야. 돈은 당근이고, 환상이란다. 만약 당나귀가 더 큰 전체적인 그림을 볼 수 있다면, 더 이상 무작정 당근을 쫓아가지는 않을 텐데 말이다."

부자 아버지는 인간의 삶이 무지와 깨달음 사이의 투쟁이라고 설명했다.

그분은 사람이 자기 자신에 대한 정보와 지식을 더 이상 추구하지 않을 때, 무지가 시작된다고 설명했다. 그런 투쟁은 마음을 열거나 닫는 법을 배우기 위해 매 순간 이루어지는 연속적인 결정을 뜻했다.

"학교는 중요하지. 학교에서는 사회의 일원이 되는 데 필요한 기술이나 전문 지식을 배울 수 있어. 어떤 사회든 교사와 의사, 엔지니어,

예술가, 요리사, 사업가, 경찰관, 소방관, 그리고 군인을 필요로 하니까 말이다. 학교에서 이들을 교육시켜야 우리 사회가 발전하고 번창할 수 있지." 부자 아버지가 말했다. "그렇지만 아쉽게도 많은 사람들에게 학교는 시작이 아니라 끝을 의미한단다."

한참 동안 침묵이 흘렀다. 부자 아버지는 미소를 짓고 있었다. 나는 그날 그분의 이야기를 완전히 이해하지는 못했다. 그러나 훌륭한 스승들의 가르침이 그러하듯이, 그날 부자 아버지의 이야기도 그 뒤로 오랫동안 내게 많은 것을 가르쳐 주었다.

"오늘 나는 약간 잔인하게 굴었다." 부자 아버지가 말했다. "하지만 나는 너희들이 오늘 나눈 대화를 오랫동안 기억해 주길 바란다. 항상 마틴 여사를 기억하길 바란다. 당나귀 이야기를 항상 기억하길 바란다. 두려움과 욕망이 삶의 가장 크고 깊은 함정으로 내몰 수도 있다는 점을 명심하길 바란다. 그 두 가지 감정이 너희의 사고를 지배할 수도 있다는 점을 잊지 말아라. 평생을 두려움 속에서 산다는 것, 자신의 꿈을 추구하지 않는다는 것, 그것이야말로 진정 잔인한 일이지. 돈을 위해 일하면서 돈으로 살 수 있는 것이 너희를 행복하게 만들어 줄 수 있다고 믿는 것도 잔인한 일이다. 한밤중에 돈 걱정 때문에 화들짝 놀라 깨는 것처럼 끔찍한 삶이 어디 있겠니. 월급을 얼마나 많이 받는가에 따라 결정되는 삶은 삶이라고 할 수도 없다. 직장이 안정감을 줄 것이라고 생각하는 것은 스스로에게 거짓말을 하는 것과 같아. 그것은 잔인한 일이고, 나는 너희들만큼은 그런 함정들을 피할 수 있길 바란다. 나는 돈이 어떻게 사람들의 삶을 지배하는지 봐 왔단다. 너희들은 그렇게 되지 말렴. 삶이 돈의 지배를 받아서는 안 돼."

소프트볼 공이 우리가 앉아 있는 탁자 아래로 굴러 왔다. 부자 아버지가 공을 집어 다시 던져 주었다.

"그런데 무지랑 두려움이랑 욕심이랑은 무슨 상관인가요?" 내가 물었다.

"말하자면 돈에 대한 무지야말로 지나친 두려움과 욕망을 야기하는 근원이지." 부자 아버지가 말했다. "몇 가지 예를 들어 주마. 의사들이 자기 가족들을 위해 더 많은 돈이 필요해서 진찰료를 올린다고 하자. 진찰료가 올라가면 모든 사람들의 의료보험료가 올라가지.

그로 인해 가장 큰 피해를 입는 사람들은 가난한 사람들이야. 그래서 가난한 사람들은 돈이 있는 사람들에 비해 건강이 나빠진단다. 의사들이 진찰료를 올렸으니까 이번에는 변호사들도 수임료를 올린다. 변호사의 수임료가 올라가면 교사들도 급여가 인상되길 바라게 되지. 그러면 세금이 인상되고, 이런 식으로 계속되는 거다. 곧 빈부 차이가 끔찍할 정도로 극심해지겠지. 혼란이 찾아오고, 또 하나의 위대한 문명이 무너지게 된다. 역사적으로 위대한 문명들이 무너진 것은 가진 자와 못 가진 자 사이의 격차가 지나치게 벌어졌을 때였단다. 불행히도 지금 미국도 같은 길을 걷고 있지. 왜냐하면 우리가 역사로부터 배우지 않기 때문이야. 우리는 역사적인 날짜와 이름만 기억하지 그 안에 담긴 교훈은 배우지 못해."

"가격이란 원래 올라가는 거 아닌 가요?" 내가 물었다.

"그렇지 않아. 훌륭한 정부가 관리하는 교양 있는 사회에서는 오히려 가격이 내려가게 되어 있다. 물론 이론상으로 그렇다는 얘기다만. 가격이 상승하는 이유는 무지가 야

기한 두려움과 욕심 때문이란다. 만약 학교에서 돈에 대해 가르친다면 돈은 늘어나고 가격은 떨어질 거다. 그렇지만 학교는 그저 사람들에게 돈을 위해 일하라고만 가르치지 돈의 힘을 통제하는 방법에 대해서는 가르치지 않아."

"하지만 경영대학원이 있잖아요." 마이크가 말했다. "아빠가 저한테도 MBA에 가면 좋을 거라고 하셨잖아요."

"그래." 부자 아버지가 말했다. "하지만 경영대학원은 학생들에게 숫자를 계산하는 방법만 가르치려는 경향이 있어. 계산만 잘하는 사람들은 사업을 해서는 안 돼. 그 사람들은 숫자에만 관심을 쏟고 사람들을 자르고 결국에는 사업체를 죽여 버리거든. 나도 그런 사람들을 고용해 봐서 잘 안다. 그 사람들 머릿속에 들어 있는 거라고는 비용을 줄이고 가격을 높이는 것뿐이지. 한데 그러면 더 많은 문제가 생겨. 숫자는 물론 중요하다. 더 많은 사람들이 그걸 알아야 하고. 하지만 그게 전부는 아니란다." 부자 아버지가 화난 표정으로 덧붙였다.

"그러면 해답이 있긴 하나요?" 마이크가 물었다.

"그럼." 부자 아버지가 말했다. "감정을 사용해 생각하는 법을 배우렴. 감정으로 생각하지 말고. 너희들이 공짜로 일하면서 감정을 다스리게 되었을 때, 나는 희망이 있다고 생각했다. 그리고 내가 돈으로 유혹하는데도 너희가 감정을 통제했을 때, 너희는 감정에 휘말리지 않고 생각하는 법을 배운 게다. 그게 바로 첫 번째 단계지."

"그 단계가 왜 그렇게 중요한데요?" 내가 물었다.

"글쎄, 그건 너희들이 알아내야지. 너희들이 진심으로 배우고 싶어 한다면 난 너희를 쩔레 가시덤불로 데려갈 거다. 거의 모든 사람들이 꺼리는 곳이지. 나와 함께 갈 거라면 너희는 돈을 위해 일한다는 생각을 버리고 돈이 너희를 위해 일하게 만드는 법을 배워야 한다."

"우리가 아저씨랑 같이 가면 무얼 얻게 되는데요? 아저씨한테 배우겠다고 약속하면요? 그러면 뭘 얻게 되나요?" 내가 물었다.

"토끼 군과 똑같은 걸 얻게 되지." 부자 아버지가 어린이 동화책 『리머스 아저씨』에 나오는 주인공 이야기를 꺼냈다.

"가시덤불이 진짜 있어요?" 내가 물었다.

"그럼, 있지." 부자 아버지가 말했다. "쩔레 가시덤불은 우리의 두려움과 욕심을 의미한단다. 스스로 사고를 선택하고 두려움과 나약함, 궁핍함에 맞서 싸우면 그 덤불에서 빠져나올 수 있지."

"사고를 선택한다고요?" 마이크가 어리둥절해하며 물었다.

"그래. 감정에 반응하는 게 아니라 생각하는 것을 선택하는 거다. 청구서를 지불할 돈이 없다는 이유로 겁을 집어먹고 아침마다 일어나 일터로 가는 게 아니라 스스로에게 이렇게 물어보는 거야. '이렇게 열심히 일하는 게 정말로 이 문제에 대한 최상의 해결책일까?' 대부분의 사람들은 너무 겁에 질려서 이성적으로 꼼꼼하게 사고를 하지 못하지. 그래서 아무리 지겨워도 직장에 일을 하러 가는 거야. 점점 더 깊이, 진퇴양난의 수렁에 빠져드는 거지. 사고를 선택해야 한다는 건 그런 의미에서 하는 말이란다."

"어떻게 하면 그렇게 할 수 있는데요?" 마이크가 물었다.

"그게 바로 내가 가르쳐 주려는 거다. 난 너희들에게 이성적 사고를 선택하는 방법을 가르칠 거다. 아침에 일어나자마자 커피를 들이켜고 문 밖으로 뛰쳐나가는 것처럼 반사적으로 행동하는 게 아니라 말이야.

아까 내가 한 말 기억하니? 직장은 장기적인 문제에 대한 단기적인 해결책에 불과해. 대부분의 사람들의 머릿속에는 한 가지 문제밖에 없는데, 월말에 어떻게 청구서 대금을 낼 것인가 같은 단기적인 거란다. 돈이 그들의 삶을 지배한다. 아니, 돈에 대한 두려움과 무지가 삶을 지배한다고 해야겠구나. 그래서 그들은 자기 부모님이 그랬던 것처럼 똑같이 살아가는 거다. 매일 아침에 침대에서 일어나 돈을 벌러 직장에 가는 거야. 진짜 중요한 질문인 '다른 길은 없을까?'라는 생각은 떠올리지도 못하고 말이다. 머리가 아니라 감정으로 사고를 하게 되는 거야."

"감정으로 사고를 하는 거랑 머리로 사고를 하는 거랑은 어떻게 다른데요?" 마이크가 물었다.

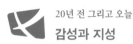

"오, 그래. 많이 다르지." 부자 아버지가 말했다. "사람들은 자주 이런 소리를 한다. '사람이라면 일을 해야지.'라든가 '부자들은 다 사기꾼이야.'라든가. 아니면 '직장을 옮겨야겠어. 난 연봉을 올려 받아야해. 날 이런 식으로 대하면 안 되지.' 같은 거 말이다. '난 이 직장이 안정적이라서 좋아.' 같은 소리도 하지. 하지만 아무도 이렇게 묻진 않아. '내가 여기서 놓치고 있는 건 뭐지?' 이런 의문을 품어야 감정적인 사고를 벗어나 명확하게 생각해 볼 시간이 주어지는데 말이다."

우리가 다시 가게로 돌아가는 동안 부자 아버지는 부자들은 정말로 '돈을 만든다'고 설명해 주었다. 부자들은 돈을 위해 일하지 않았다. 그분은 마이크와 내가 납으로 5센트짜리 동전을 만들었을 때 우리가 진짜 부자들과 대단히 비슷한 방식으로 생각하고 있었다고 설명해 주었다. 문제는 은행과 정부가 아닌 한, 우리처럼 그렇게 돈을 만드는 것이 불법이라는 점이었다. 부자 아버지는 합법적인 방법으로 돈을 만들 수도 있다고 우리에게 설명했다.

부자 아버지는 부자들은 당나귀가 쫓는 당근처럼 돈이 환상에 지나지 않는다는 것을 안다고 말했다. 그러나 돈이 진짜라고 믿는 수많은 사람들은 두려움과 욕심에 젖어 돈의 환상을 좇는다. 돈은 그저 만들어진 것에 불과하다. 그 카드로 만든 집이 용케 서 있을 수 있는 건 대중의 무지와 환상에 대한 믿음 때문이다.

부자 아버지는 미국이 채택하고 있는 금본위제도에 대해 설명했다. 그리고 달러 화폐는 사실 금이나 은에 대한 증명서에 불과하다고 말했다. 그분은 언젠가 우리가 금본위제를 버리고 달러가 진짜 만질 수 있는 돈으로 상환되지 않는 세상이 될까 봐 우려했다.

"그렇게 되면, 얘들아, 세상이 엉망진창이 될 거다. 가난한 사람들과 중산층, 그리고 금융 지식에 무지한 사람들의 삶은 망가지게 되겠지. 왜냐하면 그 사람들은 그때가 되어도 여전히 그 돈이 진짜고, 그들이 일하는 회사나 정부가 자신들을 돌봐 줄 거라고 여길 테니까 말이다."

우리는 그날 부자 아버지가 한 말을 제대로 이해할 수 없었다. 그러나 시간이 지나면서 그분의 말이 옳다는 것을 깨닫게 되었다.

남들이 보지 못하는 것을 보라

부자 아버지는 편의점 앞에 세워 놓은 픽업트럭에 올라타면서 말했다. "계속 일하거라, 얘들아. 하지만 급여의 필요성을 빨리 잊을수록 어른이 된 뒤에 쉬운 삶을 살 수 있을 거다. 머리를 쓰고, 무보수로 일하렴. 그러면 조만간 내가 너희들에게 줄 수 있는 것보다 훨씬 많은 돈을 벌 수 있는 방법을 알아내게 될 테니까. 너희는 남들이 보지 못하는 것들을 보게 될 거다. 대부분의 사람들은 그런 기회를 보지를 못해. 왜냐하면 그들은 항상 돈과 안정만을 찾거든. 그래서 결국 그런 것밖에 얻지 못하지. 그렇지만 한번 기회를 발견하고 나면 앞으로 평생 동안 그런 기회들을 발견하게 될 거다. 이번 일을 해내면 다음에는 다른 걸 가르쳐 주마. 이걸 배우면 삶에서 가장 커다란 함정을 피할 수 있단다."

마이크와 나는 가게에서 소지품을 챙긴 뒤 마틴 여사에게 작별 인사를 했다. 우리는 공원으로 돌아가 아까와 똑같은 피크닉 테이블에 앉아 그 뒤로 몇 시간 동안 생각에 잠겨 이야기를 나누었다.

우리는 그다음 주에 학교에서도 계속 생각하고 이야기를 나누었다. 이 주 동안 우리는 부자 아버지가 한 말을 생각하고, 이야기를 나누고, 가게에서 돈을 받지 않고 공짜로 일했다.

두 번째 토요일, 나는 일을 마치고 마틴 여사에게 인사를 한 뒤 아쉬운 눈길로 만화책 진열대를 쳐다보고 있었다. 토요일마다 받던 30센트가 없어져 가장 힘든 일은 더 이상 만화책을 살 돈이 없다는 것이었다. 그때 마틴 여사가 마이크와 내게 잘 가라는 인사를 하더니 무슨 일인가를 하기 시작했다. 이제까지 내가 한 번도 보지 못한 일이었다.

마틴 여사는 만화책 표지를 반으로 잘라 내고 있었다. 마틴 여사는 표지의 위쪽 절반을 따로 챙겨 놓고는 잘라 낸 만화책은 커다란 종이 상자에 던져 넣었다. 내가 그 만화책을 어떻게 할 거냐고 묻자 여사가 대답했다. "그냥 버린단다. 잘라 낸 표지는 만화책 배급업자가 새 만화책을 가져올 때 건네주지. 한 시간 뒤면 그 사람이 올 시간이구나."

마이크와 나는 한 시간 동안 기다렸다. 마침내 만화책 배급업자가

도착하자 우리는 그에게 우리가 그 만화책을 가져도 되는지 물었다. 다행스럽게도 그는 이렇게 대답했다. "너희가 이 가게에서 일하고 만화책을 어디다 다시 팔지만 않는다면 그래도 괜찮다."

우리가 옛날에 동업을 했던 것을 기억하는가? 마이크와 나는 다시 손을 잡았다. 우리는 마이크네 집 지하에 있는 빈 방에 수백 권의 만화책을 쌓기 시작했다. 얼마 뒤 우리의 만화책 도서관이 공개되었다. 우리는 공부를 좋아하는 마이크의 여동생을 사서로 고용했다. 마이크의 여동생은 입장료로 아이들에게 10센트씩 받았고, 도서관은 매일 방과 후 2시 반부터 4시 반까지 문을 열었다. 우리의 고객인 동네 아이들은 두 시간 동안 만화책을 마음껏 볼 수 있었다. 당시에 만화책 가격이 한 권에 10센트였으니, 아이들에게도 엄청나게 이익인 셈이었다. 두 시간이면 만화책을 대여섯 권은 족히 읽을 수 있었기 때문이다.

마이크의 여동생은 아이들이 만화책을 가져가지는 않는지 감시했다. 또 만화책을 정리하고, 매일 입장하는 아이들의 숫자를 기록하고, 누가 왔고, 손님인 아이들이 어떤 건의를 했는지 알려 주었다. 마이크와 나는 석 달 동안 일주일에 평균 9.5달러를 벌었다. 마이크의 여동생은 일주일에 1달러를 받았고 만화책도 공짜로 읽을 수 있었다. 그렇지만 어차피 그 애는 항상 공부를 했기 때문에 만화책에는 거의 손을 대지도 않았다.

마이크와 나는 약속대로 매주 토요일에 마틴 여사의 가게에서 일하며 다른 가게에서도 만화책을 받아 왔다. 우리는 배급업자와 약속한

대로 만화책을 결코 다른 곳에 팔지 않았다. 만화책이 너덜너덜해지면 불에 태웠다. 다른 곳에 지점을 열어 볼까도 했지만 마이크의 여동생만큼 좋은 직원을 찾을 수가 없었다. 그 어린 나이에 우리는 믿음직한 직원을 구한다는 게 얼마나 힘든지 깨달았던 것이다.

만화책 도서관이 문을 연 지 석 달이 지났을 때, 도서관에서 싸움이 벌어졌다. 다른 동네 말썽쟁이들이 억지로 우리 도서관에 밀고 들어온 것이다. 마이크의 아버지는 우리에게 사업을 그만두라고 권했다. 그래서 우리는 만화책 사업을 접었고, 토요일마다 편의점에서 일하는 것도 그만두었다. 하지만 부자 아버지는 우리에게 새로운 것들을 가르쳐 주고 싶어 신이 나 있었다. 그분은 우리가 첫 번째 교훈을 훌륭하게 배웠다며 기뻐했다. 우리는 돈이 우리를 위해 일하게 만드는 법을 배운 것이다. 가게에서 무보수로 일한 덕분에 우리는 상상력을 동원해 돈을 만들 수 있는 기회를 찾아냈다. 우리는 우리만의 사업체인 만화책 도서관을 시작함으로써 고용주에게 의존하지 않고 스스로 재정을 통제할 수 있었다. 무엇보다 가장 훌륭한 점은 우리가 직접 자리를 지키지 않아도 우리의 사업체가 저절로 돈을 벌도

20년 전 그리고 오늘
상상력의 파워

정보화 시대와 인터넷 시대에는 서른 살 미만의 청년들이 상상력을 이용해 세상을 바꾸는 앱을 창출함으로써 부자가 되고 있다. 페이스북과 우버, 스냅챗 등을 이미 목격하지 않았는가. 이제 상상력이 풍부한 사람들은 번성하고 그렇지 않은 사람들은 그저 일자리를 찾아 헤매는 시대다. 안타까운 것은 그런 일자리마저 곧 로봇과 컴퓨터로 대체될 것이라는 사실이다.

록 했다는 것이었다. 즉 돈이 우리를 위해 일한 셈이다.

부자 아버지는 우리에게 돈보다 훨씬 큰 무언가를 주었다.

부자들은
돈을 위해
일하지 않는다

부자 아빠 다시 읽기

아홉 살의 로버트 기요사키와 학교 친구 마이크는 급우의 해변 별장에 초대받지 못했다. 부유한 집안의 자녀들이 다니는 학교에서 그 둘만 '가난한 아이들'이었기 때문이다. "부자가 되고 싶으면 돈 버는 법을 배워야 한다."는 가난한 아버지(로버트의 아버지는 학교 교사로서 나름대로 수준 있는 삶을 살았지만 언제나 돈에 쪼들렸다.)의 말을 듣고 로버트와 마이크는 실제로 돈을 '만드는' 작업에 돌입했다. 그들은 먼저 동네를 돌아다니며 다 쓴 치약 튜브를 모았다. 그리고 납으로 제조된 치약 튜브를 녹여 석고 주형에 부었다. 말 그대로 5센트 위조 주화를 만들려고 했던 것이다.

둘의 어이없는 실험을 목격한 로버트의 아버지는 그렇게 돈을 벌고 싶으면 차라리 마이크의 아버지에게 가서 애기를 들어 보라고 말했다. 당시 마이크의 아버지는 중학교도 제대로 마치지 못했지만 다수의 성공적인 사업체들을 운영하고 있었다.

마이크의 아버지, 즉 이 책의 제목에 나오는 '부자 아빠'는 그들을 가르치는 데 동의했다. 단 자신만의 방식으로 가르치겠다는 조건을 달았다. 그는 아이들에게 매주 토요일 아침 자신이 운영하던 편의점 한 곳에 나와 진열대의 먼지를 털고 청소를 하라고 했다. 주 1회 세 시간 근무하는 일의 보수는 시간당 10센트였다. 로버트는 그렇게 번 돈을 주로 10센트짜리 만화책을 사 보는 데 썼다.

그러나 얼마 지나지 않아 로버트는 그 일에 흥미를 잃고 만다. 일 자체가 지루한 데다가 보수도 형편없어 실망감이 극에 달한 것이다. 그가 마이크에게 일을 그만둬야겠다고 말하자, 친구는 자신의 아버지가 예상했던 그대로라며 자신의 아버지를 찾아가서 애기를 나눠 보라고 했다. 로버트의 아버지는 교사로서 설교에 주로 의존했지만, 말수가 적었던 마이크의 아버지는 그와는 아주 다른 방식으로 가르쳤다. 그것은 바로 실제적 체험을 통해 가르치는 방식이었다.

다음 주 토요일 아침 로버트는 마이크의 아버지를 찾아갔다. 하지만 어두운 거실에서 한 시간을 기다려야 했다. 진저리가 나고 감정이 격해진 로버트는 마이크의 아버지를 보자마자 불만을 토해 냈다. 아이라고 함부로 대하고 보수도 인색하게 주는 구두쇠라고 비난했다. 돈 버는 법을 가르쳐 준다고 약속해 놓고 아무것도 가르쳐 주지 않는다는 것이었다. 마이크의 아버지는 로버트의 생각이 틀렸음을 차분하게 설명했다.

부자 아버지는 먼저 삶은 말로 사람을 가르치는 것이 아니라, 제멋대로 내두르면서 가르친다고 말했다. 어떤 사람들은 삶이 자신을 내두르게 두고 또 어떤 사람들은 화를 내며 보스에게 대들거나 가까운 사람들을 힐난하지만, 어떤 사람들은 거기서 교훈을 얻고 삶의 새로운 행태를 환영하기도 한다는 것이다. 삶이 그렇게 나올 땐 무언가 배울 필요가 있음을 의미한다는 것이 부자 아버지의 가르침이었다.

교훈을 배우지 못한 사람은 다른 모든 사람을 비난하거나 그저 획기적인 돌파구가 생기기만을 헛되이 기다리며 삶을 허송한다. 아니면 평생 리스크를 피하며 안전한 삶만 좇다가 별 볼 일 없는 삶을 살게 된다.

부자 아버지는 로버트와 마이크가 자신에게 돈 버는 법을 가르쳐 달라고 요청한 첫 번째 사람들이라고 말했다. 직원이 150명이 넘는데 하나같이 일자리는 요청할지언정 로버트와 마이크가 원하는 것과 같은 지식을 얻고자 하는 사람은 한 명도 없었다는 것이다.

그래서 삶을 반영하는 학습 과정을 만들어 두 아이에게 조금 체험시켜 보기로 마음먹은 것이었다. 그런데 로버트는 그가 직원들을 착취하는 구두쇠라는 사실 말고 자신이 알게 된 게 무엇인지 되물었다. 부자 아버지는 그런 그에게 대부분의 사람들은 자신의 태도가 문제인 상황에서 다른 사람을 비난하는 행태를 보인다고 타일렀다.

그렇다면 그러한 문제의 해결 방법은 무엇인가? 마이크의 아버지는 로버트에게 머리를 써야 한다고 말했다. 돈의 작용 방식을 배워서 돈이 자신을 위해 일하도록 만들어야 한다는 것이다. 또한 부자 아버지는 로버트가 화를 내서 기쁘다고 덧붙였다. 진정한 배움에는 '활력'과 '열정', '불타는 욕망'이 필요한데, 그 방정식에서 큰 부분을 차지하는 것이 바로 '분노'이기 때문이다.

돈은 사람들의 문제를 해결해 주지 못한다. 고소득 일자리를 가진 많은 사람들도 여전히 (로버트의 가난한 아버지처럼) 금전 문제에 시달리지 않는가. 돈이 자신을 위해 일하도록 만드는 법을 모르기 때문이다.

부자 아버지는 로버트가 만약 지금 이 교훈을 배우지 못하면 시간당 10센트를 받고 일하며 느낀 그 감정, 즉 실망과 좌절을 평생 느끼며 살게 될 거라고 말했다. 그는 로버트에게 세금의 개념을 소개하며 가난한 사람들과 중산층은 정부의 세금 부과에 늘 휘둘리지만 부자들은 그렇지 않다고 설명했다.

부자 아버지는 로버트에게 여전히 배우고 싶은 열정이 있는지 물었다. 로버트가 그렇다고 답하자 그는 이제부터는 가게에서 일해도 돈은 주지 않겠다고 말했다. 그러면서 로버트에게 머리를 잘 써 보라고 덧붙였다.

로버트와 마이크는 이후 삼 주 동안 무급으로 일했다. 마이크의 아버지가 찾아와 그들을 밖으로 데리고 나와서는 무언가 배운 게 있는지 물었다. 둘은 잘 모르겠다고 답했다. 부자 아버지는 만약 그들이 교훈을 얻지 못하면 적은 돈을 벌기 위해 평생 열심히 일하는 대부분의 사람들과 똑같은 입장이 될 거라고 말했다. 그런 후 그는 아이들에게 시간당 25센트를 제안했다. 아이들이 거부하자 시간당 1달러로, 다시 2달러로 올렸다. 그러나 로버트는 침묵을 지켰다. 마지막으로 시간당 5달러라는, 당시로서는 어른들도 받기 힘든 임금을 주겠다는 제안이 로버트를 갈등에 빠뜨렸다. 하지만 그는 끝내 그 유혹을 이겨 냈다.

부자 아버지는 아이들이 그런 임금 제안에 흔들리지 않은 점을 칭찬했다. 그러면서 대부분의 사람들이 그런 제안을 받아들이는 이유가 두려움과 욕심에 휘둘리기 때문이라고 설명했다. 사람들은 돈이 떨어질까 봐 두려워 남의 밑에서 열심히 일한다. 그리고 돈이 손에 들어오면 그 돈으로 살 수 있는 온갖 것들을 갖고 싶은 욕심에 빠진다. 그러면 더 많은 돈을 필요로 하게 되고, 그래서 돈을 더 벌게 되면 또 지출을 늘려 같은 패턴을 반복한다. 부자 아버지는 이를 '새앙쥐 레이스'라고 칭했다.

그는 소년들에게 스스로 느끼는 감정을 있는 그대로 인정하는 것이 첫 번째 단계라고 일러 주었다. 사람들이 논리적으로 생각하지 않고 너무도 빈번히 감정을 따르는 게 문제라고 했다. 그런 사람들은 돈이 그들의 삶을 좌지우지한다는 것을 인정하기를 두려워하고, 그러면서 결국 돈의 지배를 받게 된다.

그런 두려움은 가난한 사람들만 느끼는 게 아니다. 부자들도 종종 두려움을 느낀다. 부자 아버지는 아이들에게 단지 부자가 되라고 가르치는 게 아니었다. 돈이 문제를 해결해 주는 게 아니기 때문이다.

그는 물론 학교는 중요하다고 말했다. 다만 대부분의 사람들이 학교를 시작이 아니라 끝으로 생각하는 게 문제라고 했다. 그리고 아이들이 배워야 할 핵심은 감정에 휘말리지 않고 생각하는 법, 즉 감정을 자신에게 유리하게 사용해서 생각하는 법이라고 강조했다. 스스로 사고를 선택할 줄 알아야 한다는 것이다.

부자 아버지는 그들에게 돈을 '만드는' 방법을 찾아보라고 일렀다. 관심을 기울여 찾아보면 기회가 보일 것이고, 그렇게 기회를 보게 되면 평생 다양한 기회를 보게 될 것이기 때문이다.

소년들은 부자 아버지가 가르친 대로 했고, 곧 또래 친구들이 입장료를 내고 들어와 두 시간 동안 양껏 만화책을 볼 수 있는 도서관을 만드는 데서 기회를 발견했다. 판매되지 않은 만화책을 수거해 폐기 처분하는 관행을 보고, 그것을 이용해 사업을 할 수 있는 방안을 떠올린 것이다.

유료 만화방 사업은 그들에게 큰 수익을 안겨 주며 석 달 동안 잘 굴러갔지만, 결국 가게 안에서 싸움이 벌어지는 바람에 폐업에 이르렀다. 하지만 소년들은 '돈이 자신을 위해 일하게 하라.'는 첫 번째 교훈을 제대로 체험하고 배웠다. 그들이 현장에 없는 동안에도 만화방에서는 수익이 발생했다. 이제 아이들은 더 많은 것을 배울 준비가 되었고, 부자 아버지 역시 더 많은 것을 가르칠 준비가 되었다.

- **좌뇌 모멘트** | 고소득 일자리를 보유하고 있었음에도 로버트의 가난한 아버지는 늘 재정적인 어려움에 시달렸다.
- **우뇌 모멘트** | 폐기되는 만화책을 새롭고 창의적인 방식으로 보는 순간 특정한 사업의 기회가 생겨났다.
- **잠재의식 모멘트** | 사람들은 감정과 욕심이 자신들의 삶을 지배하도록 놔둔다.

핵심 내용 이해하기

자, 이제 곰곰이 생각해 볼 시간이다. 이렇게 자문해 보라. "이 장에서 로버트는 무엇을 말하고 있는가? 그리고 그가 그렇게 말하는 이유는 무엇인가?" 로버트의 말에 동의하든 그렇지 않든 상관없다. 이 섹션의 목적은 그가 말하고자 하는 바를 '이해하는' 것이기 때문이다.

기억하라. 이 커리큘럼의 의도는 협력과 지원에 있다. 백지장도 맞들면 낫다고 하지 않는가. 로버트가 하는 말을 이해하지 못한다고 해서 부끄러워하거나 도외시할 필요는 없다. 몇 사람이 모여 의견을 교환하면 더욱 쉽게 이해될 수도 있다. 다음의 문장들을 시간을 갖고 차분히, 완전히 이해할 때까지 토의해 보길 바란다.

- 가난한 사람들과 중산층은 돈을 위해 일하지만 부자들은 돈이 자신을 위해 일하게 만든다.
- 삶은 사람들을 제멋대로 내두른다. 어떤 사람들은 포기하고 어떤 사람들

은 싸우지만, 몇몇 소수의 사람들은 거기서 교훈을 얻고 앞으로 나아간다. 그들은 삶이 자신을 내두르는 것을 오히려 환영한다.

- 상대를 탓하지 말고, 상대가 문제라고 여겨서도 안 된다. 만일 상대가 문제라고 생각한다면 상대를 바꾸려고 애써야 하기 때문이다. 하지만 자신이 문제라는 걸 깨달으면 자기 자신을 바꿀 수는 있다. 그래야 무언가를 배우고 더 현명해진다.

- 대부분의 사람들은 돈 문제와 관련해서는 안전을 추구하고 안정감을 느끼고 싶어 한다. 그래서 열정이 아니라 두려움을 따른다.

- 대부분의 사람들은 더 많은 돈이 주어지면 더 많은 빚에 빠져들 뿐이다.

- 대부분의 사람들이 계속 참고 일을 하는 이유는 두려움 때문이다. 청구서를 제때 내지 못할지도 모른다는 두려움, 해고될지도 모른다는 두려움, 돈이 부족할지도 모른다는 두려움, 모든 걸 새로 시작해야 할지도 모른다는 두려움 등등. 이것이 바로 직장에서 일하는 법을 배워서 돈을 위해 일해야 할 때 지불해야 하는 대가다. 대부분의 사람들은 그렇게 돈의 노예가 되고, 애꿎은 사장을 탓한다.

- 대부분의 사람들은 자신이 이성 대신 감정을 사용해 생각하고 있다는 사실을 깨닫지 못한다.

- 직장은 장기적 문제에 대한 단기적 해결책일 뿐이다.

- 대부분의 사람들은 두려움과 욕망이라는 감정에 휘말려 월급봉투와 임금 인상, 안정적인 직장만을 좇는다. 그런 감정이 지배하는 사고가 자신을 어디로 몰고 갈지도 전혀 모르면서 말이다. 이것은 마치 당나귀가 코앞에 매

달린 당근을 좇아가는 상황과 비슷하다. 당근을 손에 들고 있는 주인을 맹목적으로 따르는 것과 다르지 않다. 당나귀 주인은 그런 식으로 자기가 원하는 곳으로 가지만 당나귀는 환상을 좇고 있는 것에 불과하다. 다음 날에도 그다음 날에도 당나귀는 새 당근만 받으면 끝이니까.

실천을 위한 질문과 토론

자, 이제 이 장에서 이해한 바를 당신의 삶에 적용할 시간이다. 아래의 질문을 자신에게 던져 보거나 스터디 그룹에서 토의해 보길 바란다. 솔직하게 답하는 것이 중요하다는 점을 잊지 말라. 자신의 답변 일부가 맘에 들지 않는 경우, 스스로 기꺼이 변화할 의향이 있는지, 자신의 생각과 사고방식을 바꾸는 도전을 받아들일 의향이 있는지 자문해 보라.

1. 돈에 대해 가난한 아버지와 같은 접근 방식을 취하는 경우가 얼마나 자주 있는가?
2. 부자 아버지는 진정한 배움에는 '활력'과 '열정', 그리고 '불타는 욕망'이 필요하다고 말했다. 당신의 삶에서 실제로 그와 같은 일이 발생한 적이 있는가? 그렇다면 거기서 얻은 잊지 못할 한 가지 교훈은 무엇이며, 그 이유는 무엇인가?
3. 만약 로버트처럼 시간당 최저 임금도 받지 못한다면, 이어서 무급으로 일하게 된다면 당신은 단계별로 어떤 반응을 보일 것 같은가?

4. 대부분의 사람들을 일하게 만드는 요인이 두려움이라는 말에 동의하는가? 만약 당신을 일하게 만드는 다른 요인이 있다면 적어 보라.

5. 돈을 더 많이 벌게 되면 두려움이 감소한다고 생각하는가? 사람들이 그렇게 생각하는 이유가 무엇이라고 생각하는가?

6. 살면서 감정에 따라 반응한 대표적인 경우를 떠올려 보라. 결과가 어땠는가? 감정을 제어하고 이성을 선택해 좋은 결과를 얻은 경우는 또 언제였는가?

7. 부자와 가난한 자 중 어느 쪽이 두려움과 욕심이라는 감정에 더욱 민감하게 반응한다고 생각하는가? 그렇게 생각하는 이유는 무엇인가?

8. 대부분의 사람들이 자신이 '새앙쥐 레이스'에 갇혀 있다는 사실을 깨닫는다고 생각하는가? 그렇게 생각하는 이유는 무엇인가?

Chapter 2

교훈 2 **왜**
금융 지식을
배워야 하는가

얼마나 버느냐는 중요하지 않다.
얼마나 모을 수 있느냐가 중요하다.

마이크는 1990년에 아버지의 제국을 물려받았다. 그리고 지금은 그
의 아버지보다도 더욱 솜씨 좋게 그 제국을 운영하고 있다. 우리는 일
년에 한두 번쯤 만나 같이 골프를 친다. 마이크 부부는 당신이 상상도
못할 정도로 부유하다. 부자 아버지의 제국은 훌륭한 후계자에게 넘겨
졌고, 이제 마이크는 옛날 그의 아버지가 그랬듯이 자신의 제국을 물
려받을 아들을 훈련시키고 있다.

1994년 나는 마흔일곱의 나이에 은퇴했다. 당시 내 아내인 킴은 서
른일곱 살이었다. 은퇴를 한다고 해서 일에서 손을 뗀다는 의미는 아

니다. 우리에게 있어 은퇴란 예기치 못한 어마어마한 변화가 일어나지 않는 한, 일을 할 수도 있고 하지 않을 수도 있다는 것을 의미한다. 그리고 우리의 재산은 인플레이션을 훨씬 앞지르며 저절로 불어나고 있다. 우리 자산은 스스로 불어날 만큼 충분히 많다. 그건 마치 나무를 심는 것과도 같다. 오랫동안 꾸준히 물을 주다 보면 어느 순간부터는 더 이상 물을 줄 필요가 없어진다. 뿌리가 땅속 깊숙이 자리를 잡았기 때문이다. 그러면 나무는 우리가 즐길 수 있는 그늘을 제공한다.

마이크는 제국을 운영하기로 선택했고, 나는 은퇴를 선택했다.

내가 강연을 할 때마다 사람들은 어떻게 해야 좋을지 내게 묻는다. "어떻게 시작하죠?" "혹시 추천해 주실 책은 없나요?" "아이들을 준비시키려면 어떻게 해야 할까요?" "당신의 성공 비결은 무엇인가요?" 그럴 때마다 나는 다음의 기사를 떠올린다.

부유한 사업가들의 최후

1923년, 미국의 위대한 사회 지도자들이자 부유한 사업가들이 시카고에 위치한 에지워터 비치 호텔에서 모임을 가졌다. 그곳에 모인 인물들 중에는 세계 최대의 민간 철강 회사 사장인 찰스 슈왑, 세계 최대의 공공 사업체를 이끌던 사무엘 인설, 세계 최대의 가스 회사 사장인 하워드 홉슨, 세계 최대 기업 중 하나이던 인터내셔널 매치 사의 이바 크루거, 국제결제은행 은행장 레온 프레이저, 뉴욕 증권거래소 이사장 리처드 휘트니, 세계 최고의 주식 투자가인 아서 코튼과 제시 리버모어, 그

리고 하딩 행정부의 각료인 앨버트 폴 등이 있었다. 그로부터 이십오
년 후, 이 아홉 거인들의 삶은 다음과 같은 결말을 맞이했다. 슈왑은 오
년 동안 빌린 돈으로 살다가 무일푼으로 죽었다. 인설은 외국에서 가난
하게 죽음을 맞이했으며, 크루거와 코튼도 무일푼으로 죽었다. 홉슨은
미치광이가 되었다. 휘트니와 앨버트 폴은 감옥에 들어갔다 나왔고, 프
레이저와 리버모어는 자살로 생을 마감했다.

도대체 이들에게 무슨 일이 있었는지 정확하게 아는 사람은 없을 것
이다. 1923년은 1929년 증시 붕괴와 대공황이 발생하기 직전이다. 아
마도 그 사건이 이들의 삶에 결정적인 영향을 미쳤을 것이다. 오늘날
우리는 당시보다도 훨씬 빠르고 큰 변화의 시대에 살고 있다. 나는 앞
으로 우리 역시 그들이 직면한 것과 비슷한 경제적 기복을 겪게 될 것
이라 믿는다. 그러나 너무나도 많은 사람들이 돈에만 초점을 맞출 뿐,
가장 큰 재산인 교육을 간과하고 있다는 사실이 걱정스럽다. 유연성을
갖추고 열린 마음으로 기꺼이 배우기만 한다면, 사람들은 힘겨운 변화
의 폭풍 속에서도 점점 더 부자가 될 수 있을 것이다. 그러나 만일 돈
이 모든 문제를 해결해 줄 것이라고 생각한다면 힘들고 거센 파도를
맞이하게 될 것이다. 문제를 해결하고 돈을 벌게 해 주는 것은 바로 지
식이다. 금융 지식이 없다면 돈은 얼마 안 가 사라지게 되어 있다.

대부분의 사람들은 중요한 것은 얼마나 버느냐가 아니라는 사실을
깨닫지 못한다. 정말로 중요한 것은 얼마나 모으느냐다. 가난한 복권

당첨자들이 갑자기 부자가 되었다가 또다시 빈털터리가 되었다는 이 야기를 자주 듣지 않는가? 그들은 수백만 달러를 손에 넣고도 얼마 안 가 예전의 가난한 처지로 돌아간다. 또 스물네 살에 수백만 달러를 벌 던 운동선수들이 십 년 뒤에는 모든 걸 잃고 다리 밑 노숙자 신세로 전락한다는 이야기도 있다.

한 농구 선수의 이야기가 기억난다. 일 년 전에 그는 백만장자였다. 하지만 지금 그는 친구들과 변호사, 그리고 회계사가 자신의 재산을 모 두 빼앗아 갔다고 주장하며 겨우 스물아홉의 나이에 세차장에서 박봉 으로 일하는 신세로 전락하고 말았다. 게다가 세차장에서도 해고되고 말았는데, 세차할 때 챔피언 반지 빼는 것을 거부했기 때문이다. 그의 이야기는 전국 뉴스로 보도되었고, 그는 차별과 학대에서 비롯한 부당 해고였다고 주장하고 있다. 그는 그 반지가 자신에게 남은 전부이며, 만일 이마저 빼게 되면 자신은 무너지고 말 것이라고 말한다.

나는 갑자기 백만장자가 된 사람들을 많이 알고 있다. 물론 나는 사 람들이 부자가 되는 것이 뿌듯하고 기쁘다. 그러나 나는 그들에게 장기 적으로 볼 때 중요한 것은 돈을 얼마나 버느냐가 아니라 얼마나 모을 수 있고, 또 얼마나 오랫동안 그것을 보전할 수 있느냐라고 충고한다.

그래서 내게 "어디서부터 시작해야 하죠?"라든가 "어떻게 하면 빨 리 부자가 될 수 있나요?"라고 묻는 사람들은 대개 내 대답을 듣고 실 망한다. 내가 어린 시절 부자 아버지가 해 준 충고를 그대로 들려주기 때문이다. 부자 아버지는 이렇게 말했다. "부자가 되고 싶다면 돈에 대한 지식을 쌓아야 한다."

부자 아버지는 나를 만날 때마다 이 말을 들려주곤 했다. 전에도 말했듯이, 교육을 많이 받은 우리 아버지는 독서의 중요성을 강조했다. 반면 부자 아버지는 돈에 대한 지식을 강조했다.

엠파이어스테이트 빌딩을 건축할 때 가장 먼저 할 일은 깊은 구덩이를 파고 튼튼한 토대를 쌓는 것이다. 교외에 주택을 지을 때에는 15센티미터 두께의 콘크리트만 부어 넣으면 된다. 그런데 많은 사람들이 빨리 부자가 되고 싶은 마음에 15센티미터의 콘크리트 기반 위에 엠파이어스테이트 빌딩을 지으려고 한다.

농경 시대에 만들어진 우리의 학교 제도는 여전히 기초도 쌓지 않고 집을 지어 올린다. 아직도 흙바닥이 유행이다. 그래서 아이들은 돈에 대한 기초 지식도 없는 채 학교를 졸업한다. 그러다 교외 지역에서 아메리카 드림을 꿈꾸며 빚 때문에 잠을 설치던 어느 날, 금전적인 문제를 해결하려면 빨리 부자가 되는 길을 찾는 것뿐이라는 결론을 내리게 되는 것이다.

이제 마천루를 건설하는 공사가 시작된다. 순식간에 건물이 올라가지만, 그것은 엠파이어스테이트 빌딩이 아니라 한쪽으로 기울어진 '교외의 사탑'이다. 다시 잠 못 드는 밤이 찾아온다.

마이크와 내가 어른이 된 뒤에 그런 선택을 할 수 있었던 것은 어렸을 때 이미 튼튼한 재정적 기반을 쌓도록 가르침을 받았기 때문이다.

회계는 아마 세상에서 가장 지루하고 어려운 분야일 것이다. 그러나 장기적인 부자가 되고 싶다면 회계는 가장 중요한 과목이기도 하다. 부자 아버지는 그렇게 어렵고 재미없는 과목을 어떻게 아이들에게 가르칠까를 놓고 고심했다. 그분이 찾은 해답은 그림을 이용해 간단하고 단순하게 만드는 것이었다.

부자 아버지는 마이크와 나를 위해 튼튼한 재정적 토대를 마련해 주었다. 우리가 아직 어린애에 불과했기 때문에 그분은 우리를 가르칠 간단한 방법을 고안해 냈다.

처음 수년 동안 부자 아버지는 그림과 간단한 단어들만을 사용했다. 마이크와 내가 간단한 그림과 용어, 돈의 흐름을 이해할 수 있게 되자 부자 아버지는 숫자를 사용하기 시작했다. 오늘날 마이크는 대단히 복잡하고 까다로운 회계 분석에 통달해 있다. 그의 제국을 통치하려면 그런 것이 필요하기 때문이다. 나는 그 정도로 회계에 뛰어나지는 못하다. 내 제국은 그의 것보다 훨씬 작기 때문이다. 그러나 우리는 똑같은 토대에서 출발했다. 조금 뒤에 나는 당신에게 마이크의 아버지가 우리를 가르칠 때 사용한 간단한 그림들을 소개할 것이다. 단순하기는 하지만 그 그림들은 두 꼬마 소년이 튼튼하고 깊은 초석 위에 커다란 부를 쌓을 수 있도록 도와주었다.

첫 번째 규칙: 자산과 부채의 차이를 알고 자산을 사라

부자가 되고 싶다면 이것만 알면 된다. 이것이 바로 첫 번째 규칙이자 유일한 규칙이다. 터무니없을 정도로 단순하게 들릴지도 모르지만,

대부분의 사람들은 이 법칙이 얼마나 중요한지를 모른다. 대다수의 사람들이 금전적으로 고생하는 것은 자산과 부채의 차이를 모르기 때문이다.

"부자들은 자산을 취득한다. 그렇지만 가난한 이들과 중산층은 부채를 얻으면서 그것을 자산이라고 여기지." 부자 아버지가 말했다. 부자 아버지가 그 말을 했을 때, 마이크와 나는 그분이 장난을 치고 있다고 생각했다. 막 십 대를 앞둔 꼬마 소년들이 부자가 되는 비결을 배우려고 안달이 나 있는데, 부자 아버지가 들려준 해답은 이런 것이었던 것이다. 그분의 대답은 너무나

> 부자들은 자산을 취득한다.
> 가난한 이들과 중산층은
> 부채를 얻으면서
> 그것을 자산이라고 여긴다.

도 간단해서 우리는 아주 오랫동안 그것에 대해 곰곰이 생각해야 했다.

"자산이 뭔데요?" 마이크가 물었다.

"그런 건 지금 생각 안 해도 된다." 부자 아버지가 말했다. "그저 이 이치만 알아 두렴. 일단 이 단순한 규칙을 이해하고 나면 삶에 계획이 생기고 경제적으로 훨씬 편하게 살 수 있단다. 정말 간단하지? 바로 그런 이유로 사람들이 자주 간과하는 법칙이기도 하지."

"그러니까 자산이 뭔지 알고, 그걸 쌓기만 하면 부자가 될 수 있다는 건가요?" 내가 물었다.

부자 아버지는 고개를 끄덕였다. "그래. 그렇게 간단하단다."

"그게 그렇게 간단하면 왜 다들 부자가 안 된 거죠?" 내가 물었다. 부자 아버지가 미소를 지었다. "왜냐하면 자산과 부채의 차이를 아는

사람이 드물기 때문이지."

내가 부자 아버지에게 이렇게 물은 기억이 난다. "어떻게 어른들이 그런 걸 모를 수가 있죠? 그게 그렇게 간단하고 또 중요하다면 왜 다들 그 차이를 알려고 하지 않는 건데요?"

부자 아버지가 우리에게 자산과 부채에 대해 설명하는 데에는 그리 긴 시간이 걸리지 않았다.

어른이 된 뒤에 나는 다른 어른들에게 그것을 설명하는 데 애를 먹었다. 그들은 이 법칙이 단순하다는 사실을 이해하지 못했다. 왜냐하면 그들은 다른 방식으로 교육을 받았기 때문이다. 그들은 많은 교육을 받은 전문가들로부터 금융에 관해 배웠다. 은행가나 회계사, 부동산 중개인, 자산 관리사 같은 사람들 말이다. 가장 어려운 점은 어른들에게 지금까지 배운 것들을 잊어버리라고, 혹은 다시 순수한 어린애로 돌아가라고 부탁하는 일이었다. 아는 것이 많은 어른들은 너무 단순한 개념에 초점을 맞추는 것은 수준이 떨어지는 일이라고 여긴다.

부자 아버지는 KISS 원칙을 믿었다. 무엇이든 '단순하고 간단하게' Keep It Simple, Stupid 혹은 Keep It Super Simple. 그래서 우리에게도 간단하게 설명해 주었다. 그리고 그것은 우리의 경제

20년 전 그리고 오늘
배우고, 배운 것을 잊고, 다시 배워라

미래학자 앨빈 토플러가 강조한 이 격언에는 이십 년 전 부자 아버지가 내게 말해 준 내용이 반영되어 있다.
"21세기의 문맹은 읽고 쓸 줄 모르는 것이 아니라 배우고 잊고 다시 배울 줄 모르는 것이 될 것이다."

적 지식 기반을 튼튼하게 만들었다.

그렇다면 왜 그 두 가지를 혼동하는 걸까? 이렇게 단순한 것을 왜 헷갈리는 걸까? 왜 사람들이 부채를 사면서도 그것을 자산이라고 착각할까? 그 답은 기본 교육에 있다.

우리는 '금융 지식'이 아니라 '지식'을 강조한다. 자산이나 부채를 규정하는 것은 단어가 아니다. 사전에서 '자산'과 '부채'를 찾아보면 오히려 더 헷갈릴 수 있다. 전문적인 훈련을 받은 회계사에게는 사전 상의 정의가 도움이 될 수도 있겠지만, 평범한 사람들에게는 오히려 머리를 아프게 만들 뿐이다. 하지만 우리 어른들은 자존심이 너무 강해서 무언가를 이해하지 못한다는 것을 인정하지 않는다.

부자 아버지는 어린 우리들에게 이렇게 말했다. "자산을 규정하는 것은 단어가 아니라 숫자란다. 그러니 숫자를 읽지 못하면 자산인지 밑바닥에 뚫린 구멍인지 분간하지를 못하지." 부자 아버지는 또 이렇게 말했다. "회계에서 중요한 것은 숫자가 아니라 그 숫자가 너희에게 말해 주는 내용이다. 단어도 마찬가지지. 단어 그 자체가 중요한 것이 아니라 단어가 말해 주는 스토리가 중요한 거야."

"부자가 되고 싶다면 숫자를 읽고 이해하는 법을 배워야 한다." 나는 부자 아버지로부터 이 말을 귀에 못이 박히도록 들었다. 또 이런 말도 들었다. "부자들은 자산을 취득하고, 가난한 이들과 중산층은 부채를 취득한다."

자, 그럼 자산과 부채의 차이를 설명해 보겠다. 회계사나 금융 전문가들은 이런 정의에 동의하지 않겠지만, 이 간단한 그림들은 두 꼬마에게 튼튼한 경제적 기초를 놓는 시발점을 마련해 주었다.

이것이 바로 자산의 현금흐름 패턴이다.

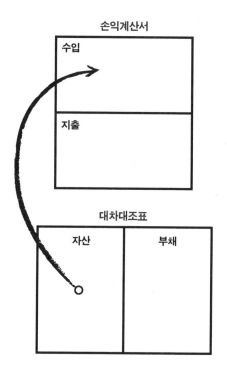

앞의 그림 중 위쪽은 손익계산서다. 이것은 수입과 지출, 즉 들어오는 돈과 나가는 돈을 측정한다. 아래쪽은 대차대조표로, 자산과 부채의 대차를 비교한다. 금융 초보들은 손익계산서와 대차대조표의 관계를 알지 못하는데, 사실 이 관계를 이해하는 것이 대단히 중요하다.

앞에서 밝힌 것처럼, 부자 아버지는 두 꼬마들에게 "자산은 네 지갑에 돈을 넣어 준다."고 설명했다. 참으로 단순하고 유용한 설명이 아닐 수 없다. 그러면 부채의 현금흐름 패턴은 어떠한가.

이것이 바로 부채의 현금흐름 패턴이다.

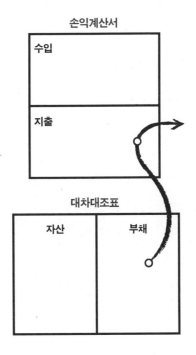

이제 자산과 부채의 정의를 그림으로 파악했으니 내 설명이 훨씬 쉽게 이해될 것이다. 자산은 우리의 지갑에 돈을 넣어 주는 것이다. 부채는 우리의 지갑에서 돈을 빼 가는 것이다. 당신이 알아야 할 것은 이게 전부다. 부자가 되고 싶다면 자산을 사라. 가난한 사람이나 중산층에 머물고 싶다면 부채를 사라.

단어와 숫자에 대한 무지가 재정적인 문제를 일으킨다. 재정적으로 문제에 시달리고 있다면 숫자든 단어든 뭔가 이해를 못하고 있다는 증거다. 부자들이 부자인 이유는 재정적인 문제로 고생하는 사람들과 다른 분야에서 더 많은 것을 알고 있기 때문이다. 그러므로 부자가 되고 가진 재산을 유지하고 싶다면 금융 지식을 쌓는 것이 중요하다. 단어와 숫자 양쪽 모두에 있어서 말이다.

그림 속의 화살표는 현금의 흐름, 즉 '현금흐름'을 나타낸다. 숫자는 그 자체만으로는 별 의미가 없다. 맥락을 벗어난 단어도 마찬가지다. 중요한 것은 스토리다. 금융 분석에서 숫자를 읽는다는 것은 스토리의 플롯을 찾는 것, 즉 현금이 흘러가는 내용을 파악하는 데 있다. 대부분의 가정이 그리는 금융 스토리는 열심히 일해서 앞서 간다는 것이다. 그러나 이 같은 노력은 대개 부질없는 결과로 끝나는데, 왜냐하면 그들은 자산이 아니라 부채를 사들이기 때문이다.

이제 가난한 이들, 중산층, 그리고 부자들의 현금흐름을 각각 살펴보자.

이것이 바로 가난한 이들의 현금흐름 패턴이다.

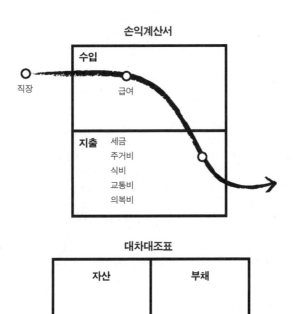

손익계산서

수입	
직장	급여

지출	세금
	주거비
	식비
	교통비
	의복비

대차대조표

자산	부채

이것이 바로 중산층의 현금흐름 패턴이다.

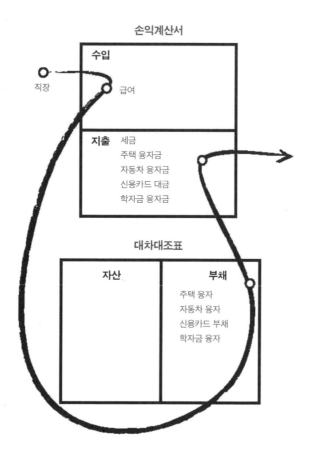

부자 아빠 가난한 아빠

이것이 바로 부자들의 현금흐름 패턴이다.

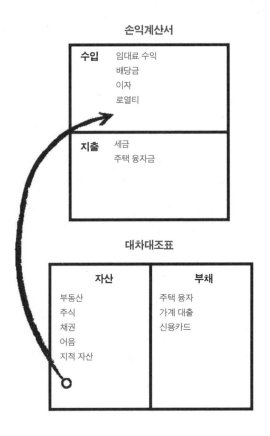

앞의 그림들은 분명 단순화된 것이다. 누구든 의식주와 일상생활에 돈이 들어가기 마련이기 때문이다. 이 그림들은 가난한 이들과 중산층, 그리고 부유한 이들의 현금흐름을 보여 준다. 그리고 현금흐름을 통해 우리는 사람들이 돈을 어떻게 다루는지 그 스토리를 파악할 수 있다.

내가 미국 최고 부자들의 스토리로 설명을 시작하는 것은 돈이 모든 문제를 해결해 줄 것이라는 생각이 얼마나 잘못되었는지를 보여 주기 위해서다. 나는 사람들이 어떻게 하면 빨리 부자가 될 수 있는지, 혹은 어디서부터 시작해야 하는지 내게 물을 때마다 몸을 움찔거리게 된다. 또 이런 말도 자주 듣는다. "난 빚이 있기 때문에 더 많은 돈을 벌어야 합니다."

하지만 돈을 많이 번다고 해서 문제가 해결되는 것은 아니다. 어쩌면 그것이 오히려 문제를 더욱 악화시킬 수도 있다. 돈은 종종 우리가 지니고 있는 인간적인 약점을 드러내고, 우리가 모르고 있던 것을 폭로한다. 그래서 갑자기 뜻밖의 현금을 갖게 된 사람들, 즉 유산을 상속받거나 임금이 인상되거나 복권에 당첨된 사람들이 얼마 안 가 예전과 똑같거나 혹은 그보다도 더욱 어려운 상황으로 돌아가는 것이다. 돈은 우리의 머릿속에서 움직이고 있는 현금흐름 패턴을 가속화할 뿐이다. 만일 당신의 패턴이 가진 돈을 모두 소비하는 것이라면 현금의 증가는 결국 소비의 증가로 이어지기 쉽다. 그래서 이런 말도 있지 않은가. "바보는 돈이 생기면 흥청망청 써 버린다."

부자 아빠 가난한 아빠

나는 지금껏 우리가 학교에서 학문적 지식과
전문 기술을 습득한다고 여러 차례 말했다. 그 두
가지는 모두 중요한 것이다. 우리는 전문 기술을
이용해 돈을 버는 법을 배운다. 내가 고등학교에

현금흐름은
사람들이 돈을 다루는
스토리를 들려준다.

다니던 1960년대에는 학업 성적이 뛰어난 아이들은 대개 의대에 가서
의사가 되는 것을 당연하게 여겼다. 의사는 엄청난 금전적 보상을 약
속하는 좋은 직업이었기 때문이다.

그러나 오늘날의 의사들은 그야말로 최악의 재정 위기에 직면해 있
다. 의료계를 한 손에 쥐고 주무르는 보험 회사들, 세분화된 관리 의
료, 정부의 간섭, 거기에 의료 소송까지. 요즘 아이들은 유명한 스포츠
스타나 영화배우, 가수, 미인대회 우승자, 혹은 CEO가 되고 싶어 한다.
왜냐하면 그런 것들이야말로 돈과 명예, 명성을 안겨 주기 때문이다.
그래서 요즘에는 학교에서 학생들에게 동기 부여를 하기가 어렵다. 아
이들은 이제 직업적인 성공이 예전처럼 오직 학업 성취도와 연관되어
있는 게 아니라는 것을 잘 안다.

돈에 관한 지식 없이 학교를 졸업하기 때문에 좋은 교육을 받은 수
많은 사람들이 직업적으로는 성공을 거두면서도 나중에는 재정적인
문제에 시달리게 된다. 그들은 열심히 일하지만 앞으로 나아가지는 못
한다. 그들이 받은 교육에서 빠져 있는 것은 돈을 버는 방법이 아니라
돈을 관리하는 방법이다. 우리는 그것을 재정 관리 능력이라고 부른
다. 돈을 벌었을 때 다른 사람들이 그것을 빼앗아 가지 못하게 관리하

고, 최대한 오래 보전하고, 돈이 자신을 위해 일하도록 만드는 능력 말이다.

대부분의 사람들은 현금흐름을 이해하지 못하기 때문에 자신이 금전적인 문제에 시달리는 이유에 대해서도 알지 못한다. 교육을 많이 받고 직업적으로 성공한 사람도 돈에 대해서는 무지할 수 있다. 이런 사람들은 대개 필요 이상으로 열심히 일하는 경향이 있는데, 그것은 이들이 열심히 일하는 법만 배웠을 뿐 돈이 자신을 위해 일하게 하는 법을 배우지 못했기 때문이다.

꿈이 악몽으로 변하는 순간

열심히 일하는 사람들의 이야기에는 전형적인 패턴이 있다. 교육을 많이 받은 행복한 젊은 부부가 조그마한 아파트에 월세로 신혼집을 얻는다. 그들은 이제 곧 돈을 모을 수 있다는 것을 깨닫는다. 혼자 살 때와 비슷한 돈으로 둘이 살게 되었기 때문이다.

문제는 그들의 집이 너무 좁다는 것이다. 그들은 아이들을 키울 수 있도록 함께 돈을 모아 꿈의 집을 사기로 결심한다. 이제 부부는 맞벌이를 하며 직장 생활에 전념한다. 그러자 수입이 늘기 시작한다.

그리고 지출도 함께 늘기 시작한다.

손익계산서

수입	↑
지출	↑

대차대조표

자산	부채

　대부분의 사람들에게 가장 큰 지출 항목은 세금이다. 많은 이들이 소득세를 생각할 테지만 사실 대다수의 미국인들이 가장 많이 내는 세금은 사회보장 보험료다. 직장인들의 경우, 사회보장 보험료와 메디케어 보험료를 합쳐 약 7.5퍼센트의 세금을 내고 있는 듯 보이지만 실제로는 15퍼센트를 내고 있는 것이나 다름없다. 고용주도 고용인과 같은 액수의 사회보장 보험료를 내야 하기 때문이다. 본질적으로 그 돈은

고용주가 당신에게 지불하지 않는 돈이다. 뿐만 아니라 당신은 월급에서 빠져나간 사회보장 보험료에 대해서도 소득세를 내야 한다. 급여에서 원천징수 되어 곧장 사회보장 보험료로 빠져나가기 때문에 당신은 만져 보지도 못한 소득이다.

20년 전 그리고 오늘
세금과 복지후생 계획

사회적 요구로 세금 수요가 확대됨에 따라 전 세계적으로 재산세와 소득세 그리고 부가가치세가 오르고 있다. 또한 정부가 사회복지 사업, 즉 복지후생 계획에 재원을 조달하기 위해 세율을 꾸준히 올려 고소득은 더욱 큰 폭의 브래킷 크리프(bracket creep, 물가 상승으로 인한 명목소득 증가로 의도치 않게 일어나는 증세, 즉 납세자의 실질 소득 상승과 관계없이 물가가 올라 발생하는 증세다. 정부가 의도하지 않고 납세자도 인지하지 못하는 상태에서 늘어나는 세금이기 때문에 '숨겨진 증세(hidden tax hike)'라고도 불린다.)를 창출하게 된다. 오늘날 각국의 정부는 사회보장제도나 건강보험 같은 복지후생 계획이 지불불능 상태에 이를지도 모르는 심각한 도전에 직면해 있다.

다시 젊은 신혼부부에게로 돌아가 보자. 소득이 증가하자 그들은 꿈꾸던 집을 사기로 결심한다. 일단 새 집을 사고 나면, 그들은 이제 재산세라는 새로운 세금을 내야 한다. 그런 다음 이들은 새 차를 사고, 새 가구와 살림살이를 구입해 새 집을 단장한다. 그러다 어느 날 눈을 뜨면 부채 부문에 주택 융자와 신용카드 빚이 빽빽하게 들어차 있다. 즉 부채가 쌓여 있는 것이다.

부부는 이제 '새앙쥐 레이스'라는 함정에 빠져 있다. 곧이어 아기가 태어나고 두 사람은 더욱 열심히 일한다. 이런 과정이 되풀이된다. 소득이 늘면서 세금도 늘어난다. 이른바 '과세 계급 향상' 현상이다. 신용카드가 우편으로 날아온다. 그들은 그

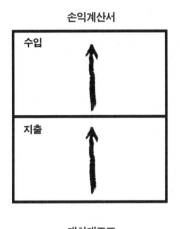

손익계산서

수입

지출

대차대조표

자산

부채

것을 사용한다. 그러다 보니 한도액이 초과된다. 대출 회사가 전화를 걸어 그들의 가장 큰 '자산'인 집의 가격이 올랐다고 말한다. 그러고는 두 사람의 신용 등급이 높기 때문에 채무 통합대출을 받을 수 있다고 권한다. 돈을 빌려 신용카드 빚을 갚음으로써 고이율의 가계 대출을 해결하는 것이 현명한 일이라는 것이다. 게다가 주택 융자금의 이자는 세금 감면을 받을 수 있다. 그래서 두 사람은 그들의 말을 따른다. 이

자율이 높은 신용카드 빚을 갚은 다음 안도의 한숨을 내쉰다. 이제 신용카드 빚이 사라졌다. 두 사람은 이제 가계 대출을 주택 융자로 돌린다. 주택 융자금 상환 기간은 삼십 년이기 때문에 당장의 지출이 줄어든다. 정말 잘한 일인 것 같다. 이웃 사람이 전화를 걸어 같이 쇼핑을 가자고 말한다. 정기 세일 주간이란다. 그들은 물건은 사지 말고 그저 구경만 하자고 굳게 다짐하지만 그래도 혹시 모르니 신용카드를 챙겨 간다.

20년 전 그리고 오늘
신용카드 부채

2016년 통계 수치에 따르면 오늘날 미국 소비자의 신용카드 부채는 7790억 달러라는 역대 최고치를 기록하고 있다. 그 모든 것이 나쁜 빚인가, 아니면 좋은 빚인가? 당신은 그 차이점을 아는가?

나는 늘 이런 젊은 부부들을 만나곤 한다. 이름은 서로 다르지만 그들이 처한 재정적 딜레마는 똑같다. 그들은 내 강의에 와서 내 이야기를 듣는다. 그러고는 이렇게 묻는다. "어떻게 하면 돈을 더 잘 벌 수 있나요?"

그들은 자신들의 문제가 실은 가진 돈을 쓰기만 한다는 데 있다는 사실을 알지 못한다. 그것은 그들이 돈에 대해 무지하기 때문에, 그리고 자산과 부채의 차이를 모르기 때문이다.

돈을 더 많이 번다고 해서 금전적인 문제가 해결되는 경우는 거의 없다. 문제를 해결하는 것은 바로 지식이다. 내 친구가 빚을 진 사람들에게 거듭해서 하는 말이 있다.

"구덩이 속에 빠졌다는 걸 알았다면 더 이상 땅을 파지 마십시오."

어렸을 때 내 아버지는 일본인들이 세 가지 힘을 알고 있다고 말했다. '검의 힘, 보석의 힘, 그리고 거울의 힘'이다.

검은 무기의 힘을 상징한다. 미국은 군사 무기에 어마어마한 액수의 돈을 퍼부었고, 그 결과 세계 최강의 군사 대국이 되었다.

보석은 돈의 힘을 상징한다. "황금의 법칙을 기억하라. 황금을 가진 자가 규칙을 만든다."는 말에는 어느 정도 진실이 담겨 있다.

거울은 자기 인식의 힘을 상징한다. 일본의 한 전설에 따르면 이 자기 인식이야말로 세 가지 가운데 가장 소중한 것이다.

가난한 이들과 중산층은 너무나도 자주 돈의 지배를 받는다. 이들은 아침에 일어나 열심히 일하면서 자신이 하는 일에 의미가 있는지 자문하지 않는다. 매일 아침 일터로 나갈 때마다 자기 발에 대고 총을 쏘고 있는 것이다. 대다수의 사람들은 돈을 제대로 이해하지 못하는 까닭에 오히려 돈의 지배를 당하고 만다.

거울의 힘을 이용하면 스스로에게 이렇게 물을 수 있다. "이게 일리가 있나?" 대부분의 사람들은 자신의 내적 지혜, 자신 안에 담긴 천재성을 믿지 않고 외부의 대중을 따른다. 남들이 모두 하기 때문에 자신도 따라 한다. 의문을 품기보다 무조건 순응한다. 그러고는 아무 생각 없이 남들이 하라는 대로 한다. "분산 투자를 하라." "당신의 집은 자산이다." "집은 가장 큰 투자처다." "빚을 많이 질수록 세금 혜택을 받을 수 있다." "안전한 직장을 얻으라." "실수하지 마라." "리스크를 피하라." 등등.

흔히 많은 사람들이 사람들 앞에서 연설하는 것을 죽기보다 더 두려워한다고 한다. 심리학자들에 따르면 대중 연설을 두려워하는 것은 소외되는 데 대한 두려움에서 기인한다. 홀로 두드러지는 데 대한 두려움, 비판받는 데 대한 두려움, 놀림감이 된다는 데 따른 두려움, 외톨이가 된다는 데 대한 두려움. 대부분의 사람들은 남들과 다르다는 것을 두려워하기 때문에 문제가 생겨도 새로운 해결책을 찾으려 들지 않는다.

그런 이유로 교육을 많이 받은 내 아버지는 일본인이 거울의 힘을 가장 중요하게 여긴다고 말한 것이다. 우리는 거울을 들여다볼 때에만 진실을 찾을 수 있기 때문이다. 사람들이 "안전하게 하라."고 말하는 것은 주로 두려움 때문이다. 그것이 스포츠건 인간관계건 직장 생활이건 돈이건 마찬가지다.

그리고 소외당하는 데 대한 두려움 때문에 사람들은 일반적인 통념이나 사회적인 흐름에 대해 의문을 품지 않고 얌전히 순응한다. "당신의 집은 자산이다." "채무 통합대출을 받아 빚에서 벗어나라." "열심히 일하라." "승진이 중요하다." "언젠가는 나도 사장이 될 거다." "저축하라." "연봉이 인상되면 더 큰 집을 사야지." "뮤추얼 펀드는 안전하다." 등등.

많은 금전적인 문제들이 남들이 하는 대로 따라가려고 할 때 비롯된다. 그러므로 우리는 때때로 거울을 들여다보며 두려움이 아닌 우리의 내적 지혜를 따라야 할 필요가 있다.

열여섯 살 무렵 마이크와 나는 학교에서 문제를 겪기 시작했다. 문제아가 됐다는 게 아니다. 그저 또래 아이들과 멀어졌을 뿐이다. 우리는 방과 후와 주말마다 마이크의 아버지를 위해 일했다. 일을 마친 뒤에도 부자 아버지와 마주 앉아 시간을 보내곤 했다. 그동안 그분은 은행가와 변호사, 회계사, 중개인, 투자가, 관리자, 그리고 직원 들과 만남을 가졌다. 그분은 열세 살에 학교를 중퇴했지만 그보다 훨씬 많은 교육을 받은 사람들에게 지시를 내리고 가르치고, 명령하고 질문을 던졌다. 그들은 부자 아버지의 지시에 따르고 설설 기고 굽신거렸다.

그분은 대중을 따르는 사람이 아니었다. 마이크의 아버지는 늘 스스로 생각했고, "다른 사람들이 다 하니까 우리도 그렇게 해야 해."라는 말을 혐오했다. 또 "할 수 없다."는 말도 몹시 싫어했다. 그분에게 무언가를 하게 만들고 싶다면 그저 이렇게 말하면 되었다. "난 당신이 그 일을 할 수 있을 것 같지 않군요."

마이크와 나는 그분과 함께 앉아 있으면서 대학을 포함해 학교에서 수년간 배운 것보다 훨씬 많은 것을 배웠다. 마이크의 아버지는 학교 교육은 못 받았지만 돈에 관해서는 훌륭한 지식을 갖추고 있었고 그 결과

20년 전 그리고 오늘

당신의 팀원은 누구인가?

부자 아버지는 자신의 주변에 변호사와 회계사, 중개인, 은행가 등의 전문가를 두었다. 나와 킴 역시 그렇게 했다. 오늘날 우리의 자문 팀은 가장 큰 자산에 속한다. 사업가에게 돈보다 더 중요한 것은 무엇인가? 탁월한 전문가로 이루어진 팀이다. 당신은 누구와 한 팀을 이루고 있는가?

성공을 거두었다. 그분은 우리에게 귀가 닳도록 거듭 이야기했다. "똑똑한 사람은 자기보다 더 똑똑한 사람을 고용한다." 그래서 마이크와 나는 똑똑한 사람들의 이야기를 듣고 배우는 기회를 누릴 수 있었다.

하지만 그 때문에 마이크와 나는 학교에서 가르치는 일반적인 교육에 적응할 수가 없었고, 이는 문제를 일으켰다. 선생님이 "좋은 성적을 얻지 못하면 사회에 나가서 성공할 수가 없다."고 말할 때마다 마이크와 나는 눈썹을 치켜세우곤 했다. 정해진 절차를 따르고 규칙에서 벗어나지 말라는 이야기를 들을 때마다 우리는 학교가 얼마나 창의성을 억누르는지 알 수 있었다.

> 좋은 교육을 받고
> 직업적으로 성공한 사람도
> 돈에 대해서는
> 무지할 수 있다.

우리는 학교란 좋은 고용주가 아니라 좋은 직원들을 육성하는 곳이라는 부자 아버지의 말을 이해하기 시작했다. 때로 마이크와 나는 교사들에게 학교에서 배우는 것을 어떻게 실생활에 적용하는지 물어보았다. 또는 왜 학교에서는 돈에 대해서, 그리고 돈의 작용 원리에 대해 가르치지 않는지 물어보았다. 후자의 질문에 대해서 교사들은 돈이란 별로 중요하지 않으며 좋은 성적을 받는다면 돈은 따라오게 되어 있다고 대답했다. 마이크와 나는 돈의 힘에 대해 더욱 잘 알게 되면서 점점 교사들과 친구들로부터 멀어져 갔다.

교육을 많이 받은 우리 아버지는 내 성적에 대해서는 전혀 잔소리를 하지 않았으나, 돈과 관련해서는 자주 언쟁을 벌이기 시작했다. 나는 열여섯 살 즈음 이미 돈에 대해서 부모님보다도 훨씬 튼튼한 기반을 다져 두고 있었다. 나는 부기를 할 수 있었고, 세무사와 변호사, 은행가, 부동산 중개인, 투자가 등 여러 전문가들로부터 많은 이야기를 듣고 있었다. 반면 우리 아버지는 다른 교사들과 대화를 나누었다.

어느 날, 아버지는 우리 집이 최고의 투자 대상이라고 말했다. 그렇지만 나는 썩 즐겁지 않은 언쟁을 통해 왜 집이 좋은 투자 대상이 아닌지 아버지에게 설명했다.

부자 아버지

대차대조표

자산	부채
	집

가난한 아버지

대차대조표

자산	부채
집	

앞의 그림은 부자 아버지와 가난한 아버지가 집에 대해 얼마나 다른 인식을 가지고 있는지를 보여 준다. 한 분은 집을 자산이라고 생각하는 반면, 다른 한 분은 그것을 부채로 여긴다. 나는 아래 그림을 그려 우리 아버지에게 현금흐름의 방향에 대해 알려 주었다. 또 집을 소유하는 데 수반되는 부수적인 지출에 대해서도 알려 주었다. 집이 클수록 지출은 늘어나고, 현금은 지출을 통해 계속 밖으로 흘러나간다.

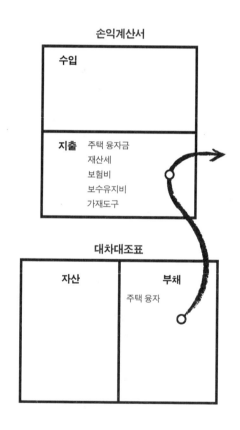

부자 아빠 가난한 아빠

요즘에도 사람들은 집은 자산이 아니라는 내 생각에 자주 반박을 가하곤 한다. 실제로 많은 이들이 주택을 가장 큰 투자 대상으로 생각하며, 내 집 마련을 꿈으로 여기고 있다. 그리고 물론 자기 집이 있다는 것은 없는 것보다 훨씬 낫다. 나는 단지 이런 일반적인 관점을 다른 방향에서 바라볼 수도 있다는 사실을 말하고 싶은 것이다. 만일 우리 부부가 더 크고 근사한 집을 산다면 그것은 자산이 아니다. 우리의 지갑에서 돈을 빼 가기 때문에 자산이 아니라 부채인 것이다.

대부분의 사람들이 내 견해에 동의하리라고는 생각하지 않는다. 왜냐하면 당신의 집은 감정적인 것이며, 돈이 얽혀 있기 때문이다. 그 감정이 크고 깊을수록 금융 지식은 얄팍해지기 때문이다. 내 개인적인 경험에 따르면 돈은 모든 결정을 감정적으로 만드는 경향이 있다.

하지만 다음의 내용을 살펴보라.

1. 대부분의 사람들이 죽어도 자기 것이 되지 못할 집을 위해 평생 동안 일한다. 즉 사람들은 몇 년마다 집을 사지만 그때마다 이전의 대출금을 갚기 위해 새로 삼십 년 기한의 대출을 받아야 한다.
2. 주택 융자금의 상환 이자에 대해서는 세금 감면을 받을 수 있지만 그 밖의 다른 지출에 대해서는 세금을 내야 한다. 심지어 융자금을 모두 갚은 후에도 그렇다.
3. 우리 장인어른은 그분 소유의 주택에 재산세가 월 1,000달러나 부과되는 것을 알고 커다란 충격을 받았다. 장인 장모는 이미 퇴직을 하

셨기 때문에 재산세는 그분들의 노후 생활에 커다란 짐이 되었다. 두 분은 이사를 하지 않으면 안 된다고 생각한다.

4. 집값이 늘 오르는 것은 아니다. 내 친구의 경우 살 때에는 100만 달 러였던 주택이 지금은 가격이 훨씬 떨어졌다.

5. 기회를 놓치면 가장 큰 손실을 입게 된다. 만약 돈이 전부 집에 묶여 있다면 일을 항상 더욱 열심히 해야 한다. 돈이 자산 부문에 쌓이는 것이 아니라 계속해서 지출 부문을 통해 밖으로 새어 나가기 때문이 다. 이것이 바로 중산층의 전형적인 현금흐름 패턴이다.

젊었을 때 일찍부터 자산 부문에 더 많은 돈을 넣는다면 나중에 보다 편한 삶을 살 수 있다. 자산이 불어나 지출을 해결하는 데 도움이 되 기 때문이다. 그러나 주택은 계속해서 증가하는 지출 비용을 처리하 기 위해 대출 담보로 사용되는 경우가 너무 많다.

간단히 말해 초기에 투자를 하지 않고 너무 비싼 집을 소유하게 된 다면 최소한 다음과 같은 세 가지 결과가 나타날 수 있다.

1. 시간의 손실 그 사이 다른 자산의 가치가 높아질 수 있다.

2. 추가 자본의 손실 투자에 사용할 수 있었던 자본을 높은 주택 유지 비용으로 지출하게 된다.

3. 교육의 손실 사람들은 대개 그들의 자산 부문에 집과 저축, 그리고

은퇴 비용만이 존재한다고 여긴다. 그들은 투자할 돈이 없기 때문에 투자하지 않는다. 그리고 그렇기 때문에 투자 경험을 쌓지 못한다. 이러한 이유로 인해 대부분의 사람들은 이른바 '현명한 투자가'가 되지 못한다. 그러나 대부분의 투자 대상은 '현명한 투자가'들에게 먼저 팔리기 마련이며, 그러면 그들은 안전한 투자를 하는 사람들에게 이를 되판다.

집을 사지 말라는 이야기가 아니다. 내가 하고 싶은 말은 자산과 부채의 차이점을 이해하라는 것이다. 만약 더 큰 집을 사고 싶다면 나는 무엇보다 먼저 현금흐름을 생성할 수 있는 자산을 구입해 주택 비용을 마련할 것이다.

교육을 많이 받은 우리 아버지의 재정 상태는 '새앙쥐 레이스'에 빠진 사람들의 삶을 고스란히 보여 준다. 아버지는 늘 수입에 맞춰 지출을 했기 때문에 자산에 투자를 할 수가 없었고 그 결과 늘 부채가 자산보다 많았다.

 20년 전 그리고 오늘
당신의 성적표

재무제표가 없으면 당신이 삶의 '재정 게임'에서 어느 지점에 이르러 있는지 제대로 알 수 없다. 좋든 싫든 돈은 당신이 이 '게임'에서 얻은 점수를 말해 준다. 재무제표가 곧 당신의 성적표인 셈이다. 은행은 당신이 삶의 재정 게임에서 얼마나 잘 점수를 얻고 있는지 파악하기 위해 손익 계산서와 대차대조표 등의 재무제표를 제출하라고 요구한다.

다음에 나오는 그림 중 왼쪽은 가난한 아버지의 재무제표다. 이 그림 하나가 천 마디 말보다도 많은 것을 알려 준다. 소득과 지출은 동등한데 부채는 자산을 훨씬 능가하는 것을 보라.

오른쪽에 있는 부자 아버지의 재정 상태는 투자를 늘리고 부채를 줄이는 데 전념한 사람의 삶을 반영한다.

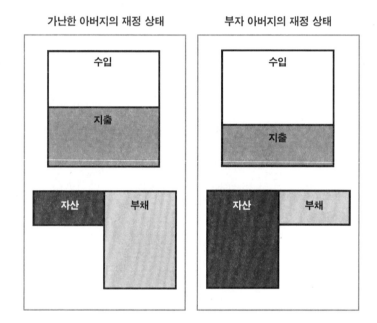

부자 아빠 가난한 아빠

부자가 부자가 되는 이유

부자 아버지의 재정 상태를 보면 어째서 부자가 더 부자가 되는지를 알 수 있다. 자산 부문이 지출을 상쇄하고도 남을 정도로 충분한 수입을 창출하기 때문이다. 남는 돈은 다시 자산 부문에 재투자된다. 그러면 자산 부문은 계속해서 불어나고 자산이 창출하는 소득 역시 함께 증가한다. 그 결과 부자는 점점 더 부자가 되는 것이다!

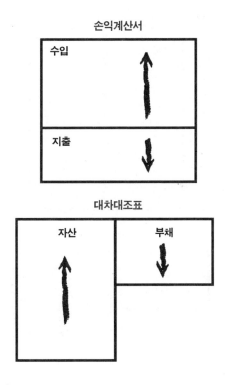

중산층이 고생하는 이유

중산층은 끊임없이 재정적인 어려움을 겪는다. 그들의 주요 수입원은 '임금'이다. 임금이 인상되면 세금도 함께 인상된다. 임금이 늘어나면 그들의 지출 역시 비슷한 비율로 늘어난다. 그리하여 '새앙쥐 레이스'가 되는 것이다. 이들은 자신의 집을 가장 큰 자산으로 여기며, 소득을 창출하는 자산에 투자하는 법이 없다.

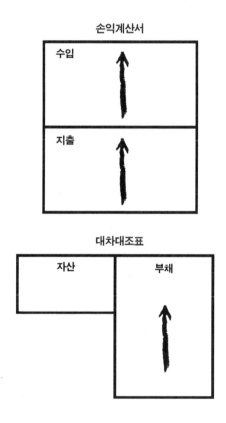

집을 투자 대상으로 여기고 임금이 인상되면 더 큰 집을 사거나 더 많은 돈을 소비한다는 사고방식은 오늘날 우리 사회가 빚에 허덕이게 만들었다. 소비의 증가는 가정을 빚더미로 내몰고 재정적으로 불확실하게 만들었으며, 심지어 정기적으로 승진을 하고 연봉이 인상돼도 결과는 다를 바가 없다. 이것이 바로 빈약한 금융 교육이 야기한 불안한 삶이다.

최근에 발생하고 있는 대규모의 실업 사태는 중산층이 얼마나 재정적으로 불안한 상황에 있는지를 보여 주는 증거다. 미국의 기업 연금 제도는 401k 제도로 대체되었다. 사회보장제도는 곤경에 처해 있고, 퇴직 후에 거기에 기댈 수도 없는 노릇이다. 중산층은 완전히 겁에 질려 있다.

오늘날 뮤추얼 펀드가 각광받는 이유는 그것이 안전하다는 인식이 강하기 때문이다. 대개의 뮤추얼 펀드 구매자들은 세금을 내고 융자금을 갚고 자녀들의 대학 등록금을 대고 신용카드 빚을 갚느라 정신없이 일하는 사람들이다. 그들은 투자에 대해 공부할 시간이 없기 때문에 전문성을 지닌 뮤추얼 펀드 매니저들

20년 전 그리고 오늘
연금 계획

미국에서는 엔론 사태 이후 연금 계획에 문제가 있음이 분명해졌다. 심지어 그리스와 이탈리아, 캘리포니아 주 등의 연금 계획도 은퇴자들에게 지불할 돈을 제때 지불하지 못하는 지경에 이르렀다. 따라서 연금 계획은 이제 더 이상 은퇴와 노후에 대한 안전 보장책이 될 수 없다. 2009년 주식 시장이 붕괴됐을 때 은퇴가 임박한 사람들은 모두 곤경에 빠졌다. 401k나 비과세은퇴저축상품(RRSP), 퇴직연금 등을 통해 돈을 저축한 사람들도 마찬가지였다.

에게 의존한다. 또 뮤추얼 펀드는 여러 다양한 종류의 투자를 아우르기 때문에 돈이 '분산'되어 특히 안전하다는 느낌을 준다. 교육을 많이 받은 이들 중산층은 뮤추얼 펀드 매니저와 자산 관리사들이 주입하는 교리를 따른다.

"안전하게 투자하라. 리스크를 피하라."

진정한 비극은 일반적인 중산층 사람들이 위험을 직면하게 된 까닭이 애초에 금융 교육을 제대로 받지 못했기 때문이라는 데 있다. 그들이 안전을 중요하게 여기는 이유는 그들의 재정 상태가 그다지 좋지 못하기 때문이다. 그들의 대차대조표는 한쪽으로 기울어 있다. 부채는 잔뜩이지만 수입을 창출할 자산은 없는 것이다. 대개 그들의 유일한 수입원은 임금이며 그들의 생계는 전적으로 고용주에게 달려 있다. 그런 이유로 이들은 '평생의 기회'가 찾아와도 그것을 활용하지 못한다. 왜냐하면 그들은 열심히 일하고, 엄청난 양의 세금을 뜯기며, 빚도 잔뜩 지고 있기 때문이다.

이 장의 첫 부분에서 말했듯이, 부자가 되기 위한 첫 번째 규칙은 부채와 자산의 차이를 아는 것이다. 일단 그 차이를 파악하고 나면 수입을 창출하는 자산을 사는 데 전념하라. 그것이 부자의 길로 들어서는 최상의 방법이다. 그 길만 잘 따른다면 자산 부문이 증가할 것이다. 부채와 지출을 최대한으로 줄이면 더 많은 돈을 자산 부문에 투자할 수 있게 되고, 자산 기반이 안정적으로 자리 잡히면 보다 위험한 투자로 눈을 돌릴 수 있다. 100퍼센트에서 무한대까지도 수익을 안겨 줄 수 있는 투자, 5,000달러를 100만 달러 혹은 그 이상으로 불려 줄 수 있는 투자 말이다. 중산층은 이런 투자를 '너무 위험하다'고 한다. 그러나 이는 뛰어난 금융 지식을 가진 이들에게는 위험하지 않다.

남들을 똑같이 따라 한다면 당신은 다음 그림과 같은 결과를 얻게 될 것이다.

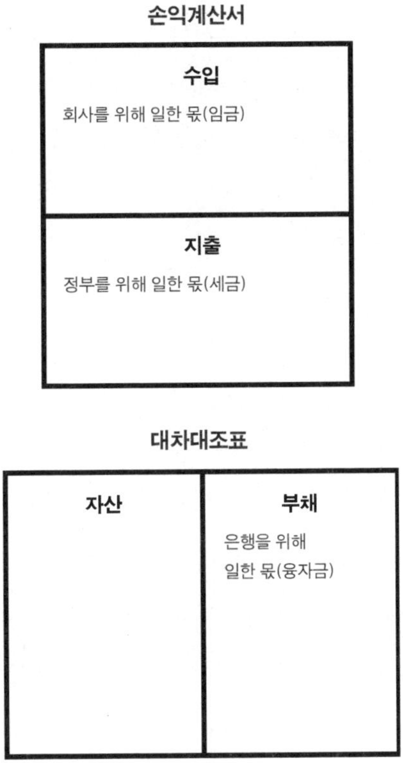

손익계산서

수입
회사를 위해 일한 몫(임금)

지출
정부를 위해 일한 몫(세금)

대차대조표

자산	부채
	은행을 위해 일한 몫(융자금)

주택을 보유한 고용인은 일반적으로 이렇게 일한다.

1. **회사를 위해 일한다** 직원들은 자기 자신이 아니라 회사의 소유주나 부자 주주들을 위해 일한다. 당신의 피땀 어린 노력과 성공은 모두 소유주의 성공과 은퇴 자금을 뒷받침하는 데 소요될 것이다.
2. **정부를 위해 일한다** 정부는 당신이 월급 통장을 확인하기도 전에 자기들 몫을 빼 간다. 당신이 열심히 일하면 일할수록 정부가 가져가는 세금만 늘어날 뿐이다. 대부분의 사람들은 일 년 중 1월부터 5월까지 순전히 정부를 위해서 일하는 셈이다.
3. **은행을 위해 일한다** 세금 다음으로 가장 큰 지출 항목은 주로 주택 융자금과 신용카드 빚이다.

열심히 일만 하는 데 따르는 문제는 아무리 노력을 퍼붓는다 해도 저 세 가지 부문(세금, 주택 융자금, 신용카드 빚)이 차지하는 부분이 점점 더 늘어난다는 것이다. 당신은 당신과 당신 가족이 그러한 노력으로부터 직접적인 혜택을 받을 수 있는 방법을 알아내야 한다.

일단 자기 자신을 위해 일하기로 결심하고 나면, 즉 임금 인상을 추구하는 것이 아니라 자산을 취득하는 데 전념하기로 결심하고 나면 어떤 목표를 세워야 할까? 대부분의 사람들은 계속 일을 하면서 자산을 구입할 돈을 모아야 한다.

그렇게 자산이 증가할 때, 성공의 기준은 어디에 있을까? 내가 부자가 되었다는 것을 어떻게 알 수 있는가?

나는 자산과 부채에 대해서뿐만 아니라 부자에 대해서도 나 나름의 정의를 규정해 두고 있다. 사실 버크민스터 풀러R. Buckminster Fuller라는 사람에게서 빌려 온 것이긴 하지만 말이다. 어떤 사람들은 그를 괴짜라고 부르고 어떤 이들은 그를 천재라고 부른다. 몇 년 전 그는 지오데식 돔이라는 것에 대해 특허를 신청하면서 건축학계에 커다란 화젯거리를 몰고 온 적이 있었다. 특허 신청서에서 그는 재산에 대해 이야기한다. 처음에는 무슨 말인가 싶기도 했지만 읽고 나니 이해가 갔다.

"재산이란 사람이 앞으로 생존할 수 있는 능력이다. 다시 말해, 내가 오늘 일을 그만둔다면 앞으로 얼마나 오랫동안 생존할 수 있을 것인가 하는 것이다"

순자산, 즉 자산에서 부채를 제한 부는 값비싼 쓰레기와 가치에 대한 개인적인 견해로 이루어진다. 반면에 풀러의 정의는 정확한 측정 기준을 정할 수 있는 가능성을 제시한다. 재정적 독립을 이룬다는 목표에 얼마나 가까이 접근해 있는지 측정할 수 있는 것이다.

순자산은 종종 현금을 창출하지 않는 자산을 포함한다. 가령 당신이 사서 차고에 처박아 둔 물건 같은 것들 말이다. 그러나 풀러의 정의는 당신의 돈이 얼마나 많은 돈을 만들어 주는지, 그래서 당신의 재정적 생존 가능성이 얼마나 되는지를 측정한다.

재산은 자산 부문과 지출 부문의 현금흐름을 비교해 측정하는 것이다.

예를 들어 보자. 가령 내 자산 부문에는 한 달에 1,000달러의 현금이 움직이고 있다. 그리고 내 매달 지출액은 2,000달러다. 그렇다면 내 재산은 얼마인가?

다시 풀러의 정의로 돌아가 보자. 그의 정의에 따르면, 나는 앞으로 며칠이나 살아남을 수 있을까? 30일을 한 달로 계산하면 나는 보름분의 현금을 갖고 있다.

내 자산 부문에 월 2,000달러 이상의 현금흐름이 이뤄질 때에야 나는 비로소 재산을 보유하게 될 것이다.

그렇게 되면 나는 아직 부자는 아니지만 나름 부유한 상태다. 매달 지출을 해결하고도 남는 수입을 자산으로부터 얻고 있기 때문이다. 내가 지출을 늘리면서도 지금 수준의 재산을 유지하고 싶다면 먼저 현금흐름을 증가시켜야 한다. 이 시점에서 내가 더 이상 급여에 의존하지 않는다는 점에 유념해야 한다. 나는 재정적으로 독립할 수 있는 자산을 쌓는 데 집중했고 또 성공했다. 설사 오늘 직장을 그만두더라도 나는 자산에서 비롯되는 현금흐름을 통해 지출 비용을 해결할 수 있다.

20년 전 그리고 오늘
현금 보유량

오늘날 극소수의 사람들만이 걱정 없이 살아갈 충분한 현금을 보유한다. 한 달 이상 살 수 있는 돈을 보유한 사람들도 그리 많지 않다. 예를 들어 대부분의 미국인들은 예금 잔액이 400달러 이하다. 2016년 고뱅킹레이츠(GoBankingRates)가 실시한 설문조사에 따르면 놀랍게도 응답자 중 34퍼센트가 저축액이 전혀 없다고 했다. 임금이나 정부 보조가 끊기면 생존 자체에 위협을 받는 사람들이 그렇게 많다는 뜻이다.

부자 아빠 가난한 아빠

내 다음 목표는 자산에서 비롯되는 초과 현금을 자산 부문에 재투자하는 것이다. 자산 부문에 더 많은 돈이 투입될수록 자산은 더욱 증가한다. 그리고 자산이 증가할수록 현금흐름도 증가한다. 자산에서 비롯되는 현금흐름보다 지출을 적게 유지하는 한, 나는 임금 외의 다른 수입원을 통해 더욱 부자가 될 수 있다.

이 같은 재투자 과정이 진행되는 사이 나는 부자의 길을 걷는 셈이다. 다음의 간단한 법칙들을 기억하라.

> • 부자는 자산을 산다.
> • 가난한 이들은 오직 지출만을 한다.
> • 중산층은 부채를 사면서 그것을 자산이라고 여긴다.

그렇다면 나 자신을 위해 일하려면 어떻게 해야 할까? 해답은 무엇일까? 다음 장에서 맥도날드 창업자의 이야기를 들어 보자.

왜
금융 지식을
배워야 하는가

부자 아빠 다시 읽기

어느덧 약 삼십오 년여의 세월이 흘러 로버트와 마이크는 사십 대 중후반의 성인이 되었다. 마이크는 아버지의 사업을 물려받아 아버지보다 더 나은 성과를 올리고 있다.

로버트의 경우, 1994년 47세의 나이로 은퇴한 상태다. 그와 아내의 재산은 뿌리를 잘 내린 나무처럼 저절로 자라나고 있다.

로버트는 20세기 초반에 활동한 위대한 리더들과 부유한 사업가들이 1923년에 가졌던 회동에 관한 이야기를 들려준다. 거기 모인 인물들은 세계 최대의 민간 철강 회사 사장과 세계 최대의 가스 회사 사장, 뉴욕 증권거래소의 이사장, 하딩 대통령 행정부의 각료 등이었는데, 이십오 년 후 그들 대부분의 삶이 비극적으로 끝난 것을 확인할 수 있었다. 무일푼이 되거나 추방당하거나 투옥된 것이다.

1929년의 주식 시장 붕괴와 대공황이 그들의 삶에 결정적인 영향을 미친 것으로 보인다. 하지만 우리는 오늘날 그때보다 훨씬 더 빠르고 큰 변화의 시대에 살고 있다. 이 시대에 우리가 생존하는 데 돈보다 더 중요한 것은 교육과 우리의 학습 능력이다.

또 얼마나 버느냐가 아니라 얼마나 모으고 얼마나 많은 세대 동안 보유하느냐가 더 중요하다.

그래서 사람들이 "부자가 되려면 어디서부터 시작해야 하죠?"라고 물을 때마다 로버트는 부자 아버지가 그에게 해 준 것과 똑같은 대답을 한다. "부자가 되고 싶으면 돈에 대한 지식을 쌓아야 한다."

로버트는 많은 사람들이 단층 주택용 토대 위에 엠파이어스테이트 빌딩을 올리려 한다고 비유한다. 돈에 대한 기초 지식도 없이 학교를 졸업한 아이들은 아메리칸 드림을 좇으며 성년의 삶을 시작하지만, 얼마 안 가 깊은 빚 구덩이에서 허덕이게 된다. 그들이 유일한 탈출구로 '부자 되기' 전략에 몰입하는 것은 당연한 수순이다.

그러나 금융 지식이라는 배경이 없는 가운데 기울이는 노력은 빈약한 토대 위에 마천루를 올리는 것과 같다. 설령 순식간에 건물이 올라가더라도, 그것은 엠파이어스테이트 빌딩이 아니라 한쪽으로 기울어진 '교외의 사탑'일 뿐이다.

하지만 로버트와 그의 어린 시절 친구 마이크는 부자 아버지의 가르침 덕분에 마천루를 올릴 수 있는 강력한 토대를 갖추고 있었다.

금융 지식 중에서 회계라는 과목은 지루하고 복잡하지만 재정적 성공에 절대적으로 중요하다. 부자 아버지는 그것을 아이들 수준에서 이해할 수 있도록 간단한 그림을 그려서 가르쳤다. 두 소년이 관련 용어와 돈의 흐름을 이해한 연후에야 부자 아버지는 숫자를 추가해 복잡한 개념들을 이해할 수 있도록 도왔다.

로버트가 말하는 제1법칙은 자산과 부채의 차이를 알고 오직 자산만을 구입해야 한다는 것이다. 그것이 알아야 할 모든 것이라 해도 과언이 아니다. 하지만 그토록 간단한 개념인데도 많은 사람들이 잘 이해하지 못한다.

부자 아버지가 처음 이에 대해 설명했을 때 두 소년은 농담이라고 생각했다. 어떻게 어른들이 그렇게 단순한 것을 이해할 수 없단 말인가? 왜 다들 이를 이용해 부자가 되지 못하는 것인가?

문제는 대부분의 사람들이 은행가나 자산 관리사 등으로부터 그와 다르게 교육을 받는 데에 있다. 따라서 그들은 먼저 스스로 안다고 생각하는 것부터 잊어야 한다. 어떤 사람들은 기초로 되돌아가야 한다는 것을 품위 손상으로 착각하기도 한다.

'자산'과 '부채'의 진정한 정의는 단어가 아니라 숫자에 있다.

로버트는 부자 아버지가 그랬던 것과 똑같이 그림을 이용해 독자의 이해를 돕는다.

자산의 현금흐름 패턴

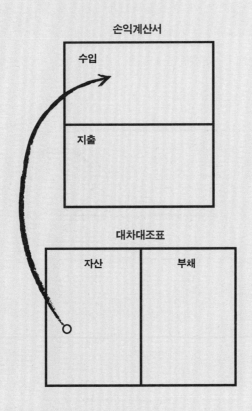

이 그림 중 위쪽은 종종 '소득명세서'라고도 불리는 '손익계산서'다. 이는 수입과 지출, 즉 들어오는 돈과 나가는 돈을 측정한다. 아래쪽은 '대차대조표'로서 자산과 부채의 대차를 비교해서 보여 준다.

자산은 수입을 증가시킨다. 당신의 주머니에 돈을 넣어 주는 것이다.

부채의 현금흐름 패턴

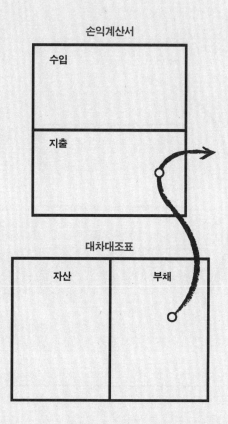

부채는 당신의 주머니에서 돈을 빼내 간다.

부자가 되고 싶은가? 자산을 구입하라. 간단해 보이지만 많은 사람들이 부채를 구입하고는 곤경을 겪는다. 부를 쌓고 유지하고 싶으면 이에 대한 이해부터 제대로 해야 한다.

단지 숫자가 중요한 게 아니라 숫자가 들려주는 이야기가 중요하다. 각각의 그림에 있는 화살표를 좇아가 돈이 어디로 흐르는지 보라. 그것이 당신이 처한 재정 상태에 대한 이야기를 들려줄 것이다.

가난한 이들의 현금흐름 패턴

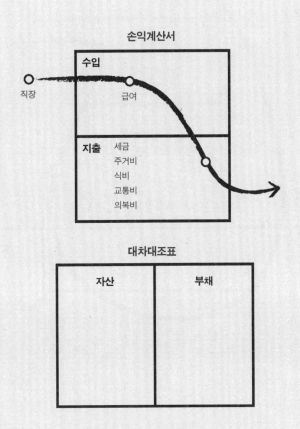

중산층의 현금흐름 패턴

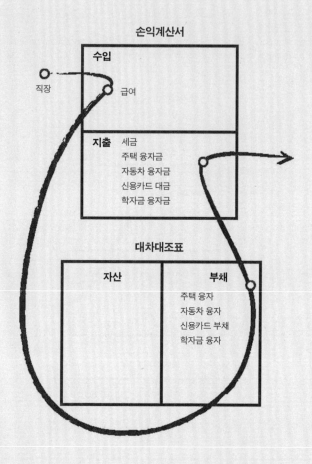

손익계산서

수입

직장 급여

지출 세금
주택 융자금
자동차 융자금
신용카드 대금
학자금 융자금

대차대조표

자산 부채

주택 융자
자동차 융자
신용카드 부채
학자금 융자

부자들의 현금흐름 패턴

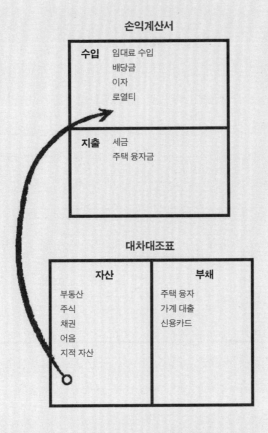

손익계산서

수입	임대료 수입
	배당금
	이자
	로열티

지출	세금
	주택 융자금

대차대조표

자산	부채
부동산	주택 융자
주식	가계 대출
채권	신용카드
어음	
지적 자산	

이 단순화한 그림들의 현금흐름을 보면 각각의 사람들이 돈을 어떻게 다루는지 알 수 있다.

빚을 진 사람들은 종종 더 많은 돈을 버는 게 답이라고 생각한다. 그러나 더 많은 돈이 늘 문제를 해결해 주는 것도 아니며 때로는 오히려 상황을 악화시킬 수도 있다. 그래서 복권이나 유산 등으로 뜻밖의 횡재를 접한 많은 사람들이 그토록 빨리 돈을 탕진하는 것이다. 현금의 증가는 소비의 증가만을 야기할 뿐이다.

많은 사람들의 문제는 금융 지식의 결핍에 기인한다. 그래서 직업적으로 성공을 거두고도 재정 문제에 시달리는 경우가 많다. 돈을 버는 법에 대해서는 배웠을지 몰라도 관리하는 법은 모르는 셈이다. 아주 똑똑한 사람들조차 금융에 대해서는 무지할 수 있다. 돈을 위해 열심히 일하는 법은 배웠어도 돈이 그들을 위해 열심히 일하도록 만드는 법은 배우지 못한 탓이다.

로버트는 결혼해서 삶을 함께하기 시작한 어느 젊은 부부의 이야기를 들려준다. 부부의 수입이 증가하기 시작하자 그들의 씀씀이도 늘기 시작한다는 것이다.

대부분의 사람들과 마찬가지로 이 신혼부부에게도 가장 큰 지출항목은 세금이다. 많은 이들이 소득세를 떠올릴 테지만 사실 미국인 다수가 가장 많이 내는 세금은 사회보장 보험료다. 사회보장 보험료와 메디케어 보험료를 합쳐 약 7.5퍼센트의 세금을 내는 것으로 보이지만 실은 15퍼센트를 내고 있는 셈이다. 고용주가 직원이 내는 것과 같은 액수의 보험료를 내 줘야 하기 때문이다. 직원은 월급에서 빠져나간 사회보장 보험료에 대해서도 소득세를 내야 한다.

젊은 부부는 그런 세금뿐 아니라 살기 위해 매입한 집에 대해서도 재산세를 내야 한다. 집을 사고 나면 차와 가구, 전기제품도 바꾸는 법이다. 갑자기 주택 융자금에 신용카드 부채까지 겹쳐지면서 빚이 늘기 시작한다.

부부는 그렇게 새앙쥐 레이스에 갇힌다. 거기에 아이가 생기면 더욱 열심히 일하게 되고, 그렇게 소득이 늘어나면 세금 역시 늘어난다. 그러면서 빚이 쌓이고 결국 자질구레한 빚을 정리하기 위해 주택을 담보로 추가 대출을 받는다. 하지만 그렇다고 소비 습성이 변하는 것은 아니라서 계속해서 신용카드 부채에 시달리게 된다.

이 부부를 비롯한 많은 사람들의 진정한 문제는 가진 돈을 다루는 법을 모르는 게 아니다. 금융에 대한 무지, 즉 자산과 부채의 진정한 차이를 이해하지 못하는 게 문제인 것이다.

무언가가 정말로 말이 되는지 의심해 보지도 않고 그저 무리를 따라가는 사람들이 너무 많다. 그들은 너무도 빈번히 아무 생각 없이 다른 사람들이 말하는 대로 따라 한다. "분산 투자하라." "집은 자산이다." "대출을 많이 받을수록 세금우대 혜택을 입는다." "안정된 일자리를 구하라." "실수하지 마라." "리스크를 피하라."

로버트와 마이크는 부자 아버지와 많은 시간을 보내며 부자 아버지의 팀에 속한 전문가들로부터 많은 것을 배운 덕분에 학교에서 가르치는 이른바 표준 정칙(定則)이라는 것들에 의문을 품는 법을 배웠다. 그래서 선생님들의 말씀에 이의를 제기하는 경우가 빈번해졌고, 결국 사이도 멀어졌다.

로버트는 또한 돈 문제에 관해서는 자신의 아버지와도 이견을 보이기 시작했다. 특히 집이 자신의 가장 큰 투자라고 믿는 가난한 아버지의 견해에 동의할 수 없었다. 반대로 부자 아버지는 집을 부채로 봤다.

많은 사람들이 여전히 자신의 집을 자산이라고 믿는다. 그러나 로버트는 주머니에서 돈을 빼내 가므로 집은 부채라고 가르친다. 세금과 비용이 드는 것은 물론이고 가치가 떨어질 뿐 아니라 집에 돈이 묶이면 다른 다양한 기회를 놓치기 때문이다. 투자 경험을 통한 학습의 기회를 놓치는 것은 또 어떠한가.

그렇다고 더 큰 집을 사지 말라는 의미는 결코 아니다. 다만 그런 집에 들어갈 비용을 지불할 수 있도록 현금흐름을 생성하는 자산부터 먼저 구입하라는 의미다.

비용을 충당하고도 남을 만큼의 수입을 창출할 정도로 자산을 충분히 확보하면 남는 돈은 자산에 재투자할 수 있다. 그러면 대차대조표의 자산 항목이 불어나고, 그것은 다시 보다 많은 수입을 안겨 준다. 결과적으로 자산과 부채의 차이를 아는 부자는 더욱 큰 부자가 되는 것이다.

중산층은 수입을 창출하는 자산에 투자하는 대신 집에 돈을 쏟아붓고 그것을 자산으로 여기기 때문에 '새앙쥐 레이스'에 갇히게 된다. 그리고 봉급이 주 수입원이기에 그 덫에서 빠져나오지 못한다. 그들의 수입이 증가하면 세금도 따라서 늘어난다.

많은 사람들이 뮤추얼 펀드에 투자하고 매니저에게 자신의 계정을 관리해 주는 대가를 지불한다. 시간이 없거나 직접 그것을 관리할 수 있는 전문 지식이 없기 때문이다. 그들은 뮤추얼 펀드가 안전하다고 느낀다. 그들이 이토록 안전에 집착하는 것은 자신의 대차대조표가 균형을 이루지 못하고 있기 때문이다. 그들은 부채를 최대한도까지 껴안고 월급에만 의존하기 때문에 기회가 생겨도 이를 이용할 재간이 없다.

부자가 되고 싶은가? 수입을 생성하는 자산을 구입하는 데 모든 노력을 집중하라. 자산이 무엇인지 제대로 이해한다면 말이다. 부채와 비용은 낮게 유지하라. 그러면 자산 항목을 늘릴 수 있다.

그렇다면 부자의 기준은 무엇인가? 로버트는 버크민스터 풀러가 내린 정의를 이용해 설명한다. "재산이란 사람이 앞으로 생존할 수 있는 능력이다. 즉 내가 오늘 일을 그만둔다면 앞으로 얼마나 오랫동안 생존할 수 있을 것인가 하는 것이다."

다른 말로 표현하면, 부는 비용 항목 대비 자산 항목에서 생성되는 현금흐름의 척도다. 당신의 자산이 비용을 충당하기에 충분한 수입을 창출하면 당신은 부유한 것이다. 아직 부자는 아니더라도 말이다.

- **좌뇌 모멘트** | 숫자를 보고 그것이 들려주는 이야기를 이해하는 법을 배워라. 자산은 주머니에 돈을 넣어 준다. 만약 무언가가 주머니에서 돈을 빼간다면 그것은 자산이 아니라 부채다.

- **우뇌 모멘트** | 대차대조표는 서로 다른 사람들의 삶을 통해 돈이 어떻게 움직이는지 이해하도록 돕는다.

- **잠재의식 모멘트** | 사람들은 외면당할까 봐 두려워서, 흔히 받아들여지는

견해나 인기 있는 트렌드에 순응하며 의문을 품지 않다가 종종 재정적 손실을 입는다.

핵심 내용 이해하기

자, 이제 곰곰이 생각해 볼 시간이다. 이렇게 자문해 보라. "이 장에서 로버트는 무엇을 말하고 있는가? 그리고 그가 그렇게 말하는 이유는 무엇인가?" 로버트의 말에 동의하든 그렇지 않든 상관없다. 이 섹션의 목적은 그가 말하고자 하는 바를 '이해하는' 것이기 때문이다.

기억하라. 이 커리큘럼의 의도는 협력과 지원에 있다. 백지장도 맞들면 낫다고 하지 않는가. 로버트가 하는 말을 이해하지 못한다고 해서 부끄러워하거나 도외시할 필요는 없다. 몇 사람이 모여 의견을 교환하면 더욱 쉽게 이해될 수도 있다. 다음의 문장들을 시간을 갖고 차분히, 완전히 이해할 때까지 토의해 보길 바란다.

- 중요한 것은 얼마나 버느냐가 아니라 얼마나 보유하느냐다.
- 지식은 문제를 해결하고 돈을 창출한다. 금융 지식 없이 생긴 돈은 곧 사라진다.
- 엠파이어스테이트 빌딩을 건축할 때에는 가장 먼저 깊은 구덩이를 파고 튼튼한 토대를 쌓아야 하지만, 교외에 주택을 지을 때에는 15센티미터 두께의 콘크리트만 부어 넣으면 된다. 그런데 많은 사람들이 빨리 부자가 되고 싶은 마음에 15센티미터의 콘크리트 기반 위에 엠파이어스테이트 빌

딩을 지으려고 한다.

- 부자들은 자산을 획득하지만 가난한 이들과 중산층은 부채를 확보하고 자산이라 여긴다.

- 만약 벌어들이는 돈을 모두 쓰는 것이 당신의 패턴이라면, 소득의 증가는 지출의 증가만을 초래할 뿐이다.

- 80퍼센트에 달하는 대부분의 가구에서는 재정과 관련된 이야기를 할 때 열심히 일해서 앞으로 나아가자고 말한다. 하지만 이러한 노력은 자산 대신에 부채를 구입하는 데 삶을 소진하는 바람에 무위에 그치고 만다.

- 돈에 대해 제대로 이해하지 못하면 결국 돈의 가공할 힘에 휘둘리는 노예가 되고 만다.

실천을 위한 질문과 토론

자, 이제 이 장에서 이해한 바를 당신의 삶에 적용할 시간이다. 아래의 질문을 자신에게 던져 보거나 스터디 그룹에서 토의해 보길 바란다. 솔직하게 답하는 것이 중요하다는 점을 잊지 말라. 자신의 답변 일부가 맘에 들지 않는 경우, 스스로 기꺼이 변화할 의향이 있는지, 자신의 생각과 사고방식을 바꾸는 도전을 받아들일 의향이 있는지 자문해 보라.

1. 당신의 금융 교육은 언제 시작되었는가? 이 책을 통해서인가, 아니면 다른 소스를 통해서인가?

2. 자산과 부채에 대한 로버트의 정의를 처음 읽었을 때 당신은 어떤 생각이 들었는가?

3. 로버트가 집이 자산이 아니라고 했을 때 어떤 느낌이 들었는가? 만약 당신이 그동안 집을 자산이라고 여겨 왔다면, 그의 설명을 듣고 마음이 바뀌었는가?

4. 이 책에 제시된 현금흐름의 상황 중 어떤 것이 당신의 삶과 가장 유사한가?

5. 집 이외에, 당신이 자산으로 생각했는데 나중에 부채로 드러난 것에는 무엇이 있는가?

6. 다음 진술에 동의하는가? "대부분의 사람들이 교육받지 못한 것은 돈을 버는 방법이 아니라 돈을 관리하는 방법이다." 동의하거나 동의하지 않는 이유는 무엇인가?

7. 부자 아버지는 두 소년에게 회계에서 중요한 것은 숫자가 아니라 숫자가 들려주는 이야기라고 가르쳤다. 당신의 재정과 관련 숫자는 현재 무슨 이야기를 들려주고 있는가?

8. 그동안 살면서 승진이나 봉급 인상 같은 외견상 긍정적인 성과를 올렸는데 기대했던 수준만큼 대차대조표의 성과로 이어지지는 않았던 적이 있는가?

9. 오늘 당장 일을 그만둘 경우 당신은 앞으로 며칠이나 생존할 수 있는가? 그 기간이 놀라움이나 두려움을 안겨 주지는 않는가?

주요 용어 정의

- **401k:** 미국의 기업들이 은퇴자의 보건에 대해 대비할 수는 없다는 사실을 깨달은 1974년, 종업원퇴직소득보장법(ERISA)에 의해 개발된 퇴직자 연금 제도
- **자산:** 최소한의 노동만 투입해도 '주머니 안'에 돈을 넣어 주는 것
- **현금흐름:** 현금의 유입(소득)과 유출(비용). 어떤 것이 수입인지 지출인지, 자산인지 부채인지 결정하는 것이 이 현금흐름의 방향이다. 현금흐름은 이야기를 들려준다.
- **재정적 태도:** 일단 돈을 번 후에 그 돈으로 무엇을 하는가, 즉 어떻게 다른 사람들이 빼앗아 가지 못하게 하고, 어떻게 더 오래 보유하고, 또 어떻게 돈이 당신을 위해 일하도록 만드는가 하는 것과 관련된 당신의 태도
- **황금의 법칙:** 황금을 가진 자가 규칙을 만든다는 법칙
- **수입:** 개인이나 사업체가 정상적인 사업 활동의 결과로 받는 돈
- **손익계산서/소득명세서:** 수입과 지출, 즉 들어오는 돈과 나가는 돈을 측정하는 것
- **부채:** 돈을 '주머니 밖'으로 빼내 가는 것
- **뮤추얼 펀드:** 다양한 주식이나 채권 또는 증권을 묶은 투자 상품으로 개인 투자자가 지분을 매입하면 전문 투자 회사가 관리한다. 이 지분은 해당 기업들에 대한 직접적인 소유권의 가치를 갖지 못한다.

- **사회보장제도:** 노인 및 장애인에게 보조금을 지급하기 위해 일반적으로 직장인의 급여에서 자동으로 공제해 재정을 마련하는 사회복지 또는 사회보험 프로그램

Chapter 3

교훈 3 **부자들은 자신을 위해 사업을 한다**

부자들은 자산에 초점을 맞춘다.
부자가 아닌 이들은 수입에 초점을 맞춘다.

1974년, 맥도날드의 창업자인 레이 크록은 오스틴에 소재한 텍사스 대학의 경영대학원에서 강연 요청을 받았다. 당시 내 친구 중 한 명이 그 경영대학원에 다니고 있었는데, 강렬하고 고무적인 강연이 끝난 뒤 학생들은 레이에게 뒤풀이로 단골 술집에서 맥주나 같이 하지 않겠느냐고 물었다. 레이는 흔쾌히 그 초대를 받아들였다.

"내가 무슨 사업을 하고 있죠?" 일행이 한 명도 빠짐없이 맥주잔을 손에 들고 나자 레이가 물었다.

"우린 웃었지." 내 친구가 말했다. "다들 레이가 장난을 치는 거라고 생각했거든."

아무도 대답하지 않자 레이가 다시 물었다. "내가 무슨 사업을 하고 있다고 생각합니까?"

학생들은 다시 웃음을 터트렸다. 마침내 한 용감한 학생이 소리쳤다. "레이, 이 세상에 당신이 햄버거 사업을 하고 있다는 걸 모르는 사람이 어디 있겠어요?"

레이가 싱글거렸다. "그렇게 대답할 줄 알았지요." 그는 잠시 말을 멈췄다가 재빨리 덧붙였다. "신사 숙녀 여러분, 나는 햄버거 사업을 하지 않습니다. 나는 부동산 사업을 하지요."

내 친구는 레이가 학생들에게 그의 관점을 설명하는 데 시간을 꽤나 잡아먹었다고 말해 주었다. 레이는 그의 사업이 기본적으로 햄버거 체인점을 파는 것임을 알고 있었다. 그러나 그가 가장 중요하게 생각하는 것은 각 체인점의 위치였다. 그는 부지와 그 위치가 각각의 체인점이 성공하는 데 가장 중요한 요인임을 알고 있었다. 말하자면 맥도날드 체인점의 영업권을 구매하는 사람은 레이 크록의 회사를 위해 가게가 위치한 부동산을 사는 것이었다.

오늘날 맥도날드는 세계에서 가장 많은 부동산을 보유하고 있는 단일 조직이다. 심지어 천주교 교회보

20년 전 그리고 오늘
2017년 현재

맥도날드와 세븐일레븐 그리고 KFC는 3대 프랜차이즈 브랜드로 입지를 굳혀 명실상부한 전성기를 구가하고 있다. 200대 프랜차이즈 브랜드들은 2016년 도합 2.2퍼센트의 성장률을 기록했다. 금액으로 환산하면 12.5억 달러에 달한다.

부자 아빠 가난한 아빠

다도 더 많은 부동산을 보유하고 있다. 맥도날드는 미국은 물론 전 세계에서 가장 비싼 교차로와 거리 모퉁이에 있는 땅들을 갖고 있다.

내 친구는 그것이 그가 평생 배운 교훈들 가운데 가장 중요한 것이라고 생각한다. 현재 그는 세차장을 몇 개 운영하고 있는데, 사실 그의 진짜 사업은 그 세차장이 위치한 부동산에 있다.

앞 장에서 제시한 그림들은 대부분의 사람들이 자기 자신을 위해 일하는 것이 아니라 남들을 위해 일하고 있음을 보여 준다. 그들은 먼저 회사의 소유주를 위해 일하고, 세금을 통해 정부를 위해 일하며, 마지막으로 그들에게 융자금을 빌려 준 은행을 위해 일한다.

내가 어렸을 때, 우리 집 근처에는 맥도날드가 없었다. 그렇지만 부자 아버지는 마이크와 내게 레이 크록이 텍사스 대학에서 말한 것과 같은 교훈을 가르쳐 주었다. 그것이 바로 부자가 되는 세 번째 비결이다. 세 번째 비결은 "자기 사업을 하라."다. 경제적인 어려움을 겪는 것은 대개 사람들이 평생 다른 사람들을 위해 일하기 때문이다. 많은 사람들이 그렇게 열심히 일하고도 결국에는 아무것도 갖지 못한다.

우리의 현 교육 제도는 젊은이들이 학문적 기술을 계발해 좋은 직업을 얻게 하는 데 중점을 두고 있다. 그들의 삶은 임금, 또는 앞에서 말했듯이 수입 부문에 의존해서 돌아가게 된다. 많은 학생들이 고등교육을 받고 엔지니어나 과학자, 요리사, 경찰관, 예술가, 작가 등이 된다. 그리고 이런 전문적인 기술을 이용해 취직을 하고 돈을 벌기 위해 일한다.

그러나 직업과 사업 사이에는 엄연히 커다란 차이가 있다. 나는 사람들에게 자주 이렇게 묻는다. "당신은 무슨 사업을 하시나요?" 그들은 대답한다. "아, 전 은행가입니다." 그러면 나는 그들에게 은행을 갖고 있느냐고 묻는다. 하지만 대개 그 사람들은 "아뇨, 전 거기서 일합니다."라고 답한다. 간단히 말해, 그들은 자신의 직업과 사업을 혼동하고 있는 것이다. 그들의 직업은 은행가지만, 그럼에도 여전히 자신만의 사업을 해야 할 필요가 있다는 얘기다.

학교 교육의 문제는 대개 우리가 공부한 대로 된다는 것이다. 요리를 공부하면 요리사가 되고 법률을 공부하면 변호사가 된다. 그리고 자동차 수리를 공부하면 자동차 수리공이 된다. 공부하는 대로 되는 것의 문제는 너무나도 많은 사람들이 자기 사업을 해야 한다는 사실을 잊어버린다는 것이다. 그들은 남들의 사업을 돕고 남들이 부자가 되는 데 평생을 바친다.

경제적인 안정을 확보하려면 자신만의 사업을 해야 한다. 당신의 사업은 수입이 아니라 자산 부문에서 이루어진다. 앞에서 말한 것처럼 첫 번째 규칙은 부채와 자산의 차이를 알고 늘 자산을 사는 것이다. 부자들은 자산에 초점을 맞추는 한편, 다른 사람들은 수입에 초점을 맞춘다.

그래서 우리는 이런 이야기를 자주 듣는 것이다. "봉급이 올라야 해." "승진만 된다면." "학교로 돌아가서 공부를 더 해야겠어. 그래서 더 좋은 직장에 들어가야지." "야근을 할 거야." "부업을 할 수 있을지도 몰라."

어떤 면에서 이는 좋은 생각일 수도 있다. 그러나 이것은 자기 사업을 하는 것이 아니다. 이런 생각들은 오직 수입에만 초점을 맞추고 있으며, 실질적으로 경제적인 안정을 얻으려면 이런 추가 수입은 소득을 창출하는 자산을 얻는 데 활용되어야 한다.

대다수의 가난한 사람들과 중산층이 재정적으로 보수적인 가장 큰 이유, 즉 "난 그런 리스크를 감수할 수 없어."라고 말하는 이유는 그들에게 재정적인 기반이 없기 때문이다. 그들은 직장에 매달려야 하고, 늘 안전하게 움직여야 한다.

구조 조정이 성행하게 되었을 때, 수백만 명의 근로자들은 그들이 가장 큰 자산이라고 부르던 주택이 실은 그들을 산 채로 갉아먹고 있다는 사실을 깨달았다. 그들의 '자산'은 매달 그들의 돈을 앗아 가고 있었다. 또 다른 '자산'인 자동차 역시 골칫거리였다. 차고 안에 놓아 둔 1,000달러짜리 골프채는 더 이상 1,000달러가 아니었다. 안정적인 직

20년 전 그리고 오늘
실업률

도널드 트럼프의 2016년 대선 선거운동은 일자리 마련에 최우선으로 초점을 맞추었다. 보도 주체에 따라 몇 가지 다른 공식과 통계를 반영하는데도 실업률이 사상 최고치를 경신하고 있다.
국제노동기구는 2017년 전 세계의 실업자 수가 2억 명에 이를 것으로 예측했다.
게다가 로봇이 갈수록 각광받고 있다고 생각하면 정신이 번쩍 들지 않을 수 없다.

업이 없어지고 나니 그들은 더 이상 의지할 데가 없었다. 그들이 자산이라고 여겼던 것들은 금융 위기의 시기에 그들의 생존에 아무 도움을 주지 못했다.

아마 우리중 대다수는 자동차나 집을 사기 위해 신용 거래 신청서를 제출한 적이 있을 것이다. 그중에서 은행이나 회계업 계통에서 일반적으로 자산이라고 인정하는 '순자산' 항목을 보고 있노라면 참으로 흥미롭다.

언젠가 나도 대출을 받으려 한 적이 있었다. 하지만 내 재정 상태는 그리 좋아 보이지 않았다. 그래서 나는 자산 부문을 늘리기 위해 새로 산 골프채와 예술품 컬렉션, 책, 전자제품, 아르마니 양복, 시계와 신발, 그리고 다른 여러 일상적인 소지품들을 적어 냈다.

하지만 나는 대출을 거절당했다. 부동산에 너무 많은 투자를 하고 있다는 이유 때문이었다. 대출심사위원회는 내가 주택 임대를 통해 많은 돈을 번다는 사실을 마음에 들어 하지 않았다. 그들은 내가 왜 봉급을 받는 정상적인 직업을 가지고 있지 않은지 알고 싶어 했다. 그들은 명품 양복이나 골프채, 또는 예술 수집품에 대해서는 이의를 제기하지 않았다. 하지만 일반적인 기준에 맞지 않는다면 삶은 때로 힘들어지는 법이다.

나는 사람들이 자기 순자산이 100만 달러나 10만 달러, 또는 얼마라는 식으로 말할 때마다 나도 모르게 움찔거린다. 순자산이 정확하지 않은 가장 큰 이유 중 하나는 일단 자산을 팔게 되면 그때마다 세금이 붙기 때문이다.

많은 사람들이 수입이 부족해지면 재정적으로 곤란을 겪게 된다. 그들은 현금을 얻기 위해 자산을 팔지만 개인 자산은 대개 대차대조표에 적혀 있는 가치보다 훨씬 낮은 가격으로 팔린다. 혹은 자산을 팔아 수입을 얻었다고 해도 그에 대한 세금이 붙는다. 즉 이번에도 정부가 그들 몫을 챙겨 가기 때문에 결국 빚을 갚는 데 써야 할 현금은 줄어드는 것이다. 바로 그 때문에 순자산은 보통 사람들이 생각하는 것보다 "가치가 적다."

당신만의 사업을 시작하라. 직장을 유지하면서 부채가 아닌 진짜 자산을 사라. 집으로 가져오고 나면 가치가 사라지는 일반 소장품은 사지 마라. 새 자동차는 그것을 구입해 대리점에서 몰고 나오는 순간 당신이 지불한 가치의 25퍼센트를 잃는다. 아무리 은행가들이 자산으로 인정한다고 해도 그것은 진짜 자산이 아니다. 내 400달러짜리 티타늄 골프채도 내가 티샷을 날리는 순간 가치가 150달러로 떨어진다.

지출을 낮추고 부채를 줄이고 부지런히 튼튼한 자산 기반을 만들라. 아직 독립하지 않은 젊은이들은 부모로부터 자산과 부채의 차이를 배우는 것이 중요하다. 무엇보다 먼저 튼튼한 자산 기반을 쌓아야 한다. 그렇지 않으면 독립을 하고 결혼을 하고 집을 사고 자식들을 낳은 다음 재정적으로 심각한 처지에 직면해 결국 직장에만 매달려 모든 것을 신용카드로 사게 될 테니 말이다. 나는 젊은 부부들이 생활방식을 바꾸지 못해 은퇴 직전까지 빚에 치이며 사는 모습을 너무나도 자주 보왔다.

많은 사람들이 막내가 독립을 하고 나서야 노후 계획을 제대로 세우지 못했다는 사실을 깨닫고 서둘러 돈을 모으기 시작한다. 그러다가 자신들의 부모가 병이라도 나면 새로운 부담을 지게 된다.

그렇다면 당신과 당신의 자녀들은 어떤 종류의 자산을 사야 할까? 내게 있어 진짜 자산은 다음과 같은 범주로 구분된다.

1. 내가 없어도 되는 사업. 소유자는 나지만 관리나 운영은 다른 사람들이 하고 있다. 내가 직접 거기서 일을 해야 한다면 그것은 사업이 아니라 내 직업이다.
2. 주식
3. 채권
4. 수입을 창출하는 부동산
5. 어음이나 차용증
6. 음악이나 원고, 특허 등 지적 자산에서 비롯되는 로열티
7. 그 외에 가치를 지니고 있거나 소득을 창출하거나 시장성을 지닌 것

내가 어렸을 때, 교육을 많이 받은 내 아버지는 안전한 직장을 구하라고 조언했다. 그러나 부자 아버지는 내가 좋아하는 자산을 취득하라고 말했다. "좋아하지 않는다면 신경을 쓰지 않게 되지." 내가 부동산을 모은 이유는 단순히 건물과 땅을 좋아하기 때문이다. 나는 부동

산을 사러 다니는 것이 좋다. 하루 종일 쳐다보고만 있어도 좋을 정도로 좋다. 문제가 생겨도 부동산에 대한 내 애정에 상처를 줄 만큼 심각하지 않다. 반면에 부동산을 싫어하는 사람들은 부동산을 사지 말아야 한다.

또한 나는 작은 회사들, 특히 신생 기업들의 주식을 좋아한다. 왜냐하면 나는 기업가라기보다는 모험심이 강한 창업가이기 때문이다. 나도 처음에는 캘리포니아의 스탠더드 오일이나 미 해병대, 제록스 같은 거대 조직에서 일을 했다. 그런 곳에서 일하는 것은 즐거웠고 행복한 추억도 쌓을 수 있었다. 그러나 나는 실은 내가 회사 체질이 아니라는 것을 알고 있었다. 나는 회사를 운영하는 것보다 세우는 것이 좋았다. 그래서 나는 대개 작은 회사들의 주식을 산다. 때로는 회사를 창립해서 주식 상장을 하기도 한다. 주식을 발행하면 돈을 벌 수 있고, 그러한 게임을 내가 좋아하기 때문이다. 많은 사람들은 리스크가 높다는 이유로 작은 회사들을 꺼리는데, 사실 그 말이 맞다. 그렇지만 투자를 좋아하고 잘 알고 있으며, 나아가 이런 게임을 좋아한다면 리스크는 없앨 수 있다. 작은 회사들에 대한 내 투자 전략은 일 년 안에 주식을 처분하는 것이다. 반면에 내 부동산 투자 전략은 작게 시작해서 크기를 점점 늘리는 식으로 소득세를 연기하는 것이다. 이런 방법을 사용하면 부동산 가치가 극적으로 증가하게 된다. 부동산의 경우 나는 대개 칠 년 이상은 보유하지 않는다.

지난 수년 동안, 심지어 해병대와 제록스 사에서 일할 때에도 나는 부자 아버지의 조언을 따랐다. 직장에서 일하되 내 사업을 유지한 것이다. 나는 부동산과 작은 회사들의 주식을 사들이며 자산 부문을 관리했다. 부자 아버지는 항상 금융 지식이 얼마나 중요한지 강조했다. 나는 회계와 현금 관리에 대

해 더욱 잘 알게 되면서 투자를 분석할 수 있게 되었고, 결과적으로 내 회사를 시작하고 키워 나갈 수 있었다.

나는 진심으로 창업에 관심이 있는 사람이 아니라면 그걸 권하지 않는다. 회사를 운영한다는 것이 어떤 것인지 잘 알기에 다른 사람들에게는 그런 힘든 일을 지우고 싶지 않다. 한때는 직장을 구하기가 어려우면 직접 회사를 차리는 것이 최상의 해결책으로 여겨지던 적도 있었다. 그러나 그런 회사들 중 90퍼센트가 오 년 안에 실패한다. 그리고 오 년 동안 살아남은 회사 가운데 다시 90퍼센트가 결국은 실패한다. 그러므로 진심으로 창업을 하고 싶은 사람들이 있다면, 그렇게 하라. 하지만 그런 마음이 없다면 차라리 직장에 다니면서 자기 사업을 하길 권한다.

여기서 자기 사업을 하라는 것은 자산 부문을 튼튼하게 다지라는 의미다. 일단 자산 부문에 돈을 투입하고 나면 절대로 밖으로 빠져나오지 못하게 해라. 이런 식으로 생각해 보라. 당신의 자산 부문에 투입된 돈은 당신의 직원이다. 돈의 가장 훌륭한 점은 24시간 내내 조금도 쉴 새 없이 평생 동안 일을 한다는 점이다. 낮에는 직장에 다니면서 열심

히 일하는 훌륭한 직원이 되고, 그러면서 동시에 자산 부문을 다져라.

현금흐름이 증가하면 다소 사치를 부리게 될지도 모른다. 부자와 그렇지 못한 이들의 중요한 차이점은, 부자들은 사치품을 가장 나중에 사는 반면, 가난한 이들과 중산층은 그것들을 먼저 구입하는 경향이 있다는 것이다. 가난한 이들과 중산층은 부자처럼 보이고 싶은 마음에 큰 집이나 다이아몬드, 보석, 모피, 또는 요트 같은 사치품을 사들이곤 한다. 그러나 표면적으로는 부자처럼 비칠지 몰라도 실제로는 점점 더 많은 빚을 지고 신용에 금이 갈 뿐이다. 기본적으로 돈이 많은 사람들, 오랫동안 부자로 지내 온 사람들은 먼저 자산 부문을 구축한다. 그런 다음 자산 부문에서 수입이 창출되기 시작하면 사치품을 구입한다. 가난한 이들과 중산층은 그들의 피와 땀, 그리고 자녀들에게 물려줘야 할 돈으로 사치품을 산다.

진정한 사치는 진짜 자산을 개발하고 투자한 보상으로 얻는 것이다. 이를테면 내 아내인 킴과 내가 아파트 임대료로 추가 소득을 벌었을 때, 킴은 벤츠를 샀다. 킴은 벤츠를 사기 위해 따로 일을 하거나 노력을 들일 필요가 없었다. 왜냐하면 아파트 그 자체가 벤츠를 산 것이나 다름없기 때문이다. 그러나 그녀는 부동산 투자의 가치가 불어나 벤츠를 사기에 충분한 추가 수입을 만들어 낼 때까지 사 년을 기다렸다. 그 벤츠는 아내에게 단순히 근사한 자동차 이상의 의미를 갖고 있다. 그 자동차를 갖기 위해 그녀가 금융 지식을 활용해 보상을 얻었기 때문이다. 즉 아내는 그동안 꾸준히 자산을 늘려 왔다.

하지만 대부분의 사람들은 충동적으로 밖에 나가 새 자가용을 사거나 다른 사치품을 사들인다. 그것도 신용카드로 말이다. 삶이 지루하다는 이유로 반짝거리는 새 장난감을 갖고 싶어 하는 것이다. 신용카드로 사치품을 사면 결국 그 물건에 싫증을 내게 되기 쉽다. 신용카드 빚은 재정적으로 큰 부담이 되기 때문이다.

시간을 들여 투자를 하고 자신의 사업을 구축하고 나면 이제 당신은 부자들의 가장 큰 비결을 배울 준비가 된 것이다. 부자들을 다른 평범한 이들과 구분해 주는 비밀 말이다.

부자들은 자신을 위해
사업을 한다

부자 아빠 다시 읽기

1974년 로버트의 친구 한 명이 오스틴에 있는 텍사스 대학에서 맥도날드 창업자 레이 크록의 강연을 들었다. 강연이 끝난 후 레이는 학생들과 어울려 맥주를 마시러 갔다.

그 자리에서 레이는 자신이 무슨 사업을 하고 있는지 아느냐고 학생들에게 물었다. 학생들은 장난으로 생각하고 웃으며 햄버거 판매 사업을 하고 있다고 답했다.

하지만 레이는 자신이 햄버거 사업이 아니라 부동산 사업에 종사한다고 말했다. 그는 각 체인점의 부지와 위치가 사업의 성공에서 가장 중요한 요소임을 알고 있었다. 오늘날 맥도날드는 단일 조직으로서 세계에서 가장 많은 부동산을 보유하고 있는 기업이다. 미국은 물론 전 세계에서 가장 비싼 거리와 교차로에 땅을 갖고 있다.

그 교훈을 가슴에 새긴 로버트의 친구는 현재 세차장 몇 곳을 운영하고 있는데, 그의 진짜 사업은 세차장이 위치한 부동산을 중심으로 돌아간다.

많은 사람들이 다른 모두를 위해 일한다. 고용주와 정부(세금), 은행 (융자금) 등을 위해서 말이다. 레이 크록과 부자 아버지가 알고 있었던 것은 바로 부자들의 세 번째 규칙, 즉 (다른 누군가를 위해 일하느라 평생을 보내지 말고) 자신을 위해 사업을 해야 한다는 것이다.

당신의 직업과 당신의 사업 사이에는 큰 차이가 존재한다. 로버트는 종종 사람들에게 이렇게 묻는다. "당신의 사업은 무엇입니까?" 사람들은 "저는 은행가입니다."와 같은 식으로 답한다. 그러면 로버트는 다시 묻는다. "은행을 소유하고 계십니까?" 그러면 대개는 "아니오, 은행에서 일합니다."와 같은 답이 나온다. 이 예에서 보듯이 사람들은 종종 직업과 사업을 혼동한다. 직업이 은행가일지라도 여전히 자신의 사업이 필요하다는 사실을 모른다는 뜻이다.

너무나 많은 사람들이 다른 누군가의 사업에 신경 쓰고 다른 누군가를 부자로 만들어 주면서 인생을 보낸다.

여기서 자신의 사업을 하라는 것은 창업을 하라는 뜻이 아니라 자산 부문을 튼튼하게 다지라는 의미다. 진심으로 창업에 관심이 있는 사람이라면 말릴 생각은 없지만, 당신의 사업은 수입 부문이 아니라 자산 부문을 중심으로 돌아가야 한다.

승진이나 더 나은 일자리가 재정적 안정을 안겨 주는 경우는 추가로 생긴 돈이 수입을 창출하는 자산의 매입에 쓰일 때뿐이다.

가난한 사람들과 중산층의 대다수가 재정적으로 보수적인 면을 띠는 주된 이유는 재정적 토대를 갖추지 못했기 때문이다. 그래서 일에 매달리며 안전을 추구해야 한다. 그들은 리스크를 감수할 여유가 없다.

하지만 힘겨운 시기가 닥치면 많은 사람들이 자산으로 여겼던 무언가가 재정적 위기를 극복하는 데 별로 도움이 되지 않는다는 것을 알게 된다. 차는 중고가 되는 순간 가치가 많이 떨어지고, 이는 골프채도 마찬가지다. 은행가들이 재무제표에 자산으로 기입해도 된다고 말하는 많은 것들이 사실은 진정한 자산이 아니라는 얘기다.

로버트는 대출을 거절당한 적이 있다. 은행에서 그가 주택임대로 돈을 버는 것을 맘에 들어 하지 않았고, 또 봉급생활자가 아니라는 사실에 대해 염려했기 때문이다. 반면, 그들은 명품 양복과 골프채, 예술 수집품 등의 개인 소유물을 자산 목록에 올린 것에 대해서는 별다른 이의를 제기하지 않는다.

그러나 순자산은 사람들이 생각하는 것과 많이 다르다. 사람들이 순자산의 토대로 삼는 이른바 '자산'이라는 것의 대부분이 그들의 생각만큼 그렇게 가치가 높지는 않다는 뜻이다. 설령 그것을 팔아 이득을 얻는다 해도 그에 대해 세금이 붙기 때문이다.

그래서 로버트는 사람들에게 자신만의 사업에 관심을 가지라고 말한다. 직장을 유지하면서 부채가 아닌 진짜 자산을 사기 시작하라는 것이다. 집으로 가져오고 나면 가치가 떨어지는 개인 소유물도 사지 말아야 한다. 지출을 낮추고 부채를 줄이고 견고한 자산 기반을 부지런히 구축하라는 얘기다.

부모는 자녀들이 성년이 되기 전에 이런 내용을 가르쳐야 한다. 그래야 그들이 진정한 자산이 무엇인지 이해하고 평생 빚의 수렁에 빠져 허덕이는 일이 없게 된다.

로버트는 다음과 같은 범주에 속해야 진정한 자산이라고 강조한다.

1. 내가 없어도 되는 사업. 소유자는 나지만 관리나 운영은 다른 사람들이 하고 있다. 내가 직접 거기서 일을 해야 한다면 그것은 사업이 아니라 내 직업이다.

2. 주식

3. 채권

4. 수입을 창출하는 부동산

5. 어음이나 차용증

6. 음악이나 원고, 특허 등 지적 자산에서 비롯되는 로열티

7. 그 외에 가치를 지니고 있거나 소득을 창출하거나 시장성을 지닌 것

당신이 좋아하는 자산을 획득하라. 로버트는 부동산을 좋아하고, 그래서 그것에 대해 생각하고 투자 가치가 있는지 살펴보러 다니는 데 많은 시간을 할애한다. 부동산을 좋아하지 않는 사람은 거기에 투자하

지 말라는 것이 로버트의 조언이다.

로버트는 또한 소규모 스타트업의 주식도 좋아한다. 그 자신 역시 기업가이기 때문이다. 어떤 사람들은 소규모 회사는 리스크가 크다고 생각하지만 그는 거기에 큰돈을 줄 기회가 존재한다고 본다. 그의 주식 투자 전략은 일 년 동안 넣어 놨다 빼는 것이다. 그의 부동산 투자 전략은 작게 시작해서 점차 더 큰 자산으로 바꿔 나가며(그러면서 이득에 대한 세금을 유예시킨다.) 칠 년 미만으로 보유하는 것이다.

해병대와 제록스에서 근무할 때에도 로버트는 자신만의 사업을 벌이는 데 관심을 기울였다. 정규 직장을 유지하는 동시에 부동산과 소규모 주식을 거래하며 자산 부문을 키워 나간 것이다.

그는 진정한 열정을 품은 사람이 아니라면 창업을 권하지 않는다. 대신에 직장을 유지하며 자신만의 사업에 관심을 기울이라고 조언한다. 자신의 자산을 구축하고 튼튼하게 가꿔 나가라고 말이다.

현금흐름이 증가하면 사치를 누릴 수 있지만 이는 현금흐름이 그런 사치를 지탱해 줄 때나 가능한 얘기다. 자산 부문을 강화해 거기서 발생하는 수입으로 사치품을 향유하면 된다.

- **좌뇌 모멘트** | 자산이 사치품을 누리기에 충분한 수입을 창출할 때 비로소 그것을 향유할 자격이 생긴다.
- **우뇌 모멘트** | 당신의 사업이 무엇인지에 대해 창의적으로 생각하라. 사업은 직업이 아니다.

- **잠재의식 모멘트** | 당신이 좋아하는 유형의 자산을 획득하라. 그래야 그에 대해 배우는 것도 즐길 수 있고, 그에 대한 관리에도 더 많은 시간을 낼 수 있다.

핵심 내용 이해하기

자, 이제 곰곰이 생각해 볼 시간이다. 이렇게 자문해 보라. "이 장에서 로버트는 무엇을 말하고 있는가? 그리고 그가 그렇게 말하는 이유는 무엇인가?" 로버트의 말에 동의하든 그렇지 않든 상관없다. 이 섹션의 목적은 그가 말하고자 하는 바를 '이해하는' 것이기 때문이다.

기억하라. 이 커리큘럼의 의도는 협력과 지원에 있다. 백지장도 맞들면 낫다고 하지 않는가. 로버트가 하는 말을 이해하지 못한다고 해서 부끄러워하거나 도외시할 필요는 없다. 몇 사람이 모여 의견을 교환하면 더욱 쉽게 이해될 수도 있다. 다음의 문장들을 시간을 갖고 차분히, 완전히 이해할 때까지 토의해 보길 바란다.

- 재정적으로 안정이 되려면 자신만의 사업에 관심을 기울여야 한다.
- 부자들은 자산 부문에 초점을 맞추는 데 반해 다른 이들은 소득명세서에 집중한다.
- 재정적 곤경에 부딪치는 것은 평생 다른 누군가를 위해 일하는 데 따르는 직접적인 결과인 경우가 많다. 은퇴 후 자신이 그동안 기울였던 노력의 결과를 보여 줄 수 없는 상태가 되는 사람들이 너무도 많다.

- 순자산이 정확하지 않은 주된 이유 중 하나는 자산을 매각하는 순간 이득에 대한 세금이 붙기 때문이다.
- 일단 돈이 들어가면 결코 빼내지 마라. 이렇게 생각하면 좋다. 일단 자산 부문에 들어간 돈은 당신의 직원이 된다. 그런 돈의 가장 좋은 점은 하루 24시간 일하고, 앞으로 수세대에 걸쳐서도 일할 수 있다는 것이다.
- 부자는 사치품을 제일 마지막으로 장만하는 데 반해 가난한 이들과 중산층은 그것을 제일 먼저 사는 경향이 있다.
- 가난한 이들과 중산층은 자신의 피와 땀, 그리고 자녀들에게 물려줘야 할 유산으로 사치품을 누린다.

실천을 위한 질문과 토론

자, 이제 이 장에서 이해한 바를 당신의 삶에 적용할 시간이다. 아래의 질문을 자신에게 던져 보거나 스터디 그룹에서 토의해 보길 바란다. 솔직하게 답하는 것이 중요하다는 점을 잊지 말라. 자신의 답변 일부가 맘에 들지 않는 경우, 스스로 기꺼이 변화할 의향이 있는지, 자신의 생각과 사고방식을 바꾸는 도전을 받아들일 의향이 있는지 자문해 보라.

1. 당신의 직업은 무엇이고 당신의 사업은 무엇인가? 둘은 어떻게 다른가?
2. 이 장을 읽기 전에 당신이 보유한 순자산의 가치를 어느 정도로 추산하고 있었는가? 이제는 그에 대해 어떻게 보는가?

3. 당신이 획득하고 있는 자산은 당신이 좋아하는 유형인가? 그렇지 않다면 어떻게 바꾸는 게 좋겠는가?

4. 당신의 현금흐름으로 정당화할 수 없는 사치품을 누린 적이 있는가? 사치품 구매를 정당화할 수 있어서 구매한 적은 또 언제인가? 두 경우에 느꼈던 감정을 비교해 보라. 구매 당시와 나중 시점을 기준으로 말이다.

5. 가족 중에 평생을 다른 사람을 위해 일하고 결국 아무것도 손에 쥔 게 없었던 사람이 있는가? 그에게 조언을 할 수 있었더라면 뭐라고 했을 것 같은가?

주요 용어 정의

• **채권:** 공인된 발행자가 보유자에게 빚을 진 후 만기에 이르러 원금과 이자를 상환하는 방식의 채무 증권

• **기업가:** 이익을 획득하기 위해 제품이나 서비스를 제공하는 시스템을 창출하는 사람. 기업가는 일정한 수준의 리스크를 기꺼이 수용하며 기회를 추구하고, 그래서 기본적으로 자본주의 사회에서 중요한 역할을 하는 것으로 인식된다.

• **재무제표:** 소득, 지출, 자산, 부채에 대해 기재한 문서로서 학교를 나온 이후의 생활에 대한 '성적표'. 은행에서는 돈을 빌려 주기 전에 이것을 보여 달라고 요구한다.

• **주식:** 기업이 지분 분배를 통해 마련하는 자본

Chapter 4

교훈 4 **부자들의 가장 큰 비밀,**
세금과 기업

부자 아버지는 영리하게 투자했다. 기업을 통해서 말이다.
그것이 바로 부자들의 가장 큰 비밀이다.

학교에서 로빈 후드와 그의 패거리에 대한 이야기를 들은 기억이 난
다. 우리 선생님은 그게 대단히 멋진 이야기라고 생각했다. 부자들이
가진 것을 빼앗아 가난한 사람들에게 나눠 주는 낭만적인 영웅의 이야
기라고 말이다. 하지만 내 부자 아버지는 로빈 후드를 영웅이라고 생
각하지 않았다. 그분은 로빈 후드가 나쁜 놈이라고 말했다.

이제 로빈 후드는 없지만 그의 추종자들은 남아 있다. 나는 사람들
이 이렇게 말하는 것을 자주 듣는다. "부자들더러 내라고 하지 그래?"
"부자들에게서 세금을 더 거둬서 가난한 사람들에게 나눠 줘야 해."

이런 로빈 후드의 환상, 즉 부자들에게 빼앗아 가난한 자들에게 준다는 환상은 오히려 가난한 이들과 중산층에게 큰 고통을 안겨 주었다. 중산층이 무거운 세금으로 고생을 하는 이유는 바로 이런 로빈 후드적인 이상주의 때문이다. 실제로 부자들은 세금을 내지 않는다. 가난한 사람들을 위해 세금을 내는 것은 중산층, 그것도 교육을 많이 받은 고소득 중산층이다.

상황을 제대로 이해하려면 세금의 역사를 살펴보아야 한다. 교육을 많이 받은 내 아버지가 교육의 역사에 대한 전문가였다면, 부자 아버지는 자신을 세금의 역사에 관한 전문가로 자처했다.

부자 아버지는 마이크와 내게 원래 영국과 미국에는 세금이 없었다고 설명했다. 때때로 국가가 전쟁을 일으키게 되면 일시적인 세금이 부과되었다. 왕이나 대통령이 세금의 필요성을 선포하며 모두가 '동참'해 줄 것을 촉구했던 것이다. 영국에서는 나폴레옹에 대항해 싸우기 위해 1799년부터 1816년까지의 기간 동안 세금이 부과되었고, 미국에서는 남북전쟁 기간이던 1861년과 1865년 사이에 세금이 부과되었다.

1874년, 영국이 국민들에게 부과되는 소득세를 영구적으로 만들었다. 1913년에는 미국이 16차 헌법 개정을 통해 소득세를 영구화시켰다. 한때 미국인들은 세금에 반대했다. 그 유명한 보스턴 차 사건이 발생한 것도 차에 지나친 세금이 부과된 탓이었고, 그 사건은 결국 독립전쟁의 도화선이 되었다. 영국과 미국에서 소득세가 일반적인 것으로 인식되기까지는 거의 오십 년이라는 세월이 걸렸다.

이런 역사적인 사건의 이면에는 영국과 미국의 세금이 처음에는 오직 부자들에게만 부과되었다는 사실이 숨겨져 있다. 부자 아버지가 마이크와 내게 가르치고 싶었던 것도 바로 이 점이었다. 그분은 대다수의 사람들이 세금이라는 개념을 받아들이고 좋아하게 된 것은 중산층과 가난한 이들에게 세금이란 부자들을 벌주기 위해 만들어진 것이라는 인식을 심어 주었기 때문이라고 말했다. 바로 그 때문에 대중은 세금법에 찬성표를 던졌고, 그렇게 세금이 합법화된 것이다. 그러나 원래 세금의 목적은 부자들을 벌주기 위한 것이었을지는 몰라도, 현실적으로 그 결과는 그 법률을 지지한 중산층과 가난한 이들에게 벌을 주는 것으로 나타났다.

"일단 돈맛을 보게 된 정부는 식욕이 왕성해졌지."

부자 아버지가 말했다.

"너희 아버지와 나는 완전히 정반대란다. 네 아버지는 정부 관료고, 나는 자본가지. 우리는 똑같이 돈을 받지만 우리의 성공 여부는 완전히 정반대의 행동으로 평가된다. 네 아버지는 돈을 쓰고 사람을 고용함으로써 보수를 받지. 더 많은 돈을 쓰고 더 많은 사람을 고용할수록 네 아버지의 조직은 더욱 커진다. 정부의 입장에서 조직은 크면 클수록 좋은 거야. 하지만 내가 일하는 조직의 경우에는 사람들을 적게 고용하고 최대한 돈을 적게 써야 투자자들로부터 인정을 받을 수 있지. 그래서 내가 공무원들을 싫어하는 거야. 그들은 우리처럼 사업을 하는 사람들과는 목표가 전혀 다르거든. 정부는 덩치가 커지면 커질수록 그걸 지탱하기 위해 더 많은 세금을 필요로 하게 되지."

교육을 많이 받은 내 아버지는 정부가 사람들을 도와야 한다고 진심으로 믿었다. 아버지는 존 F. 케네디와 평화봉사단을 좋아했다. 얼마나 마음에 들어했던지 어머니와 함께 평화봉사단에서 말레이시아와 태국, 필리핀에 가는 봉사자들의 교육을 맡을 정도였다. 아버지는 늘 예산을 더 타내서 당신이 일하는 교육부는 물론 평화봉사단에서도 더 많은 사람들을 고용하려고 애썼다.

열 살 무렵부터 나는 부자 아버지로부터 공무원들은 다 게을러빠진 강도들이라는 이야기를 들으며 자랐다. 그리고 가난한 아버지로부터는 부자들이 대단히 탐욕스러우며, 그러므로 세금을 더 많이 내야 한다는 이야기를 들었다. 두 분의 말씀 모두 일리가 있었다. 다만 밖에서는 마을에서 가장 부자인 자본가 밑에서 일하다가 집에 오면 고위 공무원인 아버지의 말을 듣는다는 것은 무척 어려운 일이었다. 어느 아버지의 말을 들어야 할지 알 수가 없었기 때문이다.

내 부자 아버지는
로빈 후드를 영웅이라고
생각하지 않았다.
그분은 로빈 후드가
나쁜 놈이라고 말했다.

그러나 세금의 역사를 공부하다 보면 흥미로운 관점을 발견하게 된다. 앞에서 말했듯이, 세법의 통과가 가능했던 것은 대중이 경제학의 로빈 후드 이론을 믿었기 때문이다. 부자들에게 빼앗아 다른 모든 사람들에게 나눠 주는 것 말이다. 문제는 돈에 대한 정부의 식탐이 너무 거대해진 나머지 얼마 안 가 중산층에게도 세금을 부과할 필요성이 생기게 되었고, 거기서부터 계속해서 아래 계층으로 내려가게 되었다는 사실이다.

그러나 부자들은 기회를 발견했다. 왜냐하면 그들은 다른 이들과 같은 규칙에 의해 움직이지 않기 때문이다. 부자들은 기업에 대해 알고 있었다. 기업은 항해 시대에 널리 보급된 것으로, 부자들은 항해 시 자산을 상실할 위험을 줄이기 위한 수단으로 기업을 창립했다. 부자들은 기업을 통해 항해에 필요한 자금을 댔고, 기업은 선원들을 고용해 신세계로 보내 보물을 찾게 했다.

20년 전 그리고 오늘
**부자에게는
세금이 부과되지 않는다**

부자들은 점차 과세 대상에서 벗어나고 있다. 정부들이 갈수록 각종 세금 법을 이용해 기업 소유주들과 투자자들에게 일자리와 주택을 창출하도록 인센티브를 부여하기 때문이다. 그러한 인센티브는 부자들의 세금을 줄이는 게 주를 이룬다. 따라서 정부는 갈수록 중산층에 집중해서 세금을 거둬들일 수밖에 없다.

만일 그 과정에서 배가 실종되거나 난파되면 선원들은 목숨을 잃었지만 부자들의 손실은 오직 그 항해에 투자한 돈으로만 국한되었다.

다음 그림은 기업 구조가 우리의 개인적인 손익계산서와 대차대조표의 외부에 있음을 보여 준다.

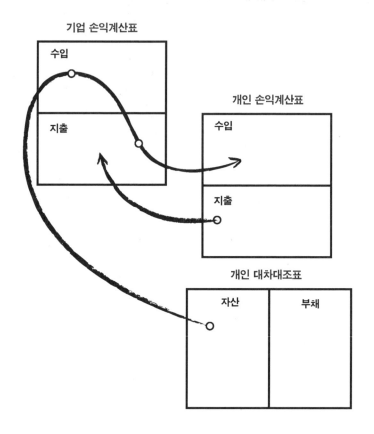

합법적인 기업 구조에 관한 지식은 부자들에게 가난한 이들과 중산
층이 따라갈 수 없는 거대한 우위를 안겨 준다. 나는 한 분은 사회주
의자, 그리고 다른 한 분은 자본주의자인 두 아버지의 가르침을 받으
며 경제적인 면에 있어서만큼은 자본주의자의 철학이 더욱 일리가 있
음을 깨달았다. 내가 보기에 사회주의자들은 금융 지식이 부족한 까닭
에 스스로 벌을 받는 것 같았다. "부자들에게서 빼앗자."고 말하는 군

중들이 무슨 짓을 하건 부자들은 늘 그들을 앞지를 길을 찾아내는 것 같았다. 바로 그런 이유로 궁극적으로 세금을 납부하는 것은 중산층이 된 것이다. 부자들이 교육을 많이 받은 이들을 앞지르는 것은 무엇보다 그들이 돈의 힘을 이해하고 있기 때문이다. 학교에서는 절대 가르쳐 주지 않는 비밀 말이다.

그렇다면 부자들은 어떻게 교육을 많이 받은 이들을 앞지르는 걸까? 일단 '부자들로부터 거두는' 세금법이 통과되고 나자 정부의 금고에 현금이 밀려들어 오기 시작했다. 처음에 사람들은 행복했다. 돈은 정부 관료들과 부자들에게 돌아갔다. 정부 관료들에게는 직장과 연금이라는 형태로, 그리고 부자들에게는 그들의 공장이 정부 계약을 따내는 형태로 말이다. 정부는 엄청난 양의 돈을 갖게 되었지만 문제는 그 돈을 재정적으로 관리하는 데 있었다. 정부의 이상적인 관리 방식은 돈을 남기지 않는 것이었다. 할당된 자금을 모두 사용하지 못하면 내년에는 예산이 줄기 때문이다. 정부 부처에 있어 예산의 효율적인 운용은 그리 중요한 것이 아니었다. 반면에 사업가들은 예산을 남기게 되면 효율적인 관리 능력으로 칭송받는다. 정부의 지출이 증가하는 패턴이 반복되면서 돈에 대한 수요가 증가했고, '부자들에게 세금을 부과한다.'는 아이디어는 보다 낮은 소득 계층에게까지 내려가게 되었다. 그 법안에 찬성한 자들, 즉 가난한 이들과 중산층에게로 말이다.

진짜 자본가들은 금융 지식을 활용해 거기서 빠져나갈 방법을 찾았다. 그들은 다시 기업의 보호 아래 들어갔다. 그러나 기업을 구성해 본

적이 없는 사람들은 기업이 실제로는 아무것도 아니라는 사실을 알지 못한다. 사실 기업은 법적 문서가 끼워져 있는 서류철에 불과하다. 정부 기관에 등록되어 변호사 사무실에 보관되어 있는 서류철 말이다. 기업은 커다란 건물도 아니고 공장이나 일단의 사람들도 아니다. 기업은 영혼 없는 합법적 구조를 만들어 내는, 단순한 법적 서류에 불과하다. 부자들은 이렇게 기업을 이용해 그들의 부를 다시 한번 보호했다. 기업이 널리 퍼진 것은 기업의 소득세율이 개인의 소득세율보다 낮기 때문이다. 더구나 특정 분야의 지출금은 세전 금액으로 처리할 수 있었다.

가진 자와 가지지 못한 자 사이의 전쟁은 수백 년 동안이나 이어져 왔다. 새로운 법률이 만들어질 때마다 전투가 발발했고, 이는 영원히 계속될 것이다. 문제는 그 전투에서 패배하는 쪽은 늘 지식이 부족한 이들이라는 것이다. 그들은 매일 아침 잠자리에서 일어나 부지런히 일터에 가고 세금을 내는 사람들이다. 부자들의 게임 방식을 알기만 한다면 이들 역시 부자들처럼 행동하게 될 것이며, 그러면 재정적인 독립을 이룰 수 있을 것이다. 부모들이 아이들에게 대학에 가고 안전하고 좋은 곳에 취직하라는 이야기를 할 때마다 내가 움찔거리는 것도 그런 이유에서다. 안정적인 직장을 갖고 있되 금융 지식을 갖고 있지 못하다면 현재에서 탈출할 길은 없다.

오늘날 평범한 미국인들은 세금을 내기 위해 최소한 일 년에 다섯 달은 정부를 위해 일하고 있는 셈이다. 내가 보기에 이는 너무나도 긴 시간이다. 열심히 일할수록 정부에게 더 많은 세금을 내게 되는 것이다. '부자들에게서 세금을 거둔다.'는 아이디어가 오히려 그것을 지지한 중산층과 가난한 이들에게 불똥을 튀기게 된 것도 바로 그런 이유에서다.

사람들이 부자들에게 벌을 주려 할 때마다 부자들도 당하고 있지만은 않는다. 그들은 대응한다. 그들은 상황을 바꿀 수 있는 돈과 권력, 의지를 가지고 있다. 그들은 가만히 앉아 자진해서 세금을 더 많이 내지 않는다. 대신에 그들은 세금을 최대한 줄일 수 있는 방안을 강구한다. 그들은 똑똑한 변호사와 회계사를 고용하고 정치가들을 설득해 법을 바꾸거나 합법적인 구멍을 만든다. 그들은 자신들이 갖고 있는 자원을 이용해 변화를 부추긴다.

미국의 세법 또한 세금을 줄일 수 있는 여러 가지 방법을 허용한다. 대부분 누구나 사용할 수 있는 방법들이지만 실제로 그것들을 찾아낸 사람들은 부자들이다. 왜냐하면 그들은 자기 사업을 하기 때문이다. 이를테면 '1031'은 미국 세법 1031조항을 가리키는데, 부동산 판매자가 자본 소득을 얻는 경우 보다 비싼 부동산을 구매하면 해당 자본 소득에 대한 세금을 유예할 수 있다는 내용이다. 부동산은 커다란 절세 효과를 볼 수 있는 투자 방법 중 하나다. 계속해서 가치가 높은 물건을 거래하는 한 매각해서 현금화할 때까지는 소득세를 낼 필요가 없기 때문이다. 이처럼 합법적인 절세 방법을 활용하지 않는 이들은 자산을 구축할 수 있는 좋은 기회를 놓치는 셈이다.

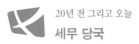
세무 당국은 당신에게서 가능한 한 최대의 세금을 거둬 가려 한다. 세무 체계는 동일한 상황에 처한 모두에게 동일한 방식을 적용한다는 측면에서 궁극적으로 공정하다. 세법은 기꺼이 투자하려는 사람들에게 유리하게 작용한다. 반면에 돈을 쓰고 부채를 매입하는 사람들에게는 어떤 여유도 주지 않는다. 결국 대부분의 세금을 내는 쪽은 당신이 될 가능성이 높다.

가난한 이들과 중산층은 이런 자원을 갖고 있지 않다. 그들은 가만히 앉아 정부가 그들의 팔에 바늘을 꽂고 피를 뽑아 가도록 내버려 둔다. 오늘날 나는 얼마나 많은 사람들이 정부가 무섭다는 이유로 필요 이상으로 많은 세금을 내거나 공제를 받지 못하는지를 알고 깜짝 놀란다. 사업을 시작했다가 망한 몇몇 친구들이 나중에 그것이 정부의 잘못이었음을 깨달은 경우도 있다. 나는 이 모든 것을 알고 있지만 아무리 그런 위협 때문이더라도 1월부터 5월까지 일해야 한다는 것은 너무 비싼 대가다. 내 가난한 아버지는 결코 거기에 맞서 싸우지 않았다. 내 부자 아버지도 마찬가지였다. 단지 그분은 보다 영리하게 게임을 했을 뿐이고, 그것을 기업을 통해 했을 뿐이다. 그것이 바로 부자들의 가장 큰 비밀이다.

내가 부자 아버지에게 배운 첫 번째 교훈을 기억하고 있는가? 당시 나는 아홉 살짜리 꼬맹이였고, 부자 아버지가 내게 말을 걸 때까지 꼼짝없이 기다려야 했다. 나는 그분의 사무실에 앉아 그분이 나를 찾아오기를 기다렸다. 그분은 나를 의도적으로 무시했다. 부자 아버지는 내가 그분의 힘을 깨닫고 스스로 언젠가 그런 힘을 갖고 싶다고 느끼게 하고자 했다. 부자 아버지로부터 가르침을 받던 그 긴 세월 동안, 그분은 늘 아는 것이 힘이라는 점을 강조했다. 돈에는 큰 힘이 수반되며, 그 힘을 유지하고 더욱 키우기 위해서는 올바른 지식이 필요하다. 지식이 없다면 세상이 나를 내두를 것이다. 부자 아버지는 마이크와 내게 세상에서 가장 무서운 사람은 상사나 감독관이 아니라 세금 징수원이라는 사실을 끊임없이 상기시켰다. 세금 징수원은 가만히 놔두면 항상 더 많은 것을 가져간다. 돈을 위해 일하지 말고 돈이 나를 위해 일하게 만들라는 첫 번째 교훈은 사실 힘에 관한 것이다. 돈을 위해 일한다면 우리는 그 힘을 우리의 고용주에게 부여하게 된다. 그러나 돈이 우리를 위해 일하게 되면 우리가 그 힘을 갖고 또 통제하게 된다.

부자 아버지는 우리가 돈이 우리를 위해 일하게 하는 것의 위력을 깨닫고 금전적으로 더욱 똑똑해짐으로써 아무에게도 내두리지 않길 바랐다. 아는 것이 없다면 힘센 자들에게 내두려지기 쉽다. 반면에 내가 무슨 말을 하는지 잘 알고 있다면 싸워 볼 기회가 생긴다. 바로 그 때문에 부자 아버지는 영리한 변호사와 회계사 들에게 많은 돈을 지불했다.

> 돈을 위해 일한다면 우리는 그 힘을 우리의 고용주에게 부여하게 된다. 그러나 돈이 우리를 위해 일하게 되면 우리가 그 힘을 갖고 또 통제하게 된다.

그 편이 정부에게 돈을 주는 것보다 싸게 먹혔기 때문이다. 내게 있어 그분에게서 배운 최고의 교훈은 이것이다. "똑똑하면 남들에게 많이 내두리지 않는다." 부자 아버지는 모범 시민이었기에 법에 대해 잘 알았다. 법을 모르면 비싼 대가를 지불해야 했기 때문이다. 그분은 말했다. "네가 옳다는 걸 알면 맞서 싸울 때에도 두려워할 필요가 없다." 설사 로빈 후드와 그의 패거리들과 싸울 때에도 말이다.

교육을 많이 받은 내 아버지는 항상 내게 믿음직한 회사, 좋은 직장을 얻으라고 권유했다. 그분은 '회사의 사다리를 타고 위로 오르는 것'이 얼마나 훌륭한지 강조했다. 아버지는 회사에 고용되어 월급에 의존해 살게 되면 아무런 반항도 못하고 우유를 착취당하는 젖소나 다름없게 된다는 사실을 이해하지 못했다.

내가 부자 아버지에게 우리 아버지의 충고를 이야기하자 그분은 껄껄대고 웃었다. "차라리 그 사다리를 내가 소유하는 게 낫지." 그게 그분의 반응이었다.

20년 전 그리고 오늘
성공의 사다리

기술이 우리의 일하는 방식과 사업 방식에 계속 변화의 박차를 가하는 오늘날, 나는 이렇게 묻는 사람들을 종종 만난다. "어떻게 하면 성공의 사다리를 가질 수 있을까요?" 번성하는 자본주의와 자유시장 체계에서는, 더 나은 제품을 더 나은 가격에 제공할 수 있는 기업가가 성공의 기회를 누린다는 것을 잊지 말라.

어렸을 때 나는 자기 회사가 있어야 한다는 부자 아버지의 말이 무슨 뜻인지 이해하지 못했다. 그것은 무섭고 또 불가능한 일처럼 보였다. 생각만 해도 흥분되는 일이긴 했지만, 아직 어렸던 탓에 언젠가 어른들이 내 회사에서 일을 하게 된다는 것 자체가 잘 상상되지 않았던 것이다.

요는 만약 부자 아버지가 안 계

부자 아빠 가난한 아빠

셨더라면 나는 아마도 교육을 많이 받은 우리 아버지의 충고를 따랐을 것이라는 점이다. 자기 회사를 가져야 한다고 계속해서 말해 준 부자 아버지 덕분에 나는 다른 길을 갈 수 있었다. 열대여섯 살이 되었을 즈음, 나는 내가 교육을 많이 받은 아버지가 권하는 길로는 가지 않을 것임을 깨달았다. 어쩌다 그렇게 되었는지는 모르지만 어쨌든 나는 대부분의 학교 친구들이 가는 길과는 다른 방향으로 가기로 결심했다. 그리고 그 결심이 내 인생을 바꾸었다.

이십 대 중반이 되자 부자 아버지의 충고가 보다 깊게 이해되기 시작했다. 당시 나는 막 해병대를 제대하고 제록스 사에서 일하고 있었다. 보수는 좋은 편이었지만 월급봉투를 받을 때마다 실망했다. 세금 공제가 너무 많았을 뿐만 아니라 내가 열심히 일하면 일할수록 내야 할 세금도 더 늘어났던 것이다. 내 실적이 좋아지자 상사들은 승진과 연봉 인상에 대해 말을 꺼냈다. 기분 좋은 이야기긴 했지만 그때 귓가에서 부자 아버지의 목소리가 들려왔다. "지금 누굴 위해 일하고 있는 거냐? 누구를 부자로 만들어 주고 있는 거지?"

1974년, 아직 제록스에서 일하고 있던 시절 나는 처음으로 내 회사를 차리고 내 사업을 시작했다. 내 자산 부문에는 벌써 몇 개의 자산이 채워져 있었지만 나는 그것을 더욱 크게 불리고 싶었다. 월급을 받을 때마다 세금이 빠져나가는 걸 보면서 나는 그동안 부자 아버지가 하신 말씀이 모두 일리가 있다는 사실을 깨달았다. 나는 교육을 많이 받은 아버지의 충고를 따른다면 내 미래가 어떻게 될지 알 것 같았다.

많은 고용주들이 직원들이 자기 사업을 하게 되면 회사에 해가 된다고 생각한다. 하지만 내 경우에는 내 사업에 초점을 맞추고 자산을 개발하게 되자 오히려 좋은 직원이 될 수 있었다. 왜냐하면 이제 내게는 목표가 생겼기 때문이다. 나는 일찍 출근해 성실하게 일했고, 최대한 많은 돈을 모아 부동산에 투자했다. 당시 하와이에는 막 부동산 붐이 일어나고 있었으며 큰돈을 벌 기회가 생겨나고 있었다. 나는 그런 기회를 발견할 때마다 더 많은 제록스 기계를 팔았다. 판매량이 늘수록 나는 더 많은 돈을 벌었고, 그러면 당연히 월급에서 더 많은 세금이 빠져나갔다. 그것은 나를 더욱 고무시켰다. 나는 남을 위해 일하는 고용인이라는 함정에서 하루라도 빨리 빠져나가고 싶었기에 더욱 열심히 일했다. 그래야 더 큰 투자를 할 수 있었기 때문이다. 1978년이 되자 나는 회사에서 가장 판매 실적이 좋은 탑5 중 한 명이 되어 있었다. 나는 하루빨리 이 '새앙쥐 레이스'에서 빠져나가고 싶었다.

삼 년도 채 지나지 않아 회사에서 받는 돈보다 부동산 지주회사를 통해 버는 돈이 더 많아졌다. 내 자산 부문에서 내 회사가 벌어들이는 돈은 내가 집집마다 문을 두드리며 복사기를 팔아서 버는 돈이 아니라 나를 위해 일하는 돈이었다. 나는 이제 부자 아버지의 충고를 완전히 이해할 수 있었다. 얼마 후 내 자산에서 나오는 현금흐름이 많아지면서 나는 생애 처음으로 포르쉐를 살 수 있었다. 회사 동료들은 내가 판매 수수료로 그 차를 샀다고 생각했지만 실은 아니었다. 나는 회사에서 받는 수수료를 모두 자산 부문에 투자하고 있었다.

내 돈은 열심히 일해 내게 더 많은 돈을 벌어 주었다. 내 자산 부문에 투입된 돈은 훌륭한 직원과도 같았다. 열심히 일하고, 새로운 직원들을 고용하고, 세전 수입으로 고용주에게 포르쉐를 사 주고 있었으니 말이다. 나는 제록스에서 더욱 열심히 일했다. 내 계획은 성공적이었다. 내 포르쉐가 바로 그 증거였다.

> 자산 부문에 투입된 돈은 열심히 일해 고용주에게 새 포르쉐를 사 주는 훌륭한 직원과 같다.

나는 부자 아버지에게서 받은 가르침을 통해 아등바등 달리는 '새앙쥐 레이스'에서 일찌감치 빠져나올 수 있었다. 그것이 가능했던 것은 내가 그 교훈을 통해 뛰어난 금융 지식을 습득했기 때문이었다.

내가 금융 IQ라고 부르는 이 금융 지식을 키우지 못했더라면 재정적인 독립은 그보다 훨씬 어려웠을 것이다. 나는 이제 사람들을 가르치며 이 지식을 나누고 있다.

금융 IQ는 네 가지 분야의 지식으로 구성되어 있다.

1. 회계

회계는 재무를 관리할 수 있는 능력, 또는 숫자를 이해하는 능력이다. 제국을 건설하고 싶다면 필수적인 기술이기도 하다. 많은 돈을 굴릴수록 더 높은 정확성이 요구되며, 그렇지 못할 경우에는 공든 탑도 무너질 수 있다. 이것은 좌뇌적인 지식으로 세부적인 사항들을 중요시한다. 재무 보고서를 읽고 이해할 수 있는 능력을 가리키며, 이를 통해 사업의 강점과 약점을 파악할 수 있다.

2. 투자

투자는 '돈이 돈을 버는' 방법에 대한 과학이다. 창의적인 우뇌를 사용하는 전략과 공식을 이용한다.

3. 시장에 대한 이해

시장에 대한 이해는 수요와 공급의 과학이다. 먼저 주로 감정에 의해 움직이는 시장의 기술적인 측면을 이해할 필요가 있다. 또한 시장은 투자의 근본적 또는 경제적 측면을 차지하기 때문에 투자를 할 때에는 먼저 현재의 시장 상황과 어울리는지 확인해 보아야 한다.

4. 법률

회계와 투자, 시장의 기술적 측면에 통달한 회사는 폭발적인 성장을 이룰 수 있다. 기업이 제공하는 세금 혜택에 관해 잘 아는 사람은 단순한 직원이나 소상공업자보다 더 빨리 부자가 될 수 있다. 걷는 사람과 나는 사람이 차이가 나듯이 말이다. 특히 장기적인 관점에서는 상당한 차이가 날 수 있다.

· 세금 혜택

기업은 개인은 할 수 없는 많은 일들을 할 수 있다. 가령 세금을 내기 전에 지출을 하는 것처럼 말이다. 이는 대단히 흥미로운 전문 지식의 영역이다. 직원들은 돈을 벌고 세금을 내며 남은 돈으로 삶을 꾸리려 노력한다. 기업은 돈을 벌고 가능한 한 모든 비용을 지출한 다음 남은 돈으로 세금을 낸다. 이것은 부자들이 가장 자주 활용하는 세법의 허점이다. 간단할 뿐만 아니라 현금흐름이 좋은 투자를 하고 있다면 돈이 많이 들어가지도 않는다. 예를 들어 자기 소유의 기업을 갖고 있다면 휴가를 겸해 하와이에서 이사회 모임을 가지면 된다. 자동차 할부금, 보험료, 수리비, 헬스클럽 회원권도 회사 비용으로 처리할 수 있다. 식당에서 식사를 할 때에도 부분적으로 비용 처리를 할 수 있으며, 그 외에도 여러 가지 방법이 많다. 그러나 이는 모두 세전 현금으로 합법적으로 이루어진다.

• 소송으로부터의 보호

우리는 소송이 넘치는 사회에 살고 있다. 모두가 당신에게 소송을 걸어 무언가를 얻고 싶어 한다. 부자들은 기업이나 신탁과 같은 도구들을 사용해 재산을 숨겨 채권자들로부터 자산을 보호한다. 부자에게 소송을 걸게 되면 대개 수많은 법적 보호 장치에 부딪칠 것이며, 나아가 실은 그가 법적으로 아무것도 소유하고 있지 않음을 알게 될 것이다. 부자들은 모든 것을 통제하지만 그 무엇도 소유하고 있지 않다. 가난한 이들과 중산층은 모든 것을 소유하려 들지만 결국은 정부나 부자들에게, 소송을 걸기를 좋아하는 다른 사람들에게 빼앗기게 된다. 소송을 거는 사람들이 그런 행동은 어디서 배웠을 것 같은가? 바로 로빈 후드 이야기다. 부자에게서 빼앗아 가난한 사람들에게 나눠 주라는 개념 말이다.

이 책의 목적은 기업의 소유에 관해 자세히 설명하는 것이 아니다.

그러나 만일 합법적인 형태의 자산을 갖고 있다면 기업이 제공하는 여러 가지 혜택과 보호 장치에 대해 최대한 많이 알아 두는 것이 좋다. 시중에 나온 수많은 서적들이 기업 소유에 따른 혜택에 대해 설명하고 있으며, 심지어 어떤 책들은 기업을 세우는 데 필요한 단계들에 관해서도 알려 줄 것이다. 특히 기업에 관한 개럿 서튼Garret Sutton의 저서들은 사유 기업의 위력과 힘에 대해 훌륭한 통찰력을 제공해 준다.

금융 IQ는 사실 다양한 기술과 재능이 결합하여 시너지 효과를 발휘하는 것이다. 위에 언급한 네 가지 기술들은 한데 결합해 가장 기본적인 금융 지능을 구성한다. 부자가 되고 싶다면 이런 여러 가지 기술들을 배워 당신의 금융 지능을 높여야 한다.

지금까지 이야기를 요약하면 다음과 같다.

기업을 소유한 부자들	기업을 위해 일하는 직원들
1. 돈을 번다.	1. 돈을 번다.
2. 돈을 쓴다.	2. 세금을 낸다.
3. 세금을 낸다.	3. 돈을 쓴다.

전반적인 금융 전략의 일환으로서, 기업이 제공할 수 있는 비즈니스 및 자산에 대한 보호 정책에 관해 통달할 것을 추천하는 바다.

부자들의 가장 큰 비밀,
세금과 기업

부자 아빠 다시 읽기

많은 사람들은 부자들의 것을 빼앗아 가난한 사람들에게 나눠준 로빈 후드를 영웅으로 본다. 그러나 부자 아버지는 그에 동의하지 않았다. 그는 로빈 후드가 나쁜 놈이라고 했다.

국민들의 일반적인 정서는 부자들이 마땅히 세금을 더 많이 내고 가난한 사람들에게 도움을 줘야 한다는 것이지만, 실상 가장 세금 부담이 큰 계층은 중산층이다. 특히 교육 수준이 높은 상위소득 중산층이 그러하다.

이런 일이 일어나는 상황에 대한 이해를 돕기 위해 로버트는 세금의 역사를 간략하게 짚어 본다. 원래 영국과 미국에는 세금이 없었다. 다만, 때때로 전쟁과 같은 상황과 관련해 그 비용을 조달하기 위한 일시적 세금 징수만 있었을 뿐이다.

영국은 1874년에 국민들에게 부과하는 소득세를 영구화했고, 미국은 1913년에 수정 헌법 제16조를 채택해 소득세를 영구화했다. 한때 미국인들은 세금에 반대했었다. 그 유명한 보스턴 차 사건이 발생한 것도 차에 지나친 세금이 부과된 탓이었으며, 그 사건은 결국 독립전쟁의 도화선이 되었다.

이 나라들이 국민 다수가 인정하는 세금을 거둬들일 수 있었던 것은 처음에는 부자들에게만 세금이 부과되었기 때문이다. 하지만 그렇게 부자들을 벌주기 위해 고안된 소득세는 결국 거기에 찬성표를 던졌던 가난한 이들과 중산층을 벌주는 방식으로 부담되었다.

부자 아버지는 자신과 가난한 아버지가 정반대의 입장이라고 했다. 정부 관료인 가난한 아버지는 돈을 쓰고 사람을 고용함으로써 보상을 받는다. 그러나 부자 아버지는 사람을 적게 고용하고 돈을 적게 써야 투자자들로부터 인정을 받는다.

정부 조직은 그 규모가 커짐에 따라 당연히 더 많은 세수를 필요로 하게 된다.

가난한 아버지는 정부가 사람들을 도와야 한다고 진심으로 믿었다. 로버트의 아버지와 어머니는 틈틈이 평화봉사단에서 말레이시아와 태국, 필리핀 등지로 나가는 자원봉사자들을 교육했다. 그들은 언제나 예산을 더 많이 타내서 더 많은 사람들을 고용하려 애썼다.

밖에서는 동네에서 가장 부유한 자본가 밑에서 일하다가 집에 오면

부자 아빠 가난한 아빠

고위 공무원인 아버지의 말을 들어야 하는 로버트로서는 그러한 상반된 입장이 고역이 아닐 수 없었다. 어느 아빠의 말을 믿어야 할지 도통 알 수가 없었다.

하지만 시간이 흐르면서 로버트는 세금의 역사를 공부하며 흥미로운 사실을 발견하게 되었다. 돈 맛을 본 정부의 식욕이 왕성해짐에 따라 곧 중산층이 세금 징수의 대상이 되었고, 또 서민층으로 계속 확대되는 상황이 전개된 것이다.

그러나 부자들은 다른 이들과 같은 규칙에 의해 움직이지 않음으로써 기회를 잡는다. 바로 기업을 통해 세금을 피해 가는 방법이 있었던 것이다. 기업은 항해 시대에 접어들며 유행하기 시작한 조직으로, 부자들은 이미 그것을 리스크 상쇄의 수단으로 이용해 본 경험이 있었다. 합법적인 기업 구조에 대한 이해 덕분에 부자들은 큰 이점을 누리며 지식인들보다 한 발 앞서 나갈 수 있었다.

정부의 이상은 돈을 남기지 않는 것이다. 할당된 자금을 다 소비하지 못하면 다음 해 예산에서 그만큼 차감당하는 리스크가 따르기 때문이다. 하지만 사업하는 사람들은 돈을 남겨야 보상을 받고 그 효율성을 칭찬받는다. 정부가 계속 그 이상에 충실해 있는 돈을 죄다 쓰고 갈수록 소비의 규모를 늘리면 그 결과 중산층, 나아가 서민들에 대한 징수가 확대될 수밖에 없다.

기업은 사실 법적인 독립체를 만드는 법적 서류일 뿐이다. 사물도 아니고 공장도 아니며 일단의 사람들도 아니다. 하지만 기업은 개인보다 낮은 소득세율을 적용받는다. 또한 기업은 특정 비용에 대해서 세전 이익으로 지불할 수 있다. 다시 말해서 벌어들인 돈이 세금으로 나가기 전에 비용으로 처리하여 쓸 수 있다는 얘기다.

아침에 출근해 일하고 세금을 내는 사람들도 부자들의 게임 방식을 이해할 수만 있다면 그와 똑같이 못 할 이유가 없다.

직장인에게 따르는 문제는 더 열심히 일할수록 정부에 내는 돈이 더 많아진다는 것이다. 앞서 얘기했듯이 세금은 결국 그 도입에 찬성표를 던진 가난한 사람들을 벌주는 수단이 되었다.

부자들을 벌주기 위한 시도는 좀처럼 성공하지 못한다. 부자들은 세금 부담을 최소화는 방법을 찾아내기 때문이다. 그런 방법 중 하나가 미국 세법 1031조항을 이용하는 것이다. 이는 부동산 판매자가 자본 소득을 얻는 경우, 보다 비싼 부동산을 구매하면 해당 자본 소득에 대한 세금을 유예할 수 있다는 내용이다. 그러면 계속해서 가치가 높은 물건을 거래하는 한 매각해서 현금화할 때까지는 소득세를 낼 필요가 없다. 이러한 합법적인 절세 방법을 활용하지 못하는 이들은 자산을 구축할 수 있는 좋은 기회를 놓치는 셈이다.

로버트를 가르치는 내내 부자 아버지는 '아는 것이 힘'이라는 사실을 강조했다. 돈에는 큰 힘이 수반되므로 그 힘을 유지하고 키우기 위해서는 올바른 지식이 필요하며 그런 지식이 없으면 세상에 내둘릴 수밖에 없다는 얘기다.

부자 아버지는 두 소년에게 세상에서 가장 무서운 사람은 상사나 감독관이 아니라 세금징수원이라는 사실을 끊임없이 상기시켰다. 세금 징수원은 가만히 놔두면 항상 더 많은 것을 가져간다. 돈이 나를 위해 일하게 만들어서 세금징수원에게 빼앗기는 상황을 피해야 한다.

반면, 영리한 변호사와 회계사에게 지불하는 돈은 그만한 가치가 있다. 그 편이 정부에게 돈을 주는 것보다 싸게 먹히기 때문이다. 법을 모르면 비싼 대가를 치러야 한다.

해병대에서 전역해 제록스에서 일하던 이십 대 중반 시절, 로버트는 봉급에서 빠져나가는 많은 세금에 실망했고, 그래서 1974년 처음으로 자신만의 사업체를 따로 설립했다. 직장을 그만둔 것이 아니라 더욱 열심히 일함으로써 가능한 한 많은 돈을 모아 부동산에 투자하기 시작한 것이다.

그는 제록스에서 가장 판매 실적이 좋은 탑5 중 한 명이 되었고, 3년도 채 지나지 않아 회사에서 받는 돈보다 부동산 지주회사를 통해 버는 돈이 더 많아졌다. 얼마 후 그는 자산에서 나오는 현금흐름을 이용해 생애 처음으로 포르쉐를 살 수 있었다. 그의 계획이 성공적이라는 증거였다.

부자 아버지에게서 배운 교훈 덕분에 로버트는 비교적 이른 나이에 새앙쥐 레이스에서 벗어나게 되었고, 이후 그는 다른 사람들도 그렇게 하도록 돕는 일에 나섰다.

이 모든 것의 핵심은 금융 IQ, 즉 금융 지식을 키우는 데 있다. 금융 IQ는 다음 네 가지 분야의 지식으로 구성된다.

1. **회계**: 재무를 관리할 수 있는 능력, 또는 숫자를 읽고 이해하는 능력. 이를 통해 사업의 강점과 약점을 파악할 수 있다.

2. **투자**: '돈이 돈을 버는' 방법에 대한 과학이자 전략

3. **시장에 대한 이해**: 수요와 공급, 그리고 시장 상황의 과학

4. **법률**: 세금 혜택과 보호책에 관한 지식

법적인 이점을 제대로 이해하면 장기적인 부의 측면에서 큰 혜택을 볼 수 있다. 예컨대 기업은 세금을 내기 전에 비용을 지출할 수 있는 반면에 개인은 세금을 먼저 내고 남는 돈으로 지출을 처리해야 한다. 기업은 휴가를 겸해 하와이에서 갖는 이사회 모임 비용, 자동차 할부금, 보험료, 수리비, 헬스클럽 회원권 등도 세전 비용으로 처리할 수 있다.

기업은 또한 소송에 대한 합법적인 보호망을 제공한다. 부자에게 소송을 거는 누구든 대개는 수많은 법적 보호 장치에 부딪치며, 나아가 그가 실은 법적으로 아무것도 소유하고 있지 않음을 알게 된다. 부자들은 모든 것을 통제하지만 그 무엇도 소유하지 않는다.

로버트는 합법적인 형태의 자산을 보유한 사람들에게 기업이 제공하는 각종 혜택과 보호 장치에 대해 최대한 많이 알아 두라고 조언한다. 사유 기업의 위력과 힘에 대한 통찰력을 제공하는 개릿 서튼의 저서들은 이에 참고할 만하다.

이 장의 내용을 간단하게 정리하면 다음과 같다.

기업을 소유한 부자들	기업을 위해 일하는 직원들
1. 돈을 번다.	1. 돈을 번다.
2. 돈을 쓴다.	2. 세금을 낸다.
3. 세금을 낸다.	3. 돈을 쓴다.

- **좌뇌 모멘트** | 회계는 재무를 관리할 수 있는 능력, 또는 숫자를 이해하는 능력이다. 제국을 건설하고 싶다면 필수적인 기술이기도 하다. 많은 돈을 굴릴수록 더 높은 정확성이 요구되며, 그렇지 못할 경우 공든 탑이 무너질 수도 있다.
- **우뇌 모멘트** | 투자는 '돈이 돈을 버는' 방법에 대한 과학이다. 여기에는 창의적인 우뇌를 사용하는 전략과 공식이 사용된다.
- **잠재의식 모멘트** | 시장에 대한 이해는 수요와 공급의 과학이다. 투자의 근본적 또는 경제적 측면에 더하여, 주로 감정에 의해 움직이는 시장의 기술적인 측면을 이해할 필요가 있다.

핵심 내용 이해하기

자, 이제 곰곰이 생각해 볼 시간이다. 이렇게 자문해 보라. "이 장에서 로버트는 무엇을 말하고 있는가? 그리고 그가 그렇게 말하는 이유는 무엇인가?" 로버트의 말에 동의하든 그렇지 않든 상관없다. 이 섹션의 목적은 그가 말하고자 하는 바를 '이해하는' 것이기 때문이다.

기억하라. 이 커리큘럼의 의도는 협력과 지원에 있다. 백지장도 맞들면 낮다고 하지 않는가. 로버트가 하는 말을 이해하지 못한다고 해서 부끄러워하거나 도외시할 필요는 없다. 몇 사람이 모여 의견을 교환하면 더욱 쉽게 이해될 수도 있다. 다음의 문장들을 시간을 갖고 차분히, 완전히 이해할 때까지 토의해 보길 바란다.

- 부자 아버지는 기업이라는 법인체를 통해 게임을 영리하게 풀어 나갔을 뿐이다. 바로 그것이 부자들의 가장 큰 비밀이다.
- 사실상 부자들에게는 세금이 부과되지 않는다. 결국 가난한 사람들에게 돈을 주는 쪽은 중산층이다. 특히 교육 수준이 높은 상위소득 중산층이 그러하다.
- 사람들이 부자들에게 벌을 주려 할 때마다 부자들은 그저 당하고 있지만은 않는다. 그들은 대응한다. 그들은 상황을 바꿀 수 있는 돈과 권력, 의지를 가지고 있다. 그들은 가만히 앉아 자진해서 세금을 더 많이 내지 않는다.
- 돈을 위해 일한다면 우리는 그 힘을 우리의 고용주에게 부여하게 된다. 그러나 돈이 우리를 위해 일하게 된다면 우리 스스로 그 힘을 갖고 또 통제하게 된다.
- 직원들은 돈을 벌고 세금을 내고 남은 돈으로 삶을 꾸리려 노력한다. 기업은 돈을 벌고, 가능한 한 모든 비용을 지출한 다음, 남은 돈으로 세금을 낸다. 이것이 부자들이 가장 자주 활용하는 세법의 허점이다.

실천을 위한 질문과 토론

자, 이제 이 장에서 이해한 바를 당신의 삶에 적용할 시간이다. 아래의 질문을 자신에게 던져 보거나 스터디 그룹에서 토의해 보길 바란다. 솔직하게 답하는 것이 중요하다는 점을 잊지 말라. 자신의 답변 일부가 맘에 들지 않는 경우 스스로 기꺼이 변화할 의향이 있는지, 자신의 생각과 사고방식을 바꾸는 도전을 받아들일 의향이 있는지 자문해 보라.

1. 로빈 후드가 나쁜 놈이라는 부자 아버지의 평가에 동의하는가 동의하지 않는가? 그 이유는 무엇인가?

2. 세금이 정부의 지출에 보다 큰 문제를 야기했다고 보는가?

3. 중산층과 가난한 사람들이 세금 부담이 자신들에게 전가된 사실을 깨달았다고 생각하는가? 그것의 결과는 무엇이라고 보는가?

4. 자본주의와 사회주의 중 어느 쪽이 보다 바람직하다고 믿는가? 각각의 장단점은 무엇이라고 생각하는가?

5. 부자들이 절세를 위해 기업의 이점을 이용하는 것이 옳다고 생각하는가? 그 시스템을 보다 잘 이해하면 더욱 많은 사람들이 그런 방식을 따를 수 있다고 생각하는가?

6. 기업을 이용하여 당신이 자산과 관련해 혜택을 입을 수 있는 구체적인 방법은 무엇인가?

주요 용어 정의

- **1031:** 미국 세법 1031조항으로 부동산 판매자가 자본 소득을 얻는 경우 보다 비싼 부동산을 구매하면 해당 자본 소득에 대한 세금을 유예할 수 있다는 내용이다.
- **기업:** 영혼 없는 합법적 독립체를 만들어 내는 단순한 법적 서류에 불과하다. 커다란 건물도 아니고, 공장이나 일단의 사람들도 아니다. 부자들은 이것을 이용해 자신의 부를 보호한다.
- **금융 IQ:** 금융 교육을 받아 생성되는 금융 지능으로, 이것이 높은 사람들은 다른 사람들의 돈을 이용해 부자가 되는 법을 배운다.
- **금융 지식:** 재무제표를 읽고 이해할 수 있는 능력. 사업의 강점과 약점을 파악할 수 있도록 돕는다.

Chapter 5

교훈 5 **부자들은
돈을 만든다**

현실 세계에서 앞서 나가는 사람은
대개 똑똑한 사람이 아니라 용감한 사람이다.

어젯밤 나는 잠시 글을 쓰다 말고 텔레비전에서 알렉산더 그레이엄 벨의 젊은 날을 다룬 프로그램을 보았다. 벨은 그가 발명한 전화기의 특허를 낸 다음 점점 고통을 겪고 있었다. 그의 새로운 발명품에 대한 수요가 너무 커 감당할 수가 없었기 때문이다. 더 큰 회사가 필요하다는 사실을 실감한 벨은 당시 대기업이었던 웨스턴 유니언Western Union을 방문해 자신의 특허와 그가 운영하는 작은 회사를 사 줄 것을 요청했다. 그에 대해 벨이 요구한 금액은 10만 달러였다. 웨스턴 유니언의 사장은 콧방귀를 뀌며 가격이 너무 높다는 이유로 거절했다. 다음 이

야기는 모두들 알고 있을 것이다. 수십억 달러짜리 산업이 형성되고, AT&T가 탄생했다.

알렉산더 그레이엄 벨의 프로그램이 끝나자 저녁 뉴스가 시작되었다. 뉴스에서는 한 지역 기업의 구조 조정 소식을 다루고 있었다. 근로자들은 화를 내며 기업주의 불공평한 처사를 비난했다. 일자리를 잃은 마흔다섯 살가량의 중간 관리자가 아내와 두 어린아이들을 데리고 공장을 찾아와 경비원들에게 경영진과 이야기를 할 수 있도록 들여보내 달라고 사정하고 있었다. 그는 경영진에게 복직을 부탁하고 싶어 했다. 집을 산 지 얼마 되지도 않았는데 그마저 빼앗길지도 모른다고 두려워하고 있었다. TV 카메라는 그가 간절하게 애원하는 모습에 초점을 맞췄다. 말할 필요도 없겠지만, 그 장면은 내 관심을 사로잡았다.

나는 1984년부터 전문적으로 사람들을 가르치고 있다. 그것은 근사하면서도 보람 있는 일이다. 또한 그것은 동시에 당혹스러운 일이기도 했다. 그동안 수천 명을 가르치면서 나 자신을 포함해 우리 모두에게서 한 가지 공통점을 발견했기 때문이다. 그것은 바로 우리 모두가 엄청난 잠재력을 갖고 있다는 것이다. 나아가 우리 모두에게는 선천적인 재능이 있다. 그럼에도 우리는 자기 회의에 가로막혀 앞으로 나아가지 못한다. 우리가 나아가지 못하는 것은 전문적인 지식이 부족해서가 아니다. 그보다는 자기 확신이 부족하기 때문이다. 특히 어떤 이들은 더더욱 그렇다.

일단 학교를 졸업하고 나면 우리는 대개 대학 졸업장이나 좋은 성적은 그리 중요한 것이 아님을 깨닫게 된다. 학교 밖의 현실 세계에서는 좋은 성적표 이상의 다른 것이 필요하다. 그것은 여러 가지 이름으로 불린다. 배짱, 뻔뻔함, 대담함, 용기, 호방함, 담력, 교활함, 끈기 그리고 때로는 재기才氣라고 불리는 이것은, 뭐라고 불리든 간에 사람의 미래를 결정하는 데 있어 학교 성적보다 훨씬 중요한 역할을 한다.

우리들 각자는 모두 이처럼 대담하고 재기발랄하며 호방한 측면을 지니고 있다. 물론 이와 반대되는 특성도 있다. 사람들은 필요하다면 무릎을 꿇고 처량하게 빌 수도 있다. 베트남에서 해병대 조종사로 일 년을 보낸 나는 내 안에 그 두 가지 특성이 모두 존재하고 있음을 알게 되었다. 그렇다고 하나가 다른 하나보다 더 나은 것도 아니다.

그럼에도 나는 학생들을 가르치면서 과도한 두려움과 자기 회의야말로 개인의 천재성을 저하시키는 요인임을 알게 되었다. 답을 알면서도 용기가 부족해 행동하지 못하는 학생들을 보면 가슴이 찢어지는 것 같았다. 현실 세계에서 앞서 나가는 것은 대개 똑똑한 사람이 아니라 용감한 사람이다.

내 개인적인 경험으로 볼 때 금융적 천재성은 기술적 지식과 대담함 양쪽 모두를 필요로 한다. 두려움이 너무 크면 천재성은 저하된다. 나는 수업을 할 때마다 학생들에게 리스크를 감수하고 대담해지는 법, 그리고 천재성을 발휘해 두려움을 힘과 재기로 바꾸는 방법을 배우라고 강조한다. 이는 어떤 이들에게는 효과가 있지만 또 다른 이들에게는 오히려 겁을 먹게 한다. 나는 돈에 관한 한 대부분의 사람들은 안전하게 움직이는 것을 좋아한다는 사실을 알게 되었다. 그래서 나는 이런 질문들을 던져야 했다. "어째서 우리는 리스크를 감수하는가?" "어째서 우리는 금융 IQ를 계발해야 하는가?" 그리고 나는 이렇게 대답했다. "선택의 기회를 더 많이 가질 수 있으니까."

우리 앞에 엄청난 변화가 펼쳐져 있다. 앞으로는 알렉산더 그레이엄 벨 같은 젊은이들이 수없이 쏟아질 것이다. 빌 게이츠와 같은 이는 100명쯤 나올 터이고 마이크로소프트 같은 성공적인 회사가 일 년에 하나씩 전 세계에 세워질 것이다. 그리고 도산을 하거나 구조 조정, 정리 해고를 하는 회사들도 다달이 늘어날 것이다.

20년 전 그리고 오늘
새로운 기회의 땅

기업의 성공 스토리 목록은 계속 늘어나고 있으며 잡스와 주커버그, 베조스, 브린 등과 같은 이름은 세계적인 명성을 얻고 있다. 우버와 같은 스타트업도 대유행이다. 글로벌 경제는 기회의 땅이다.

그렇다면 왜 애써 금융 IQ를 계발해야 할까? 이에 대한 대답은 오직 당신만이 할 수 있다. 내가 왜 그래야 하는지에 대해서라면 내가 답해줄 수 있다. 내가 금융 지능을 계발하는 이유는 우리가 그 어느 때보다도 흥미로운 시대에 살고 있기 때문이다. 나는 변화를 두려워하기보다는 환영하고 싶다. 나는 언제쯤 월급이 오를까 전전긍긍하기보다 신나게 수백만 달러를 벌고 싶다. 우리는 세계 역사상 유례없는 가장 흥미로운 시대에 살고 있다. 수 세대가 지나 우리의 후손들은 지금 이 시기를 되돌아보며 얼마나 흥미로운 시대였는지 이야기할 것이다. 낡은 것이 죽고 새로운 것이 탄생하는 시기, 혼란이 가득하면서도 무척 신나는 시대였다고 말할 것이다.

자, 그렇다면 왜 애써 금융 IQ를 계발해야 한다고? 왜냐하면 그렇게 하면 대단히 번창할 수 있기 때문이다. 그리고 그렇게 하지 않는다면 지금 이 세상은 끔찍하게 두려운 곳이 될 것이기 때문이다. 어떤 이들이 대담하게 앞으로 나가는 동안 다른 이들은 기진맥진해 삶에 매달려 있는 모습을 우리는 지켜봐야 할 것이다.

삼백 년 전에 땅은 재산이었다. 땅을 소유한 사람은 부를 소유한 셈이었다. 나중에 재산은 공장과 생산 라인이 되었고, 미국이 경제 대국으로 우뚝 서게 되었다. 기업가들이 부를 소유했다. 오늘날에는 정보가 바로 재산이다. 가장 시의적절한 정보를 가진 사람이 부를 소유한다. 문제는 정보가 빛의 속도로 전 세계로 퍼진다는 것이다. 새로운 부는 땅이나 공장과는 달리 국경이나 경계선으로 제한할 수가 없다. 변화는 더욱 빠르고 극적으로 이루어질 것이다. 엄청난 수의 백만장자들이 탄생할 것이며, 동시에 뒤처지는 자들도 생겨날 것이다.

나는 요즘 너무나도 많은 사람들이 낡은 사고방식에 매달린 나머지 더욱 열심히 일하면서 고생하는 것을 본다. 그들은 모든 것이 옛날과 똑같기를 바라며 변화를 거부한다. 나는 일자리나 집을 잃고 기술이나 경제 상황 또는 상사를 탓하는 사람들을 알고 있다. 불행히도 그들은 자기 자신이 문제의 원인일지도 모른다는 사실을 깨닫지 못한다. 낡은 사고방식이야말로 그들의 가장 큰 부채다. 그것이 부채인 이유는 그들이 그러한 사고나 행동방식이 어제의 자산이었고, 어제는 이미 가 버 렸다는 사실을 알지 못하고 있기 때문이다.

어느 날 오후, 나는 내가 발명한 보드게임인 '캐시플로'를 이용해 투자를 가르치고 있었다. 어떤 사람이 친구를 그 수업에 데려왔다. 그 친구는 최근에 이혼을 했는데 합의 과정에서 크게 데고 말았다. 지금은 어떠한 해답을 찾고 있었는데 그녀에게 이 수업이 도움이 되리라고 생각하여 데려온 것이었다.

캐시플로 게임은 돈이 어떻게 작용하는지를 가르치기 위한 것이다. 사람들은 게임을 하면서 손익계산서와 대차대조표의 상호작용을 배운다. 또한 그 둘 사이에서 이뤄지는 현금흐름과, 부자가 되는 길이란 결국 자산 부문에서 매달 생성되는 현금흐름을 늘려 마침내 월별 지출 금액을 초과하는 것임을 배운다. 일단 여기까지 배우면 '새앙쥐 레이스'에서 벗어나 '빠른 길'로 들어설 수 있게 된다.

앞에서 말했지만, 어떤 사람들은 이 게임을 싫어하고 어떤 사람들은 좋아했다. 그리고 어떤 사람들은 요점을 이해하지 못했다. 친구를 따라온 그 여자는 무언가를 배울 중요한 기회를 놓쳐 버리고 말았다. 게임의 첫 번째 차례에서 그녀는 보트가 그려져 있는 '사치품' 카드를 뽑았다. 처음에는 기분이 좋았다. "와, 나한테 보트가 생겼잖아." 그러다 그녀의 친구가 손익계산서와 대차대조표의 숫자가 어떻게 움직이는지 설명하자 당황하고 말았다. 그녀는 숫자를 좋아하지 않기 때문이었다. 같은 탁자에 앉아 있는 다른 사람들은 그녀의 친구가 대차대조표와 손익계산서, 그리고 월간 현금흐름의 관계를 설명하는 동안 잠자코 기다려야 했다. 갑자기 숫자들이 움직이는 방식을 알게 된 그녀는 그 보트가 그녀의 재산을 잡아먹는다는 사실을 깨달았다. 게임을 진행하면서 그녀는 점점 더 가난해졌고, 심지어 아이까지 생겼다. 이 게임은 그녀에게 끔찍하게 돌아갔다.

수업이 끝난 뒤, 그녀의 친구가 내게 다가와 친구가 화가 나 있다고 말했다. 투자에 대해 배우러 왔는데 수업 내내 바보 같은 게임만 했다는 것이었다.

그녀의 친구는 그녀에게 이 게임이 어떤 점에서 그녀의 삶을 반영하지는 않는지 자기를 돌아보라고 제안했지만, 그녀는 수업비를 돌려 달라고 요구했다. 그녀는 이 게임이 자기 자신을 반영할 수 있다는 생각 자체가 말도 안 된다고 생각했다. 그녀는 환불을 받고 떠나 버렸다.

나는 1984년부터 제도권의 학교에서는 하지 않는 일을 해서 수백만 달러를 벌었다. 학교에서는 대부분의 교사들이 강의를 한다. 나는 학창 시절에 강의를 싫어했다. 그래서 금방 지루해져 딴생각을 하기 일쑤였다.

1984년 나는 게임과 시뮬레이션을 통해 사람들을 가르치기 시작했다. 나는 아직도 그런 도구들을 주로 사용한다. 나는 언제나 성인 학생들에게 게임이 그들의 지식과 그들이 배워야 하는 것들을 반영하고 있다고 말했다. 무엇보다 중요한 것은 그 게임이 바로 그들의 행동을 반영한다는 점이었다. 그것은 즉각적인 피드백 시스템이다. 교사들이 획일적인 강의를 한다면, 게임은 개개인에게 특별히 맞춤화된 강의를 제공해 준다.

그날 수업을 떠났던 여자의 친구가 나중에 내게 전화를 걸어 그녀의 소식을 전해 주었다. 그녀는 자기 친구가 이제는 괜찮아졌으며 많이 진정되었다고 말했다. 마음을 진정시키는 동안 그녀는 게임과 자신의 삶 사이에 어느 정도 관계가 있음을 알게 되었다. 그녀와 그녀의 남편은 보트를 갖고 있지는 않았지만 실제로 상상할 수 있는 거의 모든 물건들을 소유하고 있었다. 그녀는 이혼을 한 뒤에 화가 많이 나 있었다. 남편이 젊은 여자와 바람이 난 것도 그렇지만 이십 년 동안의 결혼 생활 동안 두 사람이 모은 자산이 거의 없었기 때문이다. 실질적으로 두 사람이 나눠 가질 만한 재산이라는 것이 없었다. 그들은 이십 년 동안 재미있는 결혼 생활을 보냈지만 그들이 그동안 모은 것이라고는 쓸모없는 장식품뿐이었다.

게임은 행동을 반영한다. 그것은 즉각적인 피드백 시스템이다.

그녀는 손익계산서와 대차대조표의 숫자들을 계산하면서 화가 난 것은 자신이 그것들을 이해하지 못해 당황스러웠기 때문임을 깨달았다. 그녀는 재정 관리란 남자들의 일이라고 믿었다. 그녀는 집안 살림을 하며 손님들을 접대했고, 재정 관리는 늘 남편의 몫이었다. 그녀는 결혼 생활의 마지막 오 년 동안 남편이 돈을 숨겨 왔음을 확신하게 되었다. 그녀는 남편에게 다른 여자가 생겼다는 것을 몰랐다는 사실뿐만 아니라 부부의 돈이 어디로 갔는지 모른다는 사실에 대해서도 더더욱 화가 났다.

세상은 이런 게임처럼 우리에게 즉각적인 피드백을 제공한다. 거기에 관심을 기울이면 보다 많은 것을 배울 수 있다. 얼마 전 나는 아내에게 세탁소에서 일을 잘못해 내 바지가 줄어 버린 것 같다고 불평했다. 그러자 아내는 빙그레 웃는 얼굴로 내 배를 손가락으로 찌르며 바지가 줄어든 게 아니라는 것을 알려 주었다. 사실은 다른 무언가가 늘어난 거였다. 바로 내 뱃살 말이다.

캐시플로 게임의 목적은 여러분에게 선택권을 주는 것이다. 보트 카드를 뽑아 빚을 지게 되었을 경우 우리는 이런 질문에 봉착하게 된다. "이제 나는 어떻게 해야 하지? 재정적으로 얼마나 다양한 선택권이 있지?" 이렇게 해서 참가자들이 참신하고 다양한 재정적인 해결책을 고안하고 만들어 낼 수 있도록 가르치는 것이다. '새앙쥐 레이스'에서 가장 빨리 빠져나오는 참가자들은 숫자를 이해하고 창의적인 금융 사고방식을 갖고 있는 사람들이다. 그들은 다양한 재정적 해결책을 알고 있다. 부자들은 대개 창의적이며 계산된 리스크를 감수한다. 레이스에서 가장 늦게 빠져나오는 사람들은 숫자에 익숙지 않고 투자의 힘을 이해하지 못한다.

어떤 사람들은 게임에서 많은 돈을 벌기도 하지만 그 돈으로 무엇을 해야 할지 알지 못한다. 그렇게 부자인데도 다른 모든 사람들이 게임 속에서 그들을 앞서 나가는 듯 보인다. 현실 속에서도 똑같다. 많은 사람들이 많은 돈을 갖고 있으면서도 금전적으로 앞서 나가지 못한다.

선택권을 제한하는 것은 낡은 사고에 매달리는 것과 같다. 내 고등학교 시절 친구 하나는 지금 세 가지 일을 뛰고 있다. 수년 전까지만 해도 그는 우리 동창들 중에서 가장 부자였다. 그렇지만 지역의 사탕수수 농장이 문을 닫았을 때 그가 일하던 회사도 함께 문을 닫았고, 친구는 마음속에 한 가지 선택지밖에 갖고 있지 않다. 구식의 낡은 사고 방식, 즉 열심히 일하는 것이었다. 문제는 그가 예전의 회사에서 누리던 것과 같은 대접을 받을 만한 다른 직업을 찾을 수가 없다는 것이었다. 그 결과 그는 능력을 십분 발휘하기 힘든, 수준 낮은 일을 할 수밖에 없었고 따라서 월급 또한 줄었다. 지금 그는 단순히 생계를 유지하기 위해 세 가지 직업을 갖고 있다.

나는 사람들이 '캐시플로'를 하면서 적절한 '기회 카드'가 나오지 않는다고 불평하는 것을 자주 본다. 그러면서 그들은 계속 앉아 기다린다. 나는 실제 현실에서도 똑같이 행동하는 사람들을 안다. 그들은 적절한 기회가 오기를 가만히 앉아서 기다린다.

또 적절한 기회 카드를 얻고도 돈이 부족한 사람들도 있다. 그들은 돈만 더 있었더라면 '새앙쥐 레이스'에서 빠져나갈 수 있었을 것이라고 불평한다. 그러면서 계속 앉아 기다린다. 나는 실제 현실에서도 그렇게 하는 사람들을 안다. 그들은 좋은 기회를 앞두고 있지만 불행히도 수중에 돈이 없다.

훌륭한 기회 카드를 뽑고 그것을 큰소리로 읽으면서 그게 얼마나 좋은 기회인지 알지 못하는 사람들도 있다. 이들에게는 돈도 있고, 타이

밍도 적절하다. 카드도 가지고 있다. 그러나 그들은 자신이 마주하고 있는 기회를 알아보지 못한다. 그들은 그러한 기회들이 '새앙쥐 레이스'에서 빠져나가기 위한 재정 계획과 어떻게 맞아떨어지는지 알지 못한다. 세상에는 이런 부류의 사람들이 가장 많다. 눈앞에 일생일대의 기회가 눈부시게 반짝이고 있건만 그것을 보지 못하고 지나쳐 버리는 것이다. 시간이 지난 후에야, 주변 사람들이 모두 부자가 된 후에야 비로소 그들은 그 사실을 깨닫는다.

금융 지능을 키우게 되면 더 많은 선택권을 갖게 된다. 만약 기회가 오지 않는다면 어떻게 우리의 재정 상태를 개선시킬 수 있을까? 하늘에서 기회가 뚝 떨어졌는데도 돈이 없다면, 그리고 은행이 대출을 해주려 하지 않는다면 그 기회를 이용하기 위해 어떻게 해야 할까? 우리의 직감이 틀려 기대했던 일이 일어나지 않을 때에는 어떻게 그 하찮은 투자를 수백만 달러로 불릴 수 있을까? 그것이 바로 금융 지능이다. 중요한 것은 무엇이 일어나느냐가 아니라 얼마나 많은 금융적인 해결책을 제시해 돈을 불릴 수 있느냐다. 얼마나 창의적으로 재정적인 문제를 해결할 수 있느냐인 것이다.

대부분의 사람들은 오직 한 가지 해결책만을 알고 있다. 열심히 일하고, 돈을 모으고, 빌리는 것이다. 그렇다면 왜 사람들은 금융 지능을 키우고 싶어 할까? 왜냐하면 우리는 스스로 행운을 만들고 싶어 하기 때문이다. 현실이 어떻든 간에 그것을 더욱 좋게 만들고 싶기 때문이다. 사람들은 운이 돈과 마찬가지로 만들 수 있는 것이라는 사실을 알지 못한다. 행운을 얻고 열심히 일하는 대신 돈을 만들고 싶다면, 금융 지능을 갖추는 것이 중요하다. 만약 가만히 앉아 올바른 일이 일어나기만을 기다린다면 아주 오랜 세월을 기다려야 할 것이다. 그것은 마치 십 킬로미터 내에 있는 모든 신호등이 녹색이 되어야 여행을 시작하겠다고 기다리는 것과 같다.

어렸을 때 마이크와 나는 부자 아버지에게 "돈은 진짜가 아니다."라는 말을 수없이 들었다. 때때로 부자 아버지는 우리가 작당하여 치약 튜브로 '돈을 만들었을 때' 우리가 얼마나 돈의 비밀에 가깝게 접근했었는지 상기시키곤 했다. "가난한 이들과 중산층은 돈을 위해 일한다." 부자 아버지는 이렇게 말했다. "부자들은 돈을 만들지. 돈이 진짜라고 생각하면 할수록 너는 그것을 위해 더 열심히 일하게 된다. 하지만 돈이 진짜가 아님을 깨닫게 되면 더 빨리 부자가 될 수 있을 거다."

"그럼 돈은 뭐예요?" 마이크와 나는 항상 이렇게 묻곤 했다. "돈이 진짜가 아니라면 대체 뭔데요?"

"그저 우리들끼리 합의한 약속일 뿐이지." 이것이 부자 아버지의 대답이었다.

우리 모두가 갖고 있는 가장 강력한 자산은 바로 우리의 정신이다. 제대로만 훈련시킨다면 정신은 거의 순식간에 엄청난 부를 만들어 낼 수 있다. 그러나 정신을 훈련하지 않는다면 미래의 자손들에게 극단적인 빈곤만을 물려주게 될 수도 있다.

오늘날과 같은 정보 시대에 돈은 기하급수적으로 증가하고 있다. 몇

몇 사람들은 아이디어와 합의만으로 빈털터리에서 갑자기 엄청난 부자가 된다. 주식 거래를 하거나 투자를 직업으로 삼는 사람들에게 물어보면 늘상 그런 일을 목격한다고 대답할 것이다. 백만장자들이 순식간에 다시 빈털터리로 돌아갈 수도 있다. 그런데 이 모든 과정에서 돈은 한 푼도 교환되지 않는다. 이 모든 일은 주로 합의를 통해 이루어진다. 주식 거래인의 손짓 하나, 리스본에서 토론토, 그리고 다시 리스본으로 연결되는 컴퓨터 화면의 알림 소리, 또는 사거나 팔라는 전화 한 통화로 모든 일이 처리된다. 돈은 움직이지 않는다. 상호 간에 합의가 이루어질 뿐이다.

자, 그렇다면 다시 묻겠다. 우리는 왜 금융 지능을 계발해야 하는가? 이 질문에 답할 수 있는 것은 오직 당신뿐이다. 내가 이 분야에서 지능을 계발한 이유는 빨리 돈을 벌고 싶었기 때문이다. 그래야 하기 때문이 아니라 그러고 싶었기 때문이다. 그것은 환상적인 학습 과정이다. 내가 금융 지능을 계발하는 이유는 이 세상에서 가장 크고 빠른 게임에 참여하고 싶었기 때문이다. 그리고 나 나름의 방식으로 이 유례없는 인류 진화 과정의 일부가 되고 싶었기 때문이다. 몸뚱이가 아니라 순전히 정신으로만 일을 하는 이 시대에 말이다. 게다가 정신은 바로 모든 활동이 이루어지는 곳이다. 이것이 바로 우리 시대에 일어나고 있는 일이다. 신나고 멋지지만 무섭기도 하다. 그리고 무

> 우리 모두가 갖고 있는 가장 강력한 자산은 바로 우리의 정신이다. 제대로만 훈련시킨다면 정신은 순식간에 엄청난 부를 만들어 낼 수 있다.

엇보다 재미있다.

그래서 나는 내 금융 지능을 계발한다. 내가 가진 가장 강력한 자산을 개발하는 것이다. 나는 대담하게 앞으로 나아가는 사람들과 함께 하고 싶다. 뒤처진 사람들과 함께 남겨지고 싶지는 않다.

돈을 만드는 가장 간단한 예를 하나 들어 보겠다. 1990년대 초반 아리조나 주 피닉스의 경제 상황은 형편없었다. 하루는 내가 TV를 보고 있는데 한 경제 전문가가 나와 암울하고 어두운 전망을 늘어놓기 시작했다. 그의 충고는 저축을 하라는 것이었다.

"매달 백 달러씩만 모아도 사십 년 후면 백만장자가 될 수 있습니다."

글쎄, 매달 저축을 하는 것은 매우 좋은 생각이다. 그것도 한 가지 방법이긴 하다. 그리고 실제로 대부분의 사람들이 그런 선택을 한다. 다만 문제는 그런 선택을 하게 되면 정말로 무슨 일이 벌어지고 있는지 모르게 된다는 데 있다. 그러면 돈을 벌 수 있는 훨씬 커다란 절호의 기회를 놓치게 된다. 모르는 사이에 세상이 그들 옆을 스쳐지나가는 것이다.

아까도 이야기했듯이, 당시 경제는 엉망이었다. 투자가들에게 있어 그것은 완벽한 시장의 조건이다. 그

20년 전 그리고 오늘
왜 저축을 하면 루저가 되는가

1970년대에는 '저축을 통해 은퇴 생활까지 여유롭게' 누릴 수 있었다. 통장식 예금 계좌가 두 자릿수 이자를 안겨 주었고, 저축 예금 계좌가 실질적으로 부를 증진시켜 주었기 때문이다. 그러나 그런 시절은 오래전에 지나갔다. 오늘날은 저금리를 넘어 마이너스 금리의 시대다. 많은 은행들이 예금한 사람들에게 돈을 보관하는 명목으로 수수료를 부과한다.

그래서 저축하면 루저가 되는 것이다.

부자 아빠 가난한 아빠

때 내 돈의 상당 부분은 주식 시장과 아파트 건물에 투자되어 있었다. 나는 현금이 부족했다. 모두가 자산을 파는 사이 나는 사들이고 있었기 때문이다. 나는 돈을 저축하지 않았다. 대신 투자를 했다. 킴과 나는 급속히 성장하고 있던 시장에 백만 달러 이상의 현금을 투자하고 있었다. 최고의 투자 기회였다. 경제는 형편없었고, 나는 이런 헐값으로 나온 상품들을 그냥 놓칠 수가 없었다.

한때 10만 달러를 하던 집들이 7만 5000달러가 되었다. 그러나 나는 부동산 중개소에서 집을 사는 것이 아니라 파산전문 변호사의 사무실이나 법원을 뒤졌다. 그런 곳에서는 7만 5000달러짜리 집을 2만 달러 이하에 구입할 수 있었다. 나는 친구에게 90일 뒤에 200달러를 더 주기로 하고 2,000달러를 빌린 다음 변호사에게 이를 계약금으로 지불했다. 구매 절차가 진행되는 동안 나는 7만 5000달러짜리 집을 선불금 없이 100퍼센트 융자로 6만 달러에 판매한다는 광고를 올렸다. 전화가 빗발치기 시작했다. 나는 잠재 고객들을 추려 냈고, 일단 법적으로 온전히 그 집을 소유하게 되자 그들에게 집을 구경시켜 주었다. 그들은 모두 그 집을 사고 싶어 했다. 집은 몇 분도 안 되어 팔렸다. 나는 수수료로 2,500달러를 요구했다. 사람들은 기꺼이 수수료를 건네주었고, 거기서부터 나머지 일은 매매 중개 회사가 알아서 처리해 주었다. 나는 친구에게 빌린 2,000달러에 200달러의 이자를 붙여 돌려주었다. 친구는 기뻐했다. 집을 구매한 사람도 기뻐했다. 변호사도 기뻐했고, 나도 기뻤다. 2만 달러에 산 집을 6만 달러로 팔았기 때문이다. 구매자가 준 4만 달러는 약속어음의 형태로 고스란히 내 자산 부문에 생성되었다. 이 모든 일이 벌어지는 데 걸린 시간은 도합 다섯 시간에 불과했다.

이제 당신도 금융 지식을 쌓고 숫자를 읽는 능력을 키우게 되었으니, 이것이 왜 돈을 만드는 것인지 설명해 보겠다.

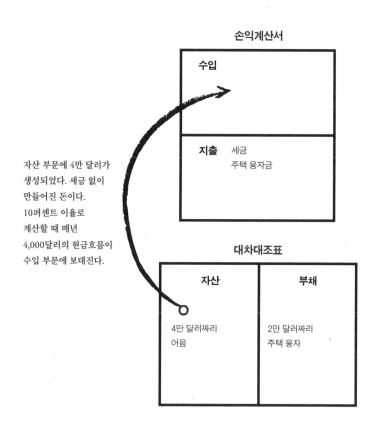

자산 부문에 4만 달러가 생성되었다. 세금 없이 만들어진 돈이다. 10퍼센트 이율로 계산할 때 매년 4,000달러의 현금흐름이 수입 부문에 보태진다.

손익계산서

수입	
지출	세금 주택 융자금

대차대조표

자산	부채
4만 달러짜리 어음	2만 달러짜리 주택 융자

불경기 동안, 킴과 나는 남는 시간에 이런 간단한 거래를 여섯 번이나 더 할 수 있었다. 우리의 돈은 대부분 더 큰 부동산과 주식 시장에 투자되어 있었지만 우리는 이런 여섯 건의 '사고 만들고 파는' 거래를 통해 19만 달러의 자산(10퍼센트 이자의 어음)을 마련했다. 이는 약 연간 1만 9000달러의 수입이 늘어났다는 의미였고, 이 수입의 상당 부분은 우리가 소유한 개인 기업의 보호를 받았다. 연간 1만 9000달러 수입의 많은 부분이 우리 회사의 자동차와 휘발유, 출장, 보험, 고객 접대 및 다른 업무에 소요되었던 것이다. 정부가 그 수입에 과세를 하려고 했

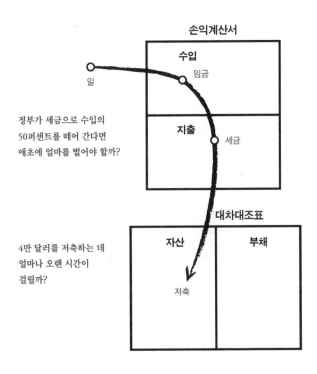

손익계산서

수입

일

임금

정부가 세금으로 수입의 50퍼센트를 떼어 간다면 애초에 얼마를 벌어야 할까?

지출

세금

대차대조표

자산

부채

4만 달러를 저축하는 데 얼마나 오랜 시간이 걸릴까?

저축

을 때에는 이미 합법적인 세전 비용으로 지출된 후였다.

이것이 바로 금융 지식을 이용해 돈을 생각해 내고, 고안하고, 보호하는 방법의 간단한 예다.

한번 자문해 보라. 얼마나 걸려야 19만 달러를 저축할 수 있을까? 은행이 과연 당신의 돈에 10퍼센트 이자를 지불할까? 내가 받은 어음은 30년짜리다. 나는 그들이 19만 달러를 갚지 않길 바란다. 그렇지 않으면 내가 세금을 내야 할 테니 말이다. 게다가 1만 9000달러를 30년 동안 꼬박 받으면 50만 달러 이상이 된다.

사람들은 만약 그들이 원금을 갚지 않으면 어떻게 되느냐는 질문을 한다. 때로는 정말로 그런 일이 일어나는데 그것은 내게 좋은 소식이다. 6만 달러짜리 집을 회수해 7만 달러에 되팔 수 있기 때문이다. 그러면 대출 처리 수수료로 다시 2,500달러를 챙길 수 있다. 이번에도 새로 사는 사람들은 선불금 없이 100퍼센트 융자금 거래를 할 수 있다. 이런 식으로 계속된다.

처음 이 집을 팔았을 때 나는 2,000달러를 갚았다. 그러므로 엄밀히 말해 나는 이 거래에 한 푼도 들이지 않은 셈이다. 그러므로 내 투자 수익률은 무한대이고, 이것이 바로 한 푼도 들이지 않고 많은 돈을 버는 방법이다.

집을 다시 파는 두 번째 거래에서 나는 2,000달러를 내 주머니에 챙기고 대출 기간을 다시 30년으로 연장한다. 그런 방식으로 돈을 벌게 되면 내 투자 수익률은 얼마가 될까? 정확히는 모르지만 어쨌든 한 달에 100달러를 저축하는 것보다는 훨씬 나을 것이다. 게다가 저축을 하게 되면 실질적으로 100달러가 아니라 150달러를 저축하는 것이나 마찬가지다. 왜냐하면 낮은 이자율로 40년을 꼬박 모아야 하는 데다 세금까지 내야 하기 때문이다. 그리고 알다시피, 이자를 받아 봤자 거기에 또다시 세금이 붙는다. 안전할지는 몰라도 영리한 방법은 아니다.

몇 년 뒤 피닉스 부동산 시장이 활기를 되찾기 시작했다. 우리가 6만 달러에 팔았던 집들은 11만 달러로 상승했고, 예전과 같은 매물을 거래할 기회가 남아 있긴 하지만 그 수가 대단히 드물어졌다. 이제 그런 물건들을 찾으러 다닌다면 내 소중한 자산인 시간만 잡아먹게 될 터였다. 수천 명의 구매자들이 몇 안 되

20년 전 그리고 오늘
세 차례 붕괴

지난 삼십 년 동안 세 차례의 거대한 붕괴가 있었다. 첫 번째는 부동산 가격이 폭락한 1989~1990년의 붕괴였고, 두 번째는 닷컴 버블이 터진 2001~2002년의 붕괴였으며, 세 번째는 주택 시장의 거품이 꺼진 2008~2009년의 붕괴였다. 이 시기는 각각 돈을 투자할 절호의 기회였다.

는 기회를 찾아다니고 있었다. 시장 상황에 변화가 생긴 것이다. 이제는 자산 부문에 추가할 다른 기회들을 찾아 나서야 할 때였다.

"그런 짓을 하면 안 되죠.""그건 법을 위반하는 겁니다.""거짓말이죠?" 사람들은 대개 이렇게 말한다. "어떻게 하면 되는지 알려 주실래요?"라고 말하는 사람들은 많지 않다. 여기서 해야 할 계산은 간단하다. 대수학이나 적분 같은 것은 필요 없다. 법률적인 문제나 금전상의 거래는 매매 중개 회사들이 처리해 준다. 지붕을 고치거나 화장실을

손볼 필요도 없다. 그런 건 집주인이 할 테니까. 가끔 돈을 지불하지 못하는 사람들이 있기는 하지만 그건 좋은 일이다. 왜냐하면 그에 따른 연체료를 받거나 그들을 내보내고 집을 다시 팔면 되기 때문이다. 이런 것은 법원이 처리한다.

어쩌면 당신이 사는 지역에서는 이런 일이 힘들 수도 있다. 지역마다 시장 상황이 다를 수 있기 때문이다. 그러나 위의 예시는 돈을 거의 들이지 않고도 간단한 금융 절차만으로 리스크 없이 많은 돈을 벌 수 있음을 말해 준다. 돈이 필요한 것은 계약을 맺을 때뿐이다. 고등학교만 나왔다면 누구나 할 수 있는 일이다.

그럼에도 대부분의 사람들은 이런 일을 하지 않는다. 그들은 "열심히 일해 저축하라."는 일반적인 조언에만 귀를 기울인다.

겨우 서른 시간의 수고를 들여 약 19만 달러를 자산 부문에 형성했고, 세금도 내지 않았다.

어느 쪽이 더 힘든가?
1. 열심히 일한다. 50퍼센트의 세금을 내고 남은 돈을 저축한다.
   저축한 돈에 대한 이자율은 5퍼센트다. 거기에 또다시 세금이 부과된다.
   또는,
2. 시간을 들여 금융 지능을 계발한다. 두뇌의 힘과 자산 부문을 키운다.

부자 아빠 가난한 아빠

첫 번째 방법을 선택한다면 19만 달러를 모으는 데 얼마나 많은 시간이 걸릴지 생각해 보라. 시간은 당신이 가진 가장 큰 자산 중 하나다.

이제는 내가 왜 이런 말을 하는 부모들을 보며 조용히 고개를 젓는지 이해할 수 있을 것이다. "우리 애는 학교에서 공부도 잘하고 좋은 교육을 받고 있어요." 좋은 일이긴 하지만 과연 그게 앞으로도 좋기만 할까?

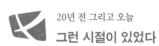

위의 투자 전략은 작은 것에 불과하다. 이것은 작은 투자가 어떻게 크게 자랄 수 있는지를 보여 주기 위한 것이다. 다시 말하지만, 나의 성공은 강력한 금융 기반이 얼마나 중요한지를 반영하는 것이며, 그것은 강력한 금융 교육으로부터 시작된다.

앞에서도 말했지만 다시 한번 말할 가치가 있다. 금융 지능은 다음의 네 가지 기술로 구성된다.

1. 회계

회계는 재무를 관리할 수 있는 능력, 또는 숫자를 이해하는 능력이다. 사업을 하거나 투자를 하고 싶다면 필수적인 기술이다.

2. 투자

투자는 '돈이 돈을 버는' 방법에 대한 과학이다.

3. 시장에 대한 이해

시장에 대한 이해는 알렉산더 그레이엄 벨이 시의적절하게 시장에 제공했던 수요와 공급의 과학이다. 빌 게이츠도 같은 일을 해냈다. 7만 5000달러짜리 집을 2만 달러에 사서 6만 달러에 판매하는 것 또한 시장이 만든 기회를 놓치지 않고 잡아 낸 결과다. 누군가는 사고, 누군가는 판다.

4. 법률

법률은 회계와 기업, 주 및 연방 법규에 대해 아는 것이다. 늘 규칙을 준수하라.

주택이나 임대용 아파트, 회사, 주식, 채권, 귀금속, 야구 카드 등 뭐가 되었든 재산을 모으고 성공하기 위해서는 이러한 기본적인 토대, 즉 위 기술들의 결합이 필요하다.

몇 년 뒤 부동산 시장이 다시 뛰어오르면서 모두가 부동산에 뛰어들었다. 주식 시장이 활기를 되찾자 모두가 주식 투자를 시작했다. 미국 경제가 다시 일어나기 시작했다. 나는 가진 것을 팔고 이제는 페루와 노르웨이, 말레이시아, 필리핀 등지를 여행하고 있었다. 투자 환경에 변화가 일었다. 우리는 더 이상 부동산을 사지 않는다. 나는 아마도 내 자산 부문의 가치가 늘어나는 것을 보며 팔아 치우기 시작할 것이다. 여섯 개의 주택 중 일부가 팔려 4만 달러짜리 어음이 현금화될 것이다. 그렇게 되면 내 회계사를 불러 현금을 보호할 방안을 찾으라고 말해야 할 것이다.

내가 강조하고 싶은 것은 투자 기회는 왔다가 간다는 것이다. 시장은 호황과 불황을 오간다. 경제는 활발해졌다 침체된다. 세상은 항상 우리에게 날마다 절호의 기회를 제공하지만 불행히도 우리는 너무나도 자주 그것들을 보지 못하고 지나친다. 하지만 기회는 늘 여기에 있다. 세상이 변화할수록, 기술이 발전할수록, 기회는 더욱더 자주 찾아올 것이며 당신과 당신의 가족이 재정적으로 보다 안정적으로 살 수 있도록 도와줄 것이다.

그렇다면 우리는 왜 힘들게 금융 지능을 계발하는 것일까? 다시 말하지만, 이 질문에 대답할 수 있는 것은 당신뿐이다. 내가 금융 지능을 계발하는 것은 변화가 다가오고 있음을 알기 때문이다. 나는 과거에 매달리기보다 변화를 반긴다. 시장은 호황과 불황을 반복할 것이다. 내가 금융 지능을 계속해서 계발하는 것은 시장이 변화할 때마다 누군가는 무릎을 꿇고 일자리를 구걸해야 하기 때문이다. 반면 다른 사람들은 삶이 아무리 하찮은 것들을 건네주더라도 (사실 우리 모두는 자주 그런 상황을 접하게 된다.) 그것을 수백만 달러로 바꿀 줄 안다. 그것이 바로 금융 지능이다.

사람들은 종종 내가 어떻게 그렇게 작은 것으로 큰돈을 벌 수 있었는지 묻는다. 나는 몇 가지 내 개인적인 투자에 관해 말해 주다가도 주저하게 되는데, 자칫하다간 허풍이나 잘난 척을 하는 것처럼 보일지도 모르기 때문이다. 하지만 내 의도는 그런 게 아니다. 내가 예를 드는 것은 현재의 상황에 맞는 간단하고 현실적인 실례들을 구체적인 숫자로 설명해 주고 싶기 때문이다. 내가 예시를 드는 것은 그것이 쉽다는 것을 가르쳐 주고 싶기 때문이다. 금융 지능의 네 가지 기둥에 대해 익숙해지면 익숙해질수록 점점 더 쉬워진다.

개인적으로 나는 재정적인 성장을 위해 두 가지 수단을 주로 이용했다. 바로 부동산과 소형주다. 나는 부동산을 내 기반으로 사용했다. 내 부동산은 날마다 현금흐름을 제공하고 때때로 가치에 성장을 보태 주었다. 소형주는 신속한 성장을 위해 활용했다.

나는 나와 똑같이 하라고 권하지는 않는다. 이것들은 그저 몇 가지 예시일 뿐이다. 기회가 너무 복잡하고 투자 내용이 너무 복잡할 때에는 나는 투자하지 않는다. 부자가 되는 데에는 간단한 산수 능력과 일반 상식만 있으면 된다.

내가 사례를 활용하여 설명하는 다섯 가지 이유

1. 더 많이 배우도록 자극하기 위해
2. 기반이 튼튼하면 부자가 되기 쉽다는 것을 알려 주기 위해
3. 누구든 부자가 될 수 있다는 것을 보여 주기 위해
4. 목표를 이루는 데에는 수만 가지 방법이 있다는 것을 알려 주기 위해
5. 어려운 일이 아니라는 것을 알려 주기 위해

부자 아빠 가난한 아빠

1989년에 나는 오리건 주 포틀랜드에 있는 아름다운 동네를 조깅하곤 했다. 마치 동화 속에 나오는 것 같은 작은 집들이 있는 교외 지역이었다. 다들 조그맣고 귀여웠다. 언제라도 길가에 할머니 집에 놀러 가는 빨간 망토 소녀가 튀어나올 것 같은 곳이었다.

사방에 '매물'이라는 간판이 붙어 있었다. 목재 시장은 끔찍했고, 주식 시장은 얼마 전에 바닥을 쳤으며, 경제는 불황이었다. 한 거리에서 나는 어떤 집에 다른 집들보다 훨씬 오래 '매물'이라는 간판이 붙어 있다는 것을 눈치챘다. 집은 낡아 보였다. 하루는 조깅을 하다가 그 집주인과 마주쳤다. 그는 근심스러워 보였다.

"얼마에 내놓으셨나요?" 내가 물었다.

집주인이 나를 보며 힘없이 미소를 지었다. "한번 불러 보시죠." 그가 말했다. "벌써 일 년이나 내놨어요. 이젠 더 이상 보러 오는 사람도 없어요."

"제가 한번 둘러보죠." 내가 말했다. 그리고 나는 삼십 분 뒤에 집주인이 부른 것보다 2만 달러나 싼 가격으로 그 집을 샀다.

침실 두 개짜리 작고 귀여운 집이었다. 창문에는 값싸고 반지르르한 장식이 붙어 있었다. 밝은 청색에 회색으로 포인트를 주었고, 건축된 시기는 1930년이었다. 집 안에는 근사한 석재 벽난로가 있었고 작고 귀여운 침실이 두 개 딸려 있었다. 세를 놓기에 완벽한 집이었다.

나는 4만 5000달러의 이 집을 선불금 5,000달러를 주고 구입했다. 하지만 실제로 이 집은 6만 5000달러의 가치를 지니고 있었다. 다만 아무도 이것을 사고 싶어 하지 않았을 따름이다. 집주인은 일주일 뒤에 홀가분한 기분으로 이사를 갔고, 내 첫 번째 임차인이 이사를 들어왔다. 그 지방의 대학에서 교수로 일하는 사람이었다. 융자금과 각종 비용, 관리비를 빼고 나면 월말에 내 주머니에 들어오는 돈은 40달러도 채 되지 않았다. 별로 신나는 일은 아니었다.

일 년 뒤, 침체되어 있던 오리건 부동산 시장이 회복되기 시작했다. 캘리포니아의 투자가들이 아직 호황기에 있던 그곳 부동산 시장에서 번 돈으로 무장하고 북쪽으로 올라와 오리건과 워싱턴의 집들을 사들이기 시작했다. 나는 그 작은 집을 캘리포니아에서 온 젊은 부부에게 9만 5000달러에 팔았는데, 그들은 좋은 가격에 집을 샀다고 생각했다. 나는 이번 거래로 얻은 약 4만 달러의 자본 소득을 '1031 부동산교환법'을 이용해 과세를 지연시킨 다음 내 돈을 투자할 다른 집을 찾아다녔다. 한 달쯤 뒤 나는 오리건 주 비버튼에 있는 인텔 공장 바로 옆에서 12세대짜리 연립주택을 발견했다. 집주인들은 독일에 살고 있었으며 그 건물의 가치를 모르고 있었다. 그리고 빨리 그 부동산을 처리하고 싶어 했다. 나는 45만 달러짜리 건물에 대해 27만 5000달러를 제시했다. 그들은 30만 달러에 합의를 봤다. 나는 그 부동산을 이 년 동안 가지고 있었다. 지난번과 똑같은 1031 법규를 이용해 우리는 이 건물을 49만 5000달러에 팔고 애리조나 주 피닉스에 있는 30세대짜리 아파트 건물을 샀다. 이때쯤 우리는 비를 피해 피닉스로 이사를 했기 때문에 어차피 그곳을 팔아야 했다. 예전에 오리건 주가 그랬던 것처럼 피닉스의 부동산 시장도 침체기에 있었다. 피닉스에 있는 30세대짜리 아파트 건물은 가격이 87만 5000달러로, 선금으로 지불한 돈은 22만 5000달러였다. 30세대에서 나오는 현금흐름은 한 달에 약 5,000달러 정도였다.

애리조나 부동산 시장이 회복세를 타기 시작하고 몇 년 뒤, 콜로라도의 한 투자가가 그 부동산에 대해 우리에게 120만 달러를 제시했다.

이 사례가 알려 주는 요점은 적은 금액이 거금으로 둔갑할 수 있다는 것이다. 중요한 것은 재무재표와 투자 전략, 시장에 대한 감각, 그리고 법률적 지식이다.

이런 것들을 잘 모른다면 기본적인 정론을 따라야 한다. 즉 안전하게 움직이고, 분산화하며 오직 안정적인 투자처에만 투자하라는 것이다. 그러나 '안정적인' 투자는 지나치게 깨끗한 감이 있는데, 다시 말해 너무 안전하여 수익이 적다는 의미다.

대형 중개업자들은 자기 자신과 고객들을 보호하기 위해 투기성 거래에는 손을 대지 않는다. 그것은 현명한 방침이다. 정말로 화끈한 거래들은 초보자들에게 제시되지 않는다. 대개 부자를 더욱 부자로 만들어 주는 최고의 거래는 게임을 이해하는 사람들에게 제시된다. 능숙하지 않은 사람들에게 그런 투기성 거래를 제시하는 것은 엄밀하게 말해 불법이지만, 당연하게도 그런 일은 종종 일어나곤 한다. 투자에 능숙해질수

> '안정적인' 투자는 지나치게 깨끗한 감이 있는데, 다시 말해 너무 안전하여 수익이 적다는 의미다.

록 기회는 더욱 많이 찾아온다.

평생 동안 금융 지능을 계발해야 하는 또 다른 이유는 그래야 더 많은 기회가 찾아오기 때문이다. 높은 금융 지능을 갖출수록 좋은 거래인지를 쉽게 판단할 수 있다. 좋지 않은 거래를 구분하거나 나쁜 거래를 좋은 거래로 바꿀 수 있는 것도 바로 당신의 금융 지능이다. 더 많이 배울수록(실제로 배워야 할 것들이 산더미 같다.) 더 많은 돈을 벌 수 있는 것은 시간이 지나면서 경험과 지혜를 축적하게 되기 때문이다. 내게는 늘 안전하게 투자하고, 직장에서 열심히 일하면서도 금융 지혜를 얻지 못하는 친구들이 있다. 그것을 계발하는 데에는 시간이 걸리기 때문이다.

내 전반적인 철학은 내 자산 부문 안에 씨앗을 심는 것이다. 그것이 내 공식이다. 나는 작게 시작하여 씨앗을 심는다. 어떤 것은 자라고 어떤 것은 그러지 못한다. 우리의 부동산 회사에는 수백만 달러짜리 자산도 일부 있다. 그것은 우리의 REIT, 즉 부동산 투자신탁Real Estate Investment Trust이다.

내가 말하고 싶은 점은 이러한 수백만 달러짜리 자산 중 대부분이 겨우 5,000달러에서 1만 달러짜리 투자로 시작되었다는 것이다. 이런 모든 초기 투자 자본은 다행히도 빠르게 성장하는 시장에 투입되었고 세금 감면을 받을 수 있었다. 우리는 여러 해 동안 부동산을 여러 번 거래하고 교환했다.

우리는 또한 주식 포트폴리오를 보유하고 있는데, 킴과 내가 "개인적인 뮤추얼 펀드"라고 부르는 회사들을 중심으로 이루어져 있다. 우리에게는 우리처럼 다달이 여윳돈으로 투자하는 투자가들만을 다루는 친구들이 있다. 우리는 미국이나 캐나다에서 막 주식을 상장하려는 리스크 높은 개인 회사들의 주식을 산다. 이런 식으로 얼마나 빨리 수익을 얻을 수 있는지 살펴보자. 회사가 공개되기 전에 주당 25센트로 10만 주를 산 적이 있는데, 6개월 뒤 회사가 상장되자 주가가 2달러로 올랐다. 만일 이 회사가 제대로 운영된다면 주가는 계속해서 오를 것이고, 언젠가는 주당 20달러까지 상승할지도 모른다. 일 년도 안 되는 사이에 2만 5000달러로 100만 달러를 벌었던 적도 있다.

자기가 하는 일을 잘 알면 도박이 아니다. 무작정 돈을 붓고 기도를 올린다면 그게 바로 도박이다. 어떤 경우든 핵심은 기술적인 지식과 지혜, 그리고 게임에 대한 애정을 이용해 잃을 확률, 즉 리스크를 낮추는 것이다. 물론 리스크는 언제나 있다. 금융 지능은 성공 확률을 높여 준다. 따라서 누군가에게는 위험한 것이 다른 사람에게는 덜 위험할 수도 있는 것이다. 그것이 바로 내가 사람들에게 주식이나 부동산 또는 다른 시장보다도 금융 지식을 배우는 데 더 많이 투자하라고 끊임없이 조언하는 이유다. 우리가 똑똑해질수록 성공 확률은 증가한다.

내가 개인적으로 투자하는 주식은 대부분의 사람들에게는 지나치리만큼 리스크가 높기 때문에 절대로 추천할 수 없다. 나는 1979년부터 이런 게임을 해 왔으며, 그에 걸맞는 대가도 치렀다. 하지만 어째서 이같은 투자가 대부분의 사람들에게 위험한지 다시 한번 알고 나면 당신의 삶을 기존과는 다른 방향으로 이끌어 2만 5000달러를 리스크 없이 일 년 안에 100만 달러로 바꾸는 능력을 키울 수 있다.

앞에서도 말했듯이 내가 이제까지 말한 내용은 추천할 만한 게 아니다. 이것들은 그저 간단하고 또 가능하다는 것을 보여 주기 위한 사례들일 뿐이다. 내가 하는 일들은 거대한 계획 가운데 작은 부분에 불과하다. 그러나 평범한 사람들도 그리 어렵지 않게 일 년에 10만 달러를 벌 수 있다. 시장 상황과 머리를 어떻게 굴리느냐에 따라 오 년에서 십 년이면 된다. 적당히 아끼면서 산다면 10만 달러의 추가 수입은 당신이 무슨 일을 하든 괜찮은 조건이다. 원한다면 계속 일을 할 수도 있고, 일을 그만두고 정부의 조세 제도를 내 편으로 활용할 수도 있다.

자기가 하는 일을 잘 알면 도박이 아니다.
무작정 돈을 붓고 기도를 올린다면 그게 바로 도박이다.

내 개인적인 기반은 부동산이다. 내가 부동산을 좋아하는 것은 안정적이고 변화 속도가 더디기 때문이다. 나는 이 기반을 굳건하게 유지한다. 현금흐름도 상당히 안정적이고, 관리만 제대로 한다면 가치가 오를 확률이 크다. 부동산을 굳건한 기반으로 갖고 있으면 단기성 주식 투자처럼 보다 큰 리스크를 감수할 수 있다는 장점이 있다.

주식 시장에서 큰 수익을 얻게 되면, 자본 이익에 대한 세금을 납부한 다음 나머지를 부동산에 재투자해 자산 기반을 더욱 튼튼하게 다질 수 있다.

부동산에 관해 마지막으로 덧붙이자면, 나는 전세계를 돌아다니며 투자 방법에 관해 사람들을 가르친 바 있다. 나는 가는 곳마다 부동산을 싸게 살 수가 없다는 불평을 들었다. 그러나 내 경험은 다르다. 심지어 뉴욕이나 도쿄에서마저도, 그리고 교외 지역에서도 값싼 기회가 존재하지만 대부분의 사람들이 이를 간과한다. 부동산 가격이 대단히 높은 싱가포르에서도 조금만 돌아다니면 괜찮은 거래 기회를 찾을 수 있다. 그래서 나는 누군가 "여기선 그렇게 할 수 없어요."라고 말할 때마다 사실은 "여기서는 그렇게 할 수 있는 방법을 모르겠어요, 아직은요."일 것이라고 상기시킨다.

좋은 기회는 눈으로 볼 수 있는 것이 아니다. 마음으로 봐야 한다. 대부분의 사람들이 부자가 되지 못하는 이유는 금융 교육을 받지 못해 눈앞에 있는 기회도 알아보지 못하기 때문이다.

사람들은 내게 자주 이렇게 묻는다. "어떻게 시작해야 하죠?"

이 책의 마지막 장에서 당신은 내가 경제적인 자유를 누리고 얻기 위해 활용한 열 가지 단계를 보게 될 것이다. 그러나 늘 먼저 재미를 느껴야 한다는 것을 잊지 마라. 투자의 법칙과 용어를 배우고 자산 부문을 구축하기 시작하면 그것이 그 무엇보다도 재미있는 게임이라는 사실을 알게 될 것이다. 때로는 이기고 때로는 배우기도 한다. 하지만 재미있게 해야 한다. 대부분의 사람들이 이 게임에서 이기지 못하는 것은 그들이 지는 것을 두려워하기 때문이다. 내가 학교가 시시하다고 생각하는 것도 그 때문이다. 학교에서 우리는 실

> 좋은 기회는 눈으로
> 볼 수 있는 것이 아니다.
> 마음으로 봐야 한다.

수는 나쁜 것이라고 배우며, 실수를 저지를 때면 벌을 받는다. 하지만 인간은 원래 실수를 통해 배우도록 설계된 존재다. 우리는 넘어지면서 걸음마를 배운다. 넘어지지 않는다면 우리는 절대 걸을 수 없을 것이다. 자전거를 배울 때도 마찬가지다. 내 무릎에는 아직도 흉터가 남아 있지만, 지금은 아무 생각을 하지 않아도 저절로 자전거를 탈 수 있다. 부자가 되는 것도 이와 마찬가지다. 불행히도, 대부분의 사람들이 부자가 되지 못하는 가장 큰 이유는 그들이 지는 것을 두려워하기 때문이다. 진정한 승자는 패배를 두려워하지 않는다. 그러나 패배자들은 지는 것을 두려워한다. 실패란 성공 과정을 구성하는 일부다. 실패를 피해 가는 사람들은 결국 성공 또한 피해 가게 될 것이다.

내게 돈이란 테니스와 비슷하다. 열심히 플레이하고, 실수를 저지르고, 고치고, 다시 실수를 저지르고, 고치고, 그러면서 점점 더 개선되는 것이다. 만일 시합에서 진다면 나는 네트를 넘어가 상대방과 악수를 나누고 미소를 지으며 이렇게 말할 것이다. "다음 주 토요일에 봅시다."

세상에는 두 부류의 투자가가 있다.

1. 흔한 유형으로 패키지 투자를 산다. 그들은 부동산 회사나 주식 중개인, 또는 자산 관리사처럼 상품을 대량으로 다루는 전문가들을 찾아가 무언가를 구입한다. 그것은 뮤추얼 펀드일 수도 있고, REIT일수도 있고, 주식이나 채권일 수도 있다. 매우 단순하고 깔끔한 투자 방식이다. 컴퓨터 상

점에서 완성된 컴퓨터를 사는 쇼핑객에 비유할 수 있겠다.

2. 두 번째 유형은 투자를 창조하는 사람이다. 이러한 투자자는 컴퓨터를 부품별로 구입하는 사람들과 비슷한 방식으로 투자를 조립한다. 나는 컴퓨터 조립에 대해서는 아무것도 모르지만 기회를 조립하거나 혹은 그렇게 할 수 있는 사람들을 알고 있다.

보다 전문적인 투자가는 바로 두 번째 유형이다. 때로는 그 모든 조각을 맞추는 데에 상당히 오랜 기간이 걸리기도 한다. 그리고 가끔은 맞추지 못하는 경우도 있다. 부자 아버지는 내게 두 번째 유형의 투자가가 되라고 격려했다. 각 조각들을 맞추는 법을 배우는 것은 대단히 중요하다. 왜냐하면 크게 이길 수 있는 기회는 바로 거기에 놓여 있기 때문이다. 그리고 물론 때로 흐름이 반대쪽에 있을 때에는 크게 잃을 수도 있다.

두 번째 유형의 투자가가 되고 싶다면 세 가지 중요 기술들을 익혀야 한다. 위에서 언급한 금융 지능을 갖추는 데 필요한 기술들 외에도 이러한 기술들이 필요하다.

1. 다른 사람들이 놓친 기회를 찾으라

다른 사람들이 눈으로 놓친 기회를 마음으로 찾으라. 일례로 한 친구가 다 쓰러져 가는 낡은 집을 한 채 샀다. 으스스할 정도로 끔찍한 짓이었다. 모두들 왜 그가 그 집을 샀는지 의아해했다. 우리는 보지 못했으나 그가 발견한 것은 그 집에 딸린 네 개의 빈 부지였다. 그는 소유권 관리 회사에 갔다가 이 사실을 알게 되었다. 친구는 이 집을 산 뒤 집을 허물고 도합 다섯 곳의 부지를 처음 산 가격의 세 배를 받고 건축업자에게 팔았다. 두 달 동안 일해 7만 5000달러를 번 것이다. 아주 많은 돈은 아니었지만 최저 임금보다는 확실히 많은 가격이다. 그리고 그리 힘든 일도 아니었다.

2. 자금을 조달하라

보통 사람들은 은행밖에 모른다. 그러나 두 번째 유형의 투자가들은 자금을 조달하는 방법을 알고 있다. 은행에서 대출을 받지 않아도 자금을 모을 수 있는 방법은 여러 가지다. 처음에 나는 은행 없이 집을 사는 방법을 배웠다. 정말로 귀중한 것은 집 자체가 아니라 자금을 조달하는 기술이다.

사람들은 자주 이렇게 말한다. "은행에서 돈을 빌려 주지 않아요." "그걸 살 돈이 없어요." 두 번째 부류의 투자가가 되고 싶다면 대부분의 사람들을 가로막는 것이 무엇인지를 알아야 한다. 다시 말해, 대다수의 사람들은 돈이 부족하면 거래를 하지 않는다. 만일 그러한 장애물을 피할 수 있다면 그런 기술을 배우지 않는 사람들보다 훨씬 앞서 나갈 수 있다. 나는 몇 번이나 은행에게서 동전 한 푼 빌리지 않고 주택이나 주식, 아파트 건물을 산 적이 있다. 한번은 120만 달러를 주고 아파트 건물을 한 채 샀는데, 구매자와 판매자 사이의 계약을 이용하는 이른바 '매듭 짓기' 방식을 사용했다.

그런 다음 10만 달러의 예치금을 구해 나머지 금액을 조달할 90일의 시간을 벌 수 있었다. 나는 왜 그렇게 했을까? 간단히 말해, 그게 100만 달러의 가치가 있음을 알아보았기 때문이었다. 나는 돈을 조달하지 않았다. 예치금 10만 달러를 마련해 준 사람이 내게 거래를 찾아 준 대가로 5만 달러를 주었고, 내 자리를 대신했다. 그리고 나는 깔끔하게 거기서 걸어 나왔다. 이 모든 일을 하는 데 걸린 시간은 고작 사흘이었다. 이번의 경우에서도 알 수 있듯이 중요한 것은 무엇을 사느냐가 아니라 무엇을 아느냐다. 투자는 사는 것이 아니다. 그것은 아는 것이다.

3. 똑똑한 사람들을 조직화하라

똑똑한 사람들은 자기보다 똑똑한 사람들을 고용하거나 함께 일한다. 조언이 필요할 때에는 조언해 줄 사람을 현명하게 선택하라.

배울 것이 많지만 대신 그 보상이 엄청날 것이다. 이런 기술들을 배우고 싶지 않다면 첫 번째 유형의 투자가가 되는 것이 낫다. 아는 것이 재산이다. 모르는 것은 커다란 위험이 된다.

위험은 늘 있다. 그러니 그것을 피하기보다 관리하는 법을 배우라.

부자들은
돈을 만든다

부자 아빠 다시 읽기

로버트는 대비되는 두 가지 사례를 제시한다. 하나는 알렉산더 그레이엄 벨의 이야기다. 벨은 자신이 만든 제품의 늘어난 수요를 감당하지 못하여 회사를 웨스턴 유니언에 10만 달러에 팔려고 애썼다. 하지만 그 기회를 제대로 알아보지 못한 웨스턴 유니언은 벨의 제안을 거절했고 결국 수십 억 달러 가치의 산업을 놓치고 말았다.

두 번째 사례는 구조 조정에 들어간 한 지역 기업에 대한 뉴스 보도다. 일자리를 잃은 사십 대 중반의 중간 관리자는 카메라 앞에서 복직시켜 달라고 애원했다. 집을 산 지 얼마 되지 않은 상황이라 그것을 빼앗길까 봐 두려워하고 있었다.

두려움과 자기 회의는 우리 모두에게 존재한다. 로버트는 1984년부터 전문적으로 사람들을 가르치기 시작했는데 자신을 포함해 실로 많은 사람들에게서 두려움과 자기 회의를 발견했다. 모두 엄청난 잠재력을 보유한 한편 자기 회의도 갖고 있었던 것이다.

용기는 성공적인 삶을 영위하는 데 있어 많은 차이를 만들어 낸다. 로버트는 가르치는 입장에서, 답을 알면서도 실행에 옮기지 못하는 학생들을 볼 때마다 가슴이 찢어진다고 말한다.

금융적 천재성은 기술적 지식과 대담함 양쪽 모두를 필요로 한다. 그래서 로버트는 학생들에게 리스크를 감수하고 대담해지는 법, 그리고 천재성을 발휘해 두려움을 힘과 재기로 바꾸는 법을 배우라고 강조한다. 어떤 이들에게는 오히려 겁을 먹게 만드는 조언이다. 대부분의 사람들은 돈에 관한 한 안전하게 움직이는 것을 좋아하기 때문이다.

우리 앞에는 많은 변화가 놓여 있다. 금융 IQ를 개발하면 변화를 두려움이 아닌 흥미의 대상으로 볼 수 있다. 두려움 때문에 옆으로 비켜서서 다른 사람들이 용감하게 나아가는 모습을 지켜보는 사람들과 달리, 기회를 보고 그것을 토대로 행동할 수 있다.

삼백 년 전에는 땅이 재산이었다. 이어서 공장과 생산 라인이 재산이 되었고, 오늘날에는 정보가 곧 재산이다. 하지만 정보는 빛의 속도로 전 세계로 퍼져 나가고 변화는 갈수록 더 빠르고 극적으로 이루어진다. 엄청난 수의 백만장자들이 탄생할 것이고 동시에 뒤처지는 자들도 생겨날 것이라고 로버트는 예측한다.

어떤 사람들은 낡은 사고방식을 고수하다 어려움이 닥치면 기술이나 경기를 탓한다. 그들은 낡은 사고방식이야말로 가장 큰 부채라는 사실을 인식하지 못한다. 무언가를 행하는 방식이나 아이디어가 어제는 자산이었을지 몰라도, 오늘날에는 부채가 되는 경우가 허다하다.

로버트는 자신이 발명한 보드게임인 '캐시플로'를 이용해 투자를 가르쳤는데, 어느 날 수업에 참가한 한 여성의 사례를 들려준다. 이 게임은 돈의 작용 방식을 가르치기 위한 것으로 손익계산서와 대차대조표의 상호작용을 배울 수 있다.

어떤 사람들은 그 보드게임을 좋아하지만 어떤 사람들은 싫어하고 또 어떤 사람들은 요점을 놓친다. 예의 그 여성은 본인이 자산으로 여긴 것들(예컨대 보트 등)이 자신의 현금흐름에 부정적인 영향을 미치는 상황을 이해하지 못했다. 결국 그녀는 끔찍한 결과를 맞이했고 화를 내며 환불을 요구했다. 그 게임이 그녀를 반영한다는 사실 자체를 인정하길 거부한 것이다.

게임은 강력한 가르침의 도구다. 행동방식을 반영하고 즉각적인 피드백을 제공하기 때문이다. 나중에 로버트는 마음이 상해 떠났던 그 여성의 소식을 들었다. 그동안 차분히 마음을 가라앉히며 그 게임과 자신의 인생 사이에 어느 정도 관계가 있음을 알게 되었다는 이야기였다. 전남편과 사는 이십 년 동안 재정에 전혀 관심을 쏟지 않고 자산도 전혀 모으지 않은 탓에 결국 자신이 곤경에 처했음을 이해하게 된 것이다.

캐시플로 게임의 목적은 사람들에게 새롭고 다양한 재정적 옵션을 생각하고 창출하도록 가르치는 데 있다. 어떤 사람들은 이를 쉽게 배우지만 어떤 사람들은 큰 어려움을 겪는다. 창의적인 재정 마인드를 가진 사람들은 새앙쥐 레이스를 빠르고 쉽게 벗어난다.

어떤 사람들은 캐시플로 게임 안에서 많은 돈을 벌기도 하지만 그 돈으로 무엇을 해야 할지 알지 못한다. 실제 현실에서도 그런 사람들이 종종 있지 않은가.

어떤 사람들은 게임을 하면서 적절한 '기회 카드'가 나오지 않는다고 불평만 하면서 계속 앉아서 기다린다. 또 어떤 사람들은 멋진 '기회 카드'를 얻고도 돈이 없어 그것을 이용하지 못한다. 그리고 훌륭한 '기회 카드'를 뽑고 돈도 충분한데 그 안에 담긴 기회를 미처 보지 못하는 사람들도 있다. 이 모든 행동방식은 실제 현실에서도 발생한다.

금융 지능을 키우게 되면 더 많은 선택권을 갖게 된다. 기회를 창출하는 방법을 알아내거나 어떤 상황이든 자신에게 유리하게 작용하도록 바꿀 수 있는 능력이 생기기 때문이다.

운은 만들어 내는 것이다. 그러므로 스스로 운을 창출할 줄 알아야 한다.

돈은 진짜가 아니라 그저 사람들끼리 합의한 약속일 뿐이다. 우리의 가장 큰 자산은 돈이 아니라 우리의 정신이다. 따라서 정신을 훈련시켜야 한다. 제대로만 훈련시키면 정신은 아무것도 없는 상태에서도 엄청난 부를 만들어 낼 수 있다. 또한 아이디어와 합의만으로 큰돈을 버는 사람들도 있다.

매달 저축을 하는 것은 좋은 생각이다. 하지만 문제는 그런 선택을 하면 실제로 벌어지고 있는 상황에 신경을 끄게 되고 결국 훨씬 더 큰 성장을 이룰 수 있는 기회를 놓칠 가능성이 높다는 것이다.

1990년대 초반 애리조나 주 피닉스의 경기는 형편없었다. 로버트와 그의 아내 킴은 그런 상황을 이용해 부동산에 투자했다. 여기서 그가 보여 준 사례는 7만 5000달러짜리 집을 2만 달러에 사고 4만 달러를 마진으로 챙기는 방식이었다. 그는 친구에게 200달러를 이자로 주기로 하고 2,000달러를 빌려 계약금으로 지불했다. 그리고 구매 절차가 진행되는 동안 7만 5000달러짜리 집을 선불금 없이 100퍼센트 융자로 6만 달러에 판매한다는 광고를 올렸다. 그는 그 집이 법적으로 온전히 그의 소유가 되자마자 불과 수 분 만에 팔아 치웠다. 모두가 만족한 거래였다. 그리고 구매자가 건넨 약속어음의 형태로 로버트의 자산 부문에 4만 달러가 추가되었다. 연이율 10퍼센트의 약속어음이라 매년 4,000달러의 현금흐름을 그의 수입에 생성해 주는 것이었다. 이 모든 일이 벌어지는 데 걸린 시간은 도합 다섯 시간에 불과했다.

만약 구매자가 원금을 갚지 못하게 된다면 어떻게 되는가? 로버트 부부는 그저 집을 회수해 되팔면 된다. 여전히 세후 금전으로 매월 저축하는 것보다는 훨씬 높은 수입을 올릴 수 있는 방법이다.

이는 합법적인 거래다. 법률적인 문제나 금전상의 거래는 매매 중개회사들이 처리해 준다. 지붕을 고치거나 화장실을 손볼 필요도 없다. 그런 일들은 집을 구매해서 거주하는 사람이 하게 된다.

부자 아빠 가난한 아빠

몇 년 뒤 피닉스의 경기가 활기를 되찾았다. 이제 로버트는 예전과 같은 방식의 기회를 찾아다니며 자신의 아까운 자산인 시간을 낭비할 필요가 없다고 판단하고 다른 기회를 찾아 나섰다.

시장 상황은 지역에 따라 다르다. 따라서 이 전략이 모든 사람에게 유용하다고 할 수는 없다. 이 사례가 보여 주고자 하는 것은 간단한 금융 절차를 이용하는 것만으로도 별다른 리스크 없이 많은 돈을 벌 수 있다는 사실이다. 돈이 '합의'로만 움직인 사례라 하겠다.

자, 그래도 여전히 열심히 일해 세금을 내고 남는 것을 저축하고 싶은가? 거기에 붙는 이자에도 세금이 붙는데도? 아니면 시간을 내서 금융 지능을 개발하고 싶은가?

시장은 오르락내리락하고 투자자들은 오고 간다. 세상은 언제나 당신에게 기회를 제공한다. 당신은 그저 기회를 볼 줄 알기만 하면 된다.

로버트는 또한 오리건 주 포틀랜드의 시장이 침체했을 때 4만 5000 달러에 주택을 구입해 이익도 별로 남기지 않고 세를 준 사례를 소개한다. 그 일 년 후, 침체되어 있던 오리건의 부동산 시장이 회복되기 시작했고 그는 그 집을 9만 5000달러에 팔아서 얻은 자본 소득을 오리건 주 비버튼에 있는 30만 달러짜리 12세대 연립주택에 재투자했다. 그리고 이 년 후 다시 그 집을 팔아 애리조나 주 피닉스에 있는 87만 5000달러짜리 30세대 아파트 건물에 투자했다. 몇 년 후 콜로라도의 한 투자가가 그 부동산에 대해 120만 달러를 제시했다. 이 사례가 알려 주는 요점은 적은 금액이 거금으로 둔갑할 수 있다는 것이다.

시간이 걸리더라도 금융 지능은 개발하면 할수록 좋다. 우리에게 보다 많은 기회를 제공해 주기 때문이다.

어떤 사람들은 싸게 살 수 있는 부동산이 어디 있느냐고 반문한다. 하지만 로버트는 모든 곳에 기회가 존재하는데 대부분의 사람들이 이를 미처 보지 못하는 것뿐이라고 말한다. 금융 교육을 제대로 받지 못한 탓에 그들은 눈앞에 놓인 기회도 알아채지 못한다.

금융 IQ를 키우고 그것을 실제로 적용할 때 명심해야 할 한 가지는 즐길 줄 알아야 한다는 것이다. 이득을 볼 때도 있고 손실을 볼 때도 있을 것이다. 중요한 것은 어느 때건 즐겨야 한다는 사실이다. 손실을 두려워하지 말라. 실패는 성공 과정의 일부임을 기억하라.

세상에는 두 부류의 투자가가 있다. 첫째는 패키지 투자를 사는 흔한 유형이다. 이들은 부동산 회사나 주식 중개인, 또는 자산 관리사처럼 금융상품을 대량으로 다루는 전문가들을 찾아가 무언가를 구입한다. 둘째는 투자를 창조하는 유형이다. 전문 투자가가 여기에 속한다.

만약 두 번째 유형의 투자가가 되고 싶다면 세 가지 중요 기술을 익혀야 한다. 첫째, 다른 사람들이 놓친 기회를 찾는 기술, 둘째, 자금 조달 기술, 셋째, 똑똑한 사람들을 조직화하고 자신보다 더 똑똑한 사람들을 고용하는 기술. 바로 이 세 가지다.

리스크는 언제 어디에나 있으니, 따라서 그것을 피하기보다는 관리하는 법을 배워야 한다.

- **좌뇌 모멘트** | 작은 돈이라도 영리하고 시의적절한 투자를 통해 엄청난 금액으로 불릴 수 있다.

- **우뇌 모멘트** | 로버트는 언제나 성인 학생들에게 게임이 그들의 지식과 그들이 배워야 하는 것들을 반영해 보여 준다고 강조한다. 무엇보다 중요한 것은 그런 게임이 바로 그들의 행동방식을 반영한다는 사실이다. 그것은 즉각적인 피드백 시스템이다. 교사들이 획일적인 강의를 한다면, 게임은 개개인에게 특별히 맞춤화된 강의를 제공한다.

- **잠재의식 모멘트** | 우리 모두는 엄청난 잠재력과 타고난 재능을 보유하고 있다. 그런 우리를 주저하게 만드는 것은 바로 일정한 수준의 자기 회의다. 문제는 기술적 정보의 부족이 아니라 자신감의 부족이다.

핵심 내용 이해하기

자, 이제 곰곰이 생각해 볼 시간이다. 이렇게 자문해 보라. "이 장에서 로버트는 무엇을 말하고 있는가? 그리고 그가 그렇게 말하는 이유는 무엇인가?" 로버트의 말에 동의하든 그렇지 않든 상관없다. 이 섹션의 목적은 그가 말하고자 하는 바를 '이해하는' 것이기 때문이다.

기억하라. 이 커리큘럼의 의도는 협력과 지원에 있다. 백지장도 맞들면 낫다고 하지 않는가. 로버트가 하는 말을 이해하지 못한다고 해서 부끄러워하거나 도외시할 필요는 없다. 몇 사람이 모여 의견을 교환하면 더욱 쉽게 이해될 수도 있다. 다음의 문장들을 시간을 갖고 차분히, 완전히 이해할 때까지 토의해 보길 바란다.

- 실제 세상에서는 종종 똑똑한 사람이 아니라 대담한 사람이 앞서 나간다.

- 나는 학생들을 가르치면서 과도한 두려움과 자기 회의가 개인의 천재성을 저하시키는 요인임을 알게 되었다. 답을 알면서도 용기가 부족해 행동하지 못하는 학생들을 보면 가슴이 찢어지는 것 같았다.

- 어떤 사람들의 경우, 낡은 사고방식이 그들의 가장 큰 부채다. 그것이 부채인 이유는 그들이 그러한 사고나 행동방식이 어제의 자산이었고, 어제는 이미 가 버렸다는 사실을 알지 못하고 있기 때문이다.

- 당신은 왜 금융 지능을 키우고 싶은가? 그것은 당신이 스스로 운을 창조하는 그런 부류의 사람이기 때문이다.

- 우리 모두가 갖고 있는 가장 강력한 자산은 바로 우리의 정신이다. 제대로만 훈련시킨다면 우리의 정신은 순식간에 엄청난 부를 만들어 낼 수 있다. 정신을 훈련하지 않는다면 미래의 자손들에게 극단적인 빈곤만을 물려주게 될 수도 있다.

- 기회가 너무 복잡하고 투자 내용이 너무 난해할 때 나는 투자하지 않는다. 부자가 되는 데에는 간단한 산수 능력과 일반상식만 있으면 된다.

- '안정적인' 투자는 지나치게 깨끗한 감이 있는데, 그것은 곧 너무 안전하여 수익이 적다는 의미다.

- 자기가 하는 일을 잘 알면 도박이 아니다. 무작정 돈을 부어 넣고 기도를 올린다면 그게 바로 도박이다.

- 좋은 기회는 눈으로 볼 수 있는 게 아니라 마음으로 봐야 하는 것이다.

- 당신의 가장 큰 자산은 당신이 아는 것들이고, 당신의 가장 큰 리스크는

당신이 모르는 것들이다.

실천을 위한 질문과 토론

자, 이제 이 장에서 이해한 바를 당신의 삶에 적용할 시간이다. 아래의 질문을 자신에게 던져 보거나 스터디 그룹에서 토의해 보길 바란다. 솔직하게 답하는 것이 중요하다는 점을 잊지 말라. 자신의 답변 일부가 맘에 들지 않는 경우, 스스로 기꺼이 변화할 의향이 있는지, 자신의 생각과 사고방식을 바꾸는 도전을 받아들일 의향이 있는지 자문해 보라.

1. 우리를 주저하게 만드는 것은 기술적 정보의 부족이 아니라 자신감의 부족이다. 당신이나 다른 누군가의 삶에서 자기 회의로 인해 좋은 기회를 놓친 사례가 있었다면 언제 어떤 경우였는가?

2. 어떤 사람들은 많은 돈을 갖고도 재정적으로 앞서 나가지 못한다. 그 이유가 무엇이라고 생각하는가?

3. 나름대로 금융 지능을 개발해 오면서 그 덕분에 좋은 거래와 나쁜 거래를 분간한 적이 있는가?

4. 중요한 투자 철학 중 하나는 자신의 자산 부문에 씨앗을 심고 작게 시작해 그 성장세를 지켜보는 것이다. 만약 지금 당장 당신의 자산 부문에 씨앗을 심는다면 구체적으로 무엇을 어떻게 하겠는가? 지금 당장 그럴 수 없다면 그럴 수 있는 상황을 만들기 위해 무엇을 하겠는가?

5. 패키지 투자를 사는 부류와 투자를 창조하는 부류, 이렇게 두 부류의 투자가 중에서 당신은 어디에 속하는가? 그것이 자신이 원하는 부류인가?

6. 실패에 대한 두려움은 당신의 삶에서 어떤 역할을 하는가? 그런 두려움이 좋은 기회를 활용하지 못하도록 막은 적이 있는가? 앞으로 그런 두려움을 극복하기 위해 당신은 무엇을 할 수 있는가?

Chapter 6

교훈 6 돈을 위해 일하지 말고 교훈을 얻기 위해 일하라

교육을 많이 받은 아버지에게는 직업의 안정성이 모든 것을 의미했다.
부자 아버지에게는 배움이 모든 것을 의미했다.

몇 년 전 나는 싱가포르에서 한 신문사와 인터뷰를 하게 되었다. 한 젊은 여기자가 시간에 맞춰 도착하자 즉시 인터뷰가 시작되었다. 우리는 화려한 호텔 로비에 앉아 커피를 홀짝이며 내가 싱가포르를 방문한 목적에 대해 이야기를 나누었다. 나는 지그 지글러Zig Zilgar와 같은 곳에서 강연을 하기로 되어 있었다. 그는 동기 부여에 대해, 나는 '부자가 되는 비결'에 대해 이야기할 예정이었다.

"언젠가는 저도 당신처럼 베스트셀러 작가가 되고 싶어요." 그녀가 말했다. 나는 그녀가 쓴 신문 기사 몇 개를 읽었는데 대단히 인상적이었다. 그녀는 명확하면서도 힘 있는 문체를 지니고 있었다. 그녀의 기사는 독자들의 관심을 사로잡았다.

"글을 잘 쓰시던데요." 내가 말했다. "그런데 왜 꿈을 이루지 못하고 있는 거죠?"

"별 성과가 없더라고요." 그녀는 조용히 말했다.

"다들 내 소설이 훌륭하다고는 하는데 아무 반향도 일어나지 않더라고요. 그래서 계속 신문사에서 일하고 있죠. 적어도 월급은 나오니까요. 혹시 제게 충고해 주실 건 없나요?"

"있습니다." 나는 명랑한 말투로 대답했다. "내 친구 하나가 여기 싱가포르에서 세일즈 기술을 가르치는 학교를 운영하고 있습니다. 싱가포르의 수많은 주요 기업들을 대상으로 세일즈 훈련 강좌를 열고 있지요. 그 강좌가 당신 꿈을 이루는 데 큰 도움이 될 것 같군요."

여기자의 태도가 뻣뻣해졌다. "저더러 학원에서 세일즈 기술을 배우라고요?"

나는 고개를 끄덕였다.

"진담으로 하시는 말씀이세요?"

이번에도 나는 고개를 끄덕였다. "그게 뭐가 잘못됐습니까?" 나는 잠시 주춤했다. 그녀가 무언가에 모욕감을 느낀 것 같아 보였기에 애초에 아예 말을 꺼내지 말 걸 그랬다는 생각이 들었다. 그녀를 도와주고 싶다고 생각하면서도 나는 스스로 방어적인 태도를 취하게 되었다. "저는 영문학 석사 학위를 갖고 있어요. 제가 왜 세일즈맨이 되는 법을 배워야 하죠? 전 전문 직종에 종사하고 있어요. 세일즈맨이 되지 않으려고 학교에 가서 전문가가 되는 공부를 했다고요. 전 세일즈맨이 싫어요. 그 사람들은 돈밖에 모른다고요. 그러니 왜 제가 세일즈를 공부해야 하는지 말해 보시죠!" 그녀는 가방을 싸기 시작했다. 인터뷰는 끝이 났다.

커피 테이블 위에는 내 초기 베스트셀러가 놓여 있었다. 나는 그 책과 여기자가 끄적여 놓은 메모장을 집어 들었다.

"이거 보입니까?" 나는 그녀의 메모장을 가리켰다.

여기자가 메모장을 들여다보았다. "뭐요?" 그녀는 혼란스러운 표정으로 물었다. 나는 다시 한번 천천히 그녀가 적어 놓은 메모를 가리켰다. 메모지 위에는 이렇게 적혀 있었다.

'로버트 기요사키, 베스트셀러 저자.'

"책을 가장 많이 파는 저자라고 적혀 있지 책을 가장 잘 쓰는 저자라고 적혀 있진 않죠." 내가 조용히 말했다. 그녀의 눈이 커다래졌다.

"난 글솜씨가 형편없어요." 내가 말했다. "하지만 당신은 훌륭하죠. 난 세일즈를 배웠어요. 당신은 석사 학위를 갖고 있고요. 그걸 합치면 당신은 '가장 많이 파는 저자'는 물론이고 '가장 잘 쓰는 저자'도 될 수 있지요."

여기자의 눈에서 분노가 이글거렸다. "나는 세일즈를 배울 정도로 초라해지진 않을 거예요. 당신 같은 사람은 글을 쓰는 것과는 아무 관련도 없어요. 나는 전문적으로 훈련을 받은 작가고 당신은 세일즈맨이라고요. 이건 불공평해요." 그녀는 씩씩거렸다.

여기자는 메모장을 챙긴 다음 황급히 유리문을 빠져나가 후텁지근한 싱가포르의 아침 속으로 사라졌다.

하지만 적어도 그녀는 다음 날 아침 신문에 나에 대해 공정하고 호의적인 기사를 써 주었다. 세상은 똑똑하고 재능 있고 박식하고 탁월한 사람들이 가득하다. 우리는 날마다 그런 사람들을 만난다. 우리 주위에는 그런 사람들이 넘쳐난다.

며칠 전, 자동차에 문제가 생겼다. 정비소에 차를 가져갔더니 젊은 수리공이 몇 분도 안 되어 문제를 해결해 주었다. 그는 엔진 소리만 듣고도 뭐가 잘못되었는지 알아차렸다. 정말 놀라웠다.

나는 재능 있는 사람들이 얼마나 돈을 적게 버는지를 알고 놀라곤 한다. 대단히 우수하고 학식도 높은데 일 년에 2만 달러도 채 못 버는 사람들도 만나 봤다. 의료 분야를 전문으로 하는 한 경영 컨설턴트가 내게 말하길, 엄청난 수의 의사와 치과의사들이 재정적으로 곤란에 처해 있다고 한다. 나는 그동안 의대를 졸업하고 나면 돈이 굴러들어오는 줄만 알았다. 그 경영 컨설턴트는 이렇게 말했다. "한 가지 기술이 부족해서 부자가 못 되는 겁니다."

그 말은 즉 대부분의 사람들이 단 한 가지 기술만 더 배운다면 수입을 크게 늘릴 수 있다는 의미다. 앞에서 나는 금융 지능이란 회계와 투자, 마케팅, 그리고 법률 지식이 결합된 시너지 효과라고 말했다. 이 네 가지 기술을 결합하면, 돈으로 돈을 버는 일이 대부분의 사람들이 생각하는 것보다 훨씬 쉬워진다. 그러나 대부분의 사람들이 돈에 관해 아는 유일한 기술이라고는 열심히 일하는 것뿐이다.

이런 기술의 시너지 효과의 가장 전형적인 예가 젊은 여기자다. 세일즈와 마케팅 기술을 배운다면 그녀의 수입은 극적으로 증가할 것이다. 내가 그녀라면 나는 세일즈와 함께 광고 카피 강좌를 신청하겠다. 그런 다음 신문사에서 일하는 대신 광고 회사에 일자리를 알아 본다. 설사 연봉은 줄더라도 성공적인 광고에 사용되는 효과적인 단순 명료한 커뮤니케이션 방식에 대해 배울 수 있기 때문이다. 또 시간을 들여 매우 중요한 기술인 PR에 대해서도 배울 것이다. 무료 홍보를 통해 많은 사람들을 끌어들이는 방법도 배우는 게 좋다. 그런 다음 저녁 시간과 주말을 활용하면 훌륭한 소설을 쓸 수 있다. 이 모든 일이 끝나면 그녀는 책을 좀 더 잘 팔 수 있게 될 것이다. 그러면 얼마 지나지 않아 '베스트셀러 저자'가 될 수 있을 것이다.

내가 첫 책인『부자가 되어 즐겁게 살고 싶다면 학교에 가지 마라 If You Want To Be Rich and Happy, Don't Go to School』를 썼을 때, 한 출판사가 제목을 '교육의 경제학The Economics of Education'으로 바꾸자고 제의했었다. 나는 출판사에게 그런 제목으로는 두 권밖에 안 팔릴 것이라고 말했다. 한 권은 우리 가족이, 나머지 한 권은 내 제일 친한 친구가 살 것이라고 말이다. 문제는 그들마저 공짜로 달라고 할 것이라는 점이었다.『부자가 되어 즐겁게 살고 싶다면 학교에 가지 마라』라는 기분 나쁜 제목을 택한 것은 홍보하기가 훨씬 쉬우리라는 것을 알았기 때문이었다. 나는 교육을 지지하고 교육 개혁을 믿는다. 내가 교육을 지지하는 게 아니라면 왜 낡은 교육 제도를 바꿔야 한다고 계속해서 주장하겠는가? 그래서 나는 한 번이라도 더 TV나 라디오 방송에 나갈 수 있는 제목을 선택했다. 사람들 입에 오르내리고 싶었기 때문이다. 사람들은 내가 괴짜라고 생각했다. 대신 책은 불티난 듯이 팔렸다.

20년 전 그리고 오늘
왜 교육은 실패하고 있는가

대부분의 교사는 현실 세계의 경험이 부족하다. 그들은 가르치는 바를 실제로 해 본 적이 없다. 가르치는 내용을 경험해 본 적이 없으니 실수한 적도 없고, 실수에서 배운 바도 없으며, 실행을 통해 점차 나아진 적도 없다. 학교에서는 우리에게 읽고 암기하라고 가르친다. 나는 배운 바를 적용하는 연습에 '스터디 그룹'만큼 도움이 되는 것이 없다고 믿는다. 킴과 나는 우리의 조언자들을 일 년에 여러 차례 만난다. 우리는 책을 선정해 읽고 '스터디'한다. 1장에 나온 학습 원뿔이 보여 주듯이 토의와 협력은 아주 훌륭한 학습 방법이다.

내가 1969년에 미국 해양 사관 학교를 졸업했을 때, 교육을 많이 받은 내 아버지는 무척 행복해하셨다. 캘리포니아 스탠더드 오일 사가 나를 유조선의 3등 항해사로 고용했다. 동기들에 비하면 연봉은 낮은 편이었지만 대학을 졸업하고 첫 직장으로는 괜찮은 수준이었다. 내 초임은 시간 외 근무 수당까지 포함해 연봉 4만 2000달러였고, 근무 기한은 7개월이었다. 5개월은 휴가로 쓸 수 있었다. 원하기만 한다면 자회사인 베트남의 운송 회사로 가서 5개월을 휴가로 쓰는 대신 연봉을 배로 받을 수도 있었다.

내 앞에는 훌륭한 미래가 펼쳐져 있었다. 그러나 나는 6개월 뒤 회사를 그만두고 해병대에 입대해 비행기를 조종하는 법을 배웠다. 교육을 많이 받은 내 아버지는 실망했다. 부자 아버지는 나를 축하해 주었다.

학교와 일터에서는 전문화라는 개념이 대단히 인기가 좋다. 그것은 즉 돈을 많이 벌거나 승진을 하기 위해서는 전문성을 키워야 한다는 의미다. 의사들이 곧장 정형외과나 소아과 전문의가 되는 것도 그런 이유에서다. 회계사나 건축가, 변호사, 조종사나 다른 직종도 마찬가지다.

교육을 많이 받은 내 아버지도 같은 교리를 믿고 있었다. 그래서 마침내 박사 학위를 땄을 때도 그렇게 기뻐했던 것이다. 그분은 학교에서는 좁은 분야에 관해 더 깊고 많이 공부한 사람에게 더 큰 보상을 준다고 자주 시인하시곤 했다.

반면에 부자 아버지는 내게 정반대의 일을 하라고 격려했다. "많은 것에 대해 조금씩 알아야 한다."는 것이 그분의 지론이었다. 그래서 나는 그분의 회사에서 여러 해 동안 서로 다른 분야에

> "많은 것에 대해 조금씩 알아야 한다."는 것이 그분의 지론이었다.

서 일을 했다. 얼마 동안 나는 회계 부서에서 일했다. 비록 회계사는 될 수 없을지언정, 부자 아버지는 내가 현장에서 직접 그 일을 조금씩 배울 수 있길 바랐다. 부자 아버지는 내가 중요한 것과 그렇지 않은 것에 대한 감각을 키우고 중요한 용어들을 배울 수 있을 것임을 알고 있었다. 또 나는 버스 운전사와 공사장 인부로도 일했고, 세일즈와 예약, 마케팅 부문에서도 일했다. 그분은 나와 마이크를 훈련시키고 있었다.

그래서 그분이 은행가와 변호사, 회계사, 중개인 들과 회의를 할 때면 우리도 그 자리에 함께 참석시켰던 것이다. 그분은 우리가 그분이 운영하는 제국의 모든 측면에 대해 조금씩 알기를 원했다.

내가 스탠더드 오일의 고연봉 직장을 그만두었을 때, 교육을 많이 받은 내 아버지는 나와 흉금을 터놓고 진솔한 대화를 나누었다. 그분은 당혹스러워했다. 그분은 내가 높은 연봉과 훌륭한 복지 정책, 넉넉한 휴가와 관대한 승진 기회 등을 제공하는 좋은 직장을 왜 포기했는지 이해하지 못했다. 어느 날 저녁 아버지가 물었다. "왜 회사를 그만두었니?" 나는 애를 써 봤지만 아버지에게 그 이유를 설명할 수가 없었다. 나와 그분의 논리가 너무 달랐기 때문이다. 가장 큰 문제는 나는 내 부자 아버지처럼 생각한다는 점이었다.

교육을 많이 받은 아버지에게는 직업의 안정성이 모든 것을 의미했다. 부자 아버지에게는 배움이 모든 것을 의미했다.

교육을 많이 받은 아버지는 내가 배를 타기 위해 대학에 갔다고 생각했다. 부자 아버지는 내가 국제 무역을 배우기 위해서 대학에 갔다는 것을 알았다. 나는 학생으로서 극동 지역과 남태평양으로 가는 여객선과 유조선, 대형 선박을 항해하고 선박을 수송했다. 부자 아버지는 내게 유럽행 배를 타는 것이 아니라 태평양 지역에 남아야 한다고 강조했다. 왜냐하면 그분은 신흥 국가들이 유럽이 아닌 아시아에 있음을 알았기 때문이다. 마이크를 비롯한 내 동기들 대다수가 기숙사에서 파티를 하는 동안 나는 일본과 대만, 태국, 싱가포르, 홍콩, 베트남, 한국, 타히티, 사모아, 필리핀의 교역과 사람들, 그리고 사업 방식과 문화를 연구했다. 물론 나도 파티를 했지만 기숙사에서는 아니었다. 나는 빠르게 성장해 갔다.

교육을 많이 받은 아버지는 내가 왜 회사를 그만두고 해병대에 입대하려고 하는지 이해하지 못했다. 나는 비행기 조종을 배우고 싶어서라고 말했지만 실제로는 군대를 이끄는 법을 배우고 싶었다. 부자 아버지는 회사를 운영할 때 가장 어려운 부분은 사람들을 관리하는 것이라고 설명했다. 그분은 육군에서 삼 년을 복무했고, 교육을 많이 받은 아버지는 징집 면제였다. 부자 아버지는 위험한 상황에서 사람들을 지휘하는 법을 배우는 것에 대해 높이 평가했다. "다음으로 배워야 할 것은 리더십이다." 그분은 말했다. "좋은 리더가 못 된다면 등 뒤에서 총을 맞게 되지. 사업에서도 마찬가지야."

1973년에 베트남에서 돌아온 나는 비행기를 조종하는 것을 무척 좋아했음에도 제대를 선택했다. 그러고는 제록스 사에 입사했다. 내가 제록스에 들어간 것은 오직 한 가지 이유 때문이었고, 그것은 보수가 아니었다. 나는 수줍음이 많은 사람이었으며, 따라서 내게 있어 세일즈는 세상에서 제일 무서운 일이었다. 제록스는 미국 최고의 세일즈 훈련 프로그램을 갖추고 있었다.

부자 아버지는 나를 자랑스럽게 여겼다. 교육을 많이 받은 내 아버지는 창피하게 여겼다. 지식인인 그분은 세일즈맨을 당신보다 아래로 보는 경향이 있었다. 나는 제록스 사에서 사 년 동안 일하며 집집마다 문을 두드리고 거절당하는 데 대한 두려움을 극복했다. 일단 세일즈 분야에서 탑5에 이름을 올리게 되자 나는 다시 좋은 회사의 전도유망한 직장을 뒤로 하고 다시 앞으로 나아갔다.

나는 1977년에 처음으로 내 회사를 설립했다. 부자 아버지는 마이크와 내게 회사를 인수받는 법을 가르쳤다. 이제 나는 회사를 조직하고 운영하는 법을 배워야 했다. 우리 회사의 첫 번째 제품인 나일론과 벨크로를 결합한 지갑은 극동 지역에서 제조되어 뉴욕의 창고로 운송되었다. 그곳은 내가 다니던 학교와 가까운 곳에 있었다. 나는 공식적인 학교 교육을 끝마쳤고 이제는 날개를 펼쳐 시험해 볼 때였다. 실패하면 파산해 빈털터리가 될 판이었다. 부자 아버지는 서른 전에 한 번쯤은 파산을 해 봐야 한다고 생각했다. "그래도 회복할 시간은 충분하단다." 그분은 이렇게 충고했다. 내 서른 번째 생일 전날, 내 첫 번째 선적이 한국을 떠나 뉴욕으로 오고 있었다.

나는 아직도 국제적인 사업을 하고 있다. 부자 아버지가 권했듯이 나는 신흥 국가들을 찾는다. 오늘날 나는 남아메리카와 아시아 국가들, 그리고 노르웨이와 러시아에 투자하는 회사들에 투자한다.

이런 옛날 말이 있다. "일자리란 '겨우 목구멍에 풀칠을 하는 것'이다." 불행히도 이는 실제로 수백만 명의 사람들에게 해당되는 이야기다. 왜냐하면 학교는 금융 지능을 지능으로 생각하지 않으며, 대부분의 근로자들은 수입에 맞춰 생활한다. 그들은 일을 하

> 일자리란
> '겨우 목구멍에 풀칠을
> 하는 것'이다.

고 청구서를 지불한다.

또 다른 끔찍한 경영 이론도 있다. "근로자들은 해고되지 않을 만큼만 일하고, 고용주는 근로자들이 그만두지 않을 정도로만 지급한다." 회사들의 급여 수준을 들여다보면 방금 이 말에 어느 정도 진실이 담겨 있음을 깨달을 것이다.

그 결과 대부분의 근로자들은 결코 앞서 나가지 못한다. 그들은 배운 대로 한다. 안정적인 일자리를 얻는 것이다. 대부분의 근로자들은 단기적인 보상으로 주는 급여와 혜택을 위해 일하는 데 초점을 맞추지만, 이는 대개 장기적으로 처참한 결과를 가져온다.

대신에 나는 젊은이들에게 돈을 벌기보다 무언가를 배울 수 있는 직장을 찾으라고 추천한다. 먼저 어떠한 기술을 배우고 싶은지 결정한 뒤에 특정한 직업을 고르라. 그래야 '새앙쥐 레이스'에 말려들지 않는다.

평생 동안 청구서만 내는 삶에 한

20년 전 그리고 오늘
당신의 스승은 누구인가?

부자 아버지의 교훈 가운데 지난 이십 년의 세월을 거치며 그 중요성이 명명백백해진 것 한 가지는 당신이 배우고자 하는 바를 실제로 해 본 사람을 스승으로 선택해야 한다는 사실이다.

번 빠지고 나면 끊임없이 쳇바퀴만 돌리는 작은 햄스터가 되고 만다. 털이 복슬복슬한 그 작은 발이 쉴 새 없이 움직이고, 거기에 맞춰 바퀴도 쉴 새 없이 돌아가지만, 다음 날 아침에도 그들은 여전히 같은 우리 안에 갇혀 있는 신세다. 거참 훌륭하지 않은가.

톰 크루즈가 출연한 「제리 맥과이어」라는 영화에는 명대사가 많이 나온다. 그중에서 가장 유명한 것은 아마도 "일단 돈이나 내놔.Show me the money"일 것이다. 하지만 내 생각에 가장 현실적이고 진실된 대사는 따로 있다. 톰 크루즈가 회사를 떠날 때 나오는 대사다. 막 해고를 당한 그가 사무실 전체를 돌아보며 묻는다. "나와 같이 갈 사람 없어요?" 모두가 꼼짝도 못하고 얼어붙어 사방이 고요한 가운데, 오직 한 여자가 이렇게 대답한다. "그러고 싶어요. 하지만 석 달 뒤에 승진이라서요."

이 대사야말로 영화 전체에서 가장 솔직하고 진실된 말일 것이다. 사람들은 이런 말을 하면서 열심히 일하고 청구서를 지불한다. 교육을 많이 받은 내 아버지도 매년 연봉이 오르길 학수고대했고 또 매번 실망했다. 그래서 그분은 학교로 돌아가 더 많은 학위와 자격증을 따서 임금 인상을 받길 원했다. 그렇지만 그때에도 또다시 실망만이 뒤따랐다.

나는 사람들에게 자주 이렇게 묻는다. "날마다 그렇게 해서 결국 어떻게 될까요?" 나는 과연 작은 햄스터처럼 일하는 사람들이 과연 그런 힘겨운 일이 그들을 결국 어디로 데려갈지 생각해 보는지 궁금하다.

크레이그 S. 카펠Crag S. Karpel은 그의 저서 『은퇴의 신화The Retirement Myth』에서 이렇게 썼다.

나는 대형 연금 컨설팅 회사 본사를 방문해 최고경영자들을 위한 비싼 은퇴 계획을 설계하는 간부급 인사를 만났다. 내가 그녀에게 고급 사무실을 갖고 있지 않은 평범한 사람들은 연금 계획에서 무엇을 기대할 수 있느냐고 묻자 그녀는 확신에 찬 미소를 지으며 대답했다. "은 총알이죠."

"은 총알이 뭡니까?" 나는 물었다.

그녀는 어깨를 으쓱하며 말했다. "베이비 붐 세대가 나이가 들었을 때 충분한 노후 자금이 없다는 걸 알게 되면 언제나 머리를 박살 낼 수 있지요."

카펠은 과거의 퇴직연금과 더욱 위험한 새로운 401k 퇴직연금의 차이를 설명한다. 오늘날 일하고 있는 대부분의 사람들에게는 그다지 보기 좋은 미래가 아니다. 게다가 이는 오직 퇴직 후 생활을 위한 것일 뿐이다. 의료 비용과 장기적인 양로원 비용을 더하면 그림은 더욱 끔찍해진다.

벌써 의료보험 제도를 실시하고 있는 국가의 많은 병원들이 "누구를 살리고, 누구를 죽일 것인가?"와 같은 어려운 결정에 직면하고 있다. 그들의 판단 기준은 오직 그들에게 할당된 예산과 환자의 나이 뿐이다. 환자가 나이가 많을 경우, 이들은 종종 나이가 더 적은 환자들을 선택한다. 나이 많고 가난한 환자들은 줄 뒤로 밀려나는 것이다. 부자들은 더 나은

20년 전 그리고 오늘
최악의 공포

이 말은 반복할 가치가 있다. 나이 든 미국인들이 가장 두려워하는 것은 죽기 전에 돈이 떨어지는 일이다. 많은 연금 계획이 이용 가능한 금액에 상한선을 두는 '확정급여형'이나 '확정기여형'으로 바뀜에 따라 사람들이 은퇴 계획에 적용하는 규칙도 바뀌었다. 또한 그에 따라 정부의 보조 프로그램과 복지후생 계획에 부담이 가중될 것으로 보인다.

교육을 받을 수 있는 것처럼 더 오래 살 수 있을 것이며, 반면에 가난한 사람들은 죽을 가능성이 크다.

20년 전 그리고 오늘
치솟는 의료비

인간의 수명 연장과 더불어 의료비도 갈수록 비싸지고 있다. 약품 제조사들은 점점 더 많은 금액을 부과하는 반면 보험사들은 점점 더 적은 금액을 지불하고 있다. 거의 모든 사람들이 위기를 느낄 정도다. 세부 내용과 통계 수치는 다양하지만 대부분의 연구조사 결과는 파산하는 미국 가구의 대다수가 통제 범위를 넘어선 의료비에 기인하는 것으로 밝히고 있다.

그래서 나는 궁금하다. 근로자들은 미래를 내다보는가 아니면 자신이 어디로 가고 있는지도 모른 채 그저 다음번 월급날만을 기다리는 것일까?

더 많은 돈을 벌고 싶다는 사람들과 이야기를 할 때마다 나는 똑같은 것을 권한다. 삶에 대해 장기적인 안목을 가지라는 것이다. 단순히 돈과 안정적인 생활을 위해 일하기보다(물론 그것들이 중요하다는 데에는 이의가 없지만) 두 번째 직업을 가지라고 권한다. 세일즈 기술을 배우고 싶은 사람에게는 이른바 다단계라고도 불리는 네트워크 마케팅 회사에 들어가 보라고 조언한다. 이런 회사들 중 몇몇은 대단히 뛰어난 훈련 프로그램을 갖추고 있어 실패와 거절에 대한 두려움을 극복할 수 있게 돕는다. 사실 이런 두려움이야말로 많은 이들이 성공을 거두지 못하는 주요 원인이다. 장기적으로 볼 때, 교육은 돈보다 훨씬 귀중하다.

이런 제안을 내놓았을 때, 주로 돌아오는 대답은 이렇다. "그건 너무 번거롭잖아요." 혹은 "내가 관심 있는 일만 하고 싶은데요."

만일 그들이 "그건 너무 번거롭잖아요."라고 말하면 나는 이렇게 묻는다. "그렇다면 평생 번 것의 절반을 정부에 갖다 바치면서 살고 싶습니까?" 만일 그들이 "내가 관심 있는 일만 하고 싶은데요."라고 대답하면 나는 이렇게 대꾸한다. "나도 체육관에 가서 운동을 하는 데에는 관심이 없어요. 하지만 더 오래 살고 건강을 유지하기 위해서 거기 가죠."

불행히도 "늙은 개에게는 새 기술을 가르칠 수 없다."라는 격언에는 어느 정도 진실이 담겨 있다. 변화에 익숙하지 않은 사람은 변화하기 힘들다.

하지만 새로운 것을 배우기 위해 일한다는 생각에 거리감을 느끼는 사람에게는 이런 격려의 말을 해 주고 싶다. 인생은 체육관에 가는 것과 비슷하다. 가장 힘든 부분은 바로 체육관에 가야겠다고 결심을 하는 것이다. 일단 그 부분을 지나고 나면 나머지는 쉽다. 나만 해도 체육관에 가기 싫어 자주 미적거리지만 일단 가서 운동을 하기 시작하면 즐거움을 느낀다. 운동을 마치고 나면 역시 스스로를 채찍질하길 잘했다는 생각이 든다.

새로운 것을 배우기 위해 일하는 것이 아니라 특정 분야에서 뛰어난 전문가가 되길 원한다면 당신이 일하는 조직에 노조가 있는지 확인하라. 노조는 전문가들을 보호하기 위한 것이다. 교육을 많이 받은 내 아버지는 주지사의 눈 밖에 나게 되었을 때 하와이 교원 노조 위원장직을 맡게 되었다. 아버지는 그것이 그분이 맡았던 일 가운데 가장 힘든 일이었다고 말했다. 반면 부자 아버지는 평생 동안 회사에 노조가 결성되는 것을 막기 위해 애썼다. 그분은 성공을 거두었다. 노조가 결성될 뻔할 때마다 부자 아버지는 항상 그들을 몰아내는 데 성공했다.

개인적으로 나는 어느 쪽 편도 들지 않는다. 양쪽 모두의 필요성과 혜택을 알 수 있기 때문이다. 만일 내가 학교에서 권하는 대로 전문가가 된다면 노조의 보호를 받는 것이 현명하다. 가령 내가 비행기 조종사라는 직업을 계속 유지했더라면 나는 조종사 노조의 힘이 강력한 회사를 선호했을 것이다. 그 이유가 뭘까? 왜냐하면 나는 평생을 바쳐 오직 한 가지 산업 분야에서만 가치 있는 기술을 배웠기 때문이다. 만일 그곳에서 쫓겨난다면 내가 평생 배운 기술은 다른 분야에서는 아무 쓸모도 없다. 비행 시간 10만 시간에 연봉 15만 달러를 받던 상급 조종사는 교직 분야에서는 그만큼 높은 연봉을 받는 자리를 찾을 수 없다. 기술은 한 분야에서 다른 분야로 쉽사리 이전될 수 없다. 항공 분야에서 조종사들의 평가 기준이던 그 기술은 가령 교직 분야에서는 별로 중요한 것이 아니다.

이는 현대의 의사들도 마찬가지다. 의료계에서 일어나는 수많은 변화들 때문에 많은 의료 전문가들이 건강관리기구HMO 같은 조직과 행동을 함께할 수밖에 없다. 교사들은 당연히 노조에 가입해야 한다. 오늘날 미국에서 교원 노조는 전국에서 가장 크고 부유한 노조다. 전국교육연합National Education Association, NEA은 막강한 정치적 영향력을 지니고 있다. 교사들이 노조의 보호를 필요로 하는 이유는 그들의 기술이 교

부자 아빠 가난한 아빠

육 산업의 테두리 바깥에서는 그 가치가 한정되어 있기 때문이다. 따라서 이런 법칙이 생겨난다. "고도의 전문 기술을 갖추고 있다면 노조에 가입하라." 그것이 현명한 행동이다.

내가 가르치는 수업에서 "맥도날드보다 더 맛있는 햄버거를 만들 수 있는 사람 있습니까?"라고 물으면 거의 모든 학생들이 손을 든다. 그러면 나는 이렇게 묻는다. "이렇게 더 맛있는 햄버거를 만들 수 있는 사람이 많은데 어떻게 맥도날드가 여러분보다 더 많은 돈을 버는 걸까요?"

답은 분명하다. 맥도날드는 탁월한 사업 시스템을 갖추고 있기 때문이다. 그토록 많은 인재들이 가난한 까닭은 그들이 맛있는 햄버거를 만드는 데에만 치우쳐 사업 시스템에 대해서는 거의 모르기 때문이다.

하와이에 사는 내 친구 중 하나는 뛰어난 예술가다. 그는 꽤 많은 돈을 번다. 어느 날 그의 모친의 변호사가 전화를 걸어 어머니가 5만 5000달러를 유산으로 남겨 주었다고 말했다. 변호사와 정부가 자기들 몫을 떼어 가고 남은 나머지 재산이었다. 친구는 단번에 이번 기회를 이용해 그의 사업을 확장할 수 있겠다

20년 전 그리고 오늘
시스템 = IT

오늘날 세계의 시스템은 IT, 즉 인터넷 기술이다. 당신은 이 도구를 얼마나 잘 이용하고 있는가? 팀원과 조언자, 스승을 선택할 때도 이제는 IT를 고려하지 않을 수 없다. 현재 리치 대드 컴퍼니의 사장은 IT 천재다. 그는 작금의 기술을 활용해 우리의 시스템과 프로세스, 커뮤니케이션을 향상시키는 팀을 구축했다. 어떤 새로운 도구가 나오는지 늘 주의를 기울여야 할 필요가 있는 시대다.

고 생각했다. 그 돈을 이용해 광고를 낸다는 계획이었다. 두 달 뒤, 부자들을 겨냥한 고급 잡지에 그의 첫 광고가 전면 컬러 페이지로 실렸다. 그러나 그는 광고로부터 아무런 반응도 얻지 못했고, 유산으로 물려받은 돈은 모두 사라졌다. 이제 그는 잡지 회사를 고소하길 원한다.

이것이 바로 맛있는 햄버거는 만들 줄 알지만 사업에 대해서는 거의 모르는 사람들의 전형적인 모습이다. 내가 그 친구에게 이번 일로 무엇을 배웠느냐고 묻자, 그는 이렇게 대답했다. "광고 지면을 파는 사람들은 다 사기꾼이야." 나는 그에게 세일즈와 다이렉트 마케팅 강좌를 들어 볼 생각은 없느냐고 물었다. 그는 "그럴 시간 없어. 돈을 낭비하고 싶지도 않고."라고 대답했다.

이 세상에는 가난한 인재들이 가득하다. 많은 경우 그들은 재정적으로 고생하거나 실제 능력보다 적게 버는데, 그것은 그들이 아는 것 때문이 아니라 그들이 모르는 것 때문에 벌어지는 일이다. 이들은 맛있는 햄버거를 만드는 기술을 완벽하게 가다듬는 데 초점을 맞출 뿐 햄버거를 팔고 배달하는 기술은 간과한다. 맥도날드는 최고로 맛있는 햄버거는 만들 수 없을지 몰라도 기본적이고 먹을 만한 햄버거를 팔고 배달하는 데에는 뛰어나다.

가난한 아버지는 내가 전문가가 되길 바랐다. 그분은 그래야 더 많은 보수를 받을 수 있다고 생각했다. 심지어 하와이 주지사에게서 더 이상 주 정부에서 일할 수 없다는 말을 들은 후에도, 교육을 많이 받은 내 아버지는 내게 전문가가 되라고 격려했다. 그런 다음 교원 노조의

부자 아빠 가난한 아빠

대의를 받아들여 고등 기술과 교육을 갖춘 전문가들을 보호하고 그들에게 혜택을 주기 위해 노력했다. 우리는 자주 언쟁을 벌였지만, 나는 아버지가 지나친 전문화가 노조의 필요성을 부추긴다는 데에는 절대 동의하지 않을 것임을 알고 있었다. 그분은 우리가 고도로 전문화될수록 더욱더 깊은 함정에 빠져 전문성에 의존하게 된다는 사실을 이해하지 못했다.

부자 아버지는 마이크와 내게 스스로를 훈련시켜야 한다고 충고했다. 많은 기업들이 같은 일을 한다. 막 경영대학원을 졸업한 젊고 유능한 학생들을 데려와 언젠가 회사를 경영할 수 있도록 다듬으며 훈련시키는 것이다. 이 젊고 유능한 직원들은 특별히 한 부서에서 전문가가 되지 않는다. 이들은 한 부서에서 다른 부서로 옮겨 다니며 사업 시스템의 모든 측면을 배운다. 부자들은 자기 자녀나 다른 사람들의 자녀들을 어린 시절부터 이런 식으로 훈련시킨다. 그렇게 함으로써 아이들은 사업 운영에 대한 전반적인 지식을 쌓고 다양한 부서들이 어떻게 서로 연관되어 있는지를 배운다.

2차 세계대전 세대들에게 회사를 여기저기 옮겨 다니는 것은 바람직하지 않은 일이었다. 오늘날 그것은 똑똑한 행동으로 평가받는다. 보다 전문화된 기술을 추구하는 것이 아니라 여러 회사를 옮겨 다닐 것이라면 돈을 버는 것보다 배움을 추구하는 게 좋지 않을까? 단기적으로 버는 돈은 적을지 몰라도 장기적으로는 더 큰 보상을 약속해 줄 것이다.

성공에 필요한 주요 관리 기술

1. 현금흐름 관리

2. 시스템 관리

3. 사람 관리

20년 전 그리고 오늘

세일즈 = 수입

내 조언자이자 친구인 블레어 싱어는 우리 팀의 세일즈 전문가인데, 그는 지난 삼십 년 동안 줄곧 내 머릿속에 '세일즈 = 수입' 이라는 사실을 주입했다. 당신의 세일즈 능력, 즉 당신의 강점을 인식시키고 포지셔닝시키는 능력은 당신의 성공에 직접적인 영향을 미친다.

성공에 필요한 주요 관리 기술은 위와 같다. 그리고 가장 중요한 전문 기술은 세일즈와 마케팅이다. 판매하는 능력, 즉 고객이든 직원이든 상사든 배우자든 자식들이든 다른 사람들과 소통하는 능력은 개인적인 성공을 거두는 데 가장 기본이 되는 기술이다. 글쓰기와 말하기, 협상하기와 같은 의사소통 기술은 성공적인 삶을 구축하는 데 필수적이다. 나는 이런 기술에 대한 지식을 넓히기 위해 강의를 듣고 교육 자료를 사는 등 꾸준히 노력한다.

앞에서 언급했듯이, 교육을 많이 받은 내 아버지는 유능해질수록 더욱 열심히 일했다. 더불어 전문성이 높아질수록 더욱 깊은 함정에 빠져들었다. 급여는 인상되었지만 선택권은 점점 더 줄어들었다. 얼마 지나지 않아 아버지는 정부 기관 내 일자리를 잃게 되었고, 그제서야 자신이 직업적으로 얼마나 취약한지 알게 되었다. 그것은 마치 프로 운동선수가 갑자기 부상을 입거나 너무 나이가 많아져 더 이상 운동을 할 수가 없는 것과 같았다. 높은 수입을 가져다주던 일자리가 사라지고, 이제 그들은 한정된 기술에 의지해야 한다. 나는 그래서 교육을 많이 받은 내 아버지가 그 뒤로 노조 활동에 매달렸다고 생각한다. 노조가 얼마나 많은 혜택을 줄 수 있는지 깨달은 것이다.

부자 아버지는 마이크와 내가 많은 것들에 대해 조금씩 알아야 한다고 격려했다. 그분은 우리보다 똑똑한 사람들과 함께 일하고 똑똑한 사람들과 팀을 꾸려 일하라고 말했다. 오늘날 그것은 직업적 전문가들의 시너지 효과라고 불린다.

오늘날 나는 수십만 달러를 버는 전직 교사들을 알고 있다. 그들이 그렇게 많이 버는 이유는 자기 분야의 전문적인 기술과 더불어 다른 기술을 지니고 있기 때문이다. 그들은 가르칠 수도 있을 뿐만 아니라 세일즈와 마케팅도 할 수 있다. 나는 세일즈와 마케팅만큼 중요한 기술은 없다고 생각한다. 대부분의 사람들에게 세일즈와 마케팅은 대단히 어려운 기술이다. 주로 거절에 대한 두려움을 극복하기가 어렵기 때문이다. 의사소통과 협상 능력을 키우고 거절에 대한 두려움을 더욱 잘 다룰수록 삶은 더욱 쉬워진다. 나는 베스트셀러 작가가 되고 싶어 하는 젊은 신문 기자에게 그랬던 것처럼, 현대를 살고 있는 모든 이들에게 그 기술들을 배우기를 권한다.

기술적인 전문가가 되는 데에는 장점도 있지만 단점도 있다. 내 몇

몇 친구들은 천재적인 능력을 지니고 있으면서도 남들과 효과적으로 의사소통하는 법을 몰라 그 결과 형편없는 수입을 올리고 있다. 나는 그들에게 일 년쯤 시간을 들여 판매 기술을 배우라고 충고한다. 설사 그 결과 아무것도 벌지는 못할지라도 의사소통 기술은 향상시킬 수 있다. 그리고 그것은 무엇보다 값진 일이다.

좋은 세일즈맨과 마케터, 그리고 배우는 사람이 되는 것과 더불어, 우리는 좋은 학생이자 좋은 선생이 되어야 한다. 진정으로 부자가 되려면 우리가 받은 것만큼이나 줄 수 있어야 한다. 재정적으로 또는 직업적으로 어려움을 겪는 이유는 주는 것과 받는 것을 모르기 때문이다. 내가 아는 많은 사람들이 가난한 이유는 좋은 학생도 아니고 좋은 선생도 아니기 때문이다.

내 두 분 아버지는 모두 관대한 분이었다. 두 분은 모두 먼저 주는 것을 실천했다. 가르침은 두 분이 주는 한 가지 방법이었다. 많이 줄수록 그분들은 더 많이 받았다. 한 가지 눈에 띄게 다른 점은 돈을 주는 데 있었다. 부자 아버지는 많은 돈을 기부했다. 교회와 자선단체, 그리고 그분이 세운 재단에도 말이다. 그분은 돈을 받기 위해서는 돈을 줘야 한다는 것을 알고 있었다. 돈을 주는 것은 대부분의 위대한 부자 가문들의 비결이었다. 록펠러 재단과 포드 재단 같은 단체가 있는 것도 그런 이유다. 이들 단체들은 가문의 재산을 취하고 늘리며 그것을 영원히 줘 버리기 위해 세워진 것이다.

교육을 많이 받은 내 아버지는 늘 이렇게 말했다. "남는 돈이 좀 생기면 줄 거다." 문제는 남는 돈은 절대로 생기지 않는다는 것이었다. 그래서 그분은 여윳돈을 마련하기 위해 더 열심히 일하면서 돈의 가장 중요한 법칙에는 초점을 맞추지 않았다. 그 법칙은 바로 "주라, 그러면 받을 것이다."다. 대신에 아버지는 "받아라, 그런 다음 주라."는 법칙을 믿었다.

결론적으로 나는 두 아버지 모두를 따르게 되었다. 내 한쪽 부분은 골수 자본주의자이며 돈이 돈을 만드는 게임을 좋아한다. 그리고 다른 한 부분은 사회적인 책임을 지는 교사로서 계속해서 넓어져만 가는 가진 자들과 가지지 못한 자들 사이의 격차를 염려한다. 개인적으로 나는 낡은 교육 제도가 이러한 격차를 야기시키는 데 일차적인 책임을 지고 있다고 생각한다.

20년 전 그리고 오늘
변화의 바람

교육과 그 시스템에 관련된 변화의 바람이 불고 있다. 교육 당국에 새로운 인물들이 등장하고, 학교 선택과 관련해서도 새로운 추세가 떠오르고 있다. 또 학생들도 실생활의 경험을 가진 교사를 따르고, 심지어 교사들에게 그런 경험을 요구하고 있다. 나는 언제나 상황이 변하려면 나부터 변해야 한다고 믿어 왔다. 오늘날 많은 사람들이 낡고 쓸모없는 시스템을 버리는 변화를 선택하고 지지한다. 결국 진정한 승자는 우리의 아이들이 될 것이다. 그들은 마침내 학교에서 돈에 대해 배우게 될 테니까.

돈을 위해
일하지 말고
교훈을 얻기 위해
일하라

부자 아빠 다시 읽기

몇 년 전 로버트는 싱가포르에서 한 여기자와 인터뷰 자리를 가졌다. 대화를 나누던 중 여기자 역시 로버트처럼 베스트셀러 작가가 되고 싶어 한다는 사실이 드러났다. 그녀가 쓴 소설은 훌륭하다는 평가는 받았지만 별로 팔리지는 않았다.

로버트는 그녀에게 세일즈 훈련 강좌에 등록하라고 권했다. 그녀는 그 말에 기분이 상해 자신은 영문학 석사이고 세일즈 기술을 배우는 게 무슨 도움이 되는지 모르겠다고 응수했다. 심지어 세일즈맨에 대한 적대감까지 드러냈다. 베스트셀러 작가라는 것이 결국 책을 가장 잘 파는 작가라는 의미가 아니냐고 하자 그녀는 자신이 세일즈를 배울 정도로 초라해지진 않을 거라고 말하며 자리를 떴다.

세상에는 이 여기자처럼 훌륭한 재능을 갖추고도 재정적으로 힘겹게 사는 사람들이 많다. 한 경영 컨설턴트의 말을 빌리자면, "한 가지 기술이 부족해서 부자가 못 되는" 것이다.

이는 너무 많은 사람들이 전문화에만 치중한다는 뜻이다. 우리는 단 한 가지 기술만 더 배우면 수입을 크게 늘릴 수 있다. 하지만 대부분의 사람들이 돈에 관해 아는 유일한 기술은 열심히 일하는 것뿐이다.

만약 그 여기자가 세일즈는 물론 광고 카피까지 배우고 광고 회사에서 일하게 된다면 무료 홍보를 통해 수백만 명을 끌어들이는 방법을 알게 될 것이다. 자신의 다음번 소설을 베스트셀러로 만드는 데 활용할 수 있는 요긴한 기술이 아닐 수 없다.

로버트가 첫 책인 『부자가 되어 즐겁게 살고 싶다면 학교에 가지 마라』를 썼을 때, 한 출판사는 그 책의 제목을 '교육의 경제학'으로 바꾸자고 제안했다. 하지만 로버트는 그런 제목으로는 책이 팔리지 않을 것임을 알았다. 교육을 지지하는 그가 논란을 불러일으킬 수 있는 제목을 선택한 이유는 그래야 TV나 라디오 방송에서 다뤄 줄 것임을 알았기 때문이다. 물론 결과는 그의 예상대로였다.

로버트는 1969년 미국 해양 사관 학교를 졸업하고 스탠더드 오일 사에 유조선 3등 항해사로 취업했다. 연봉이 비교적 준수한 편인 데다가 일 년 중 5개월은 휴가로 쓸 수 있었다. 훌륭한 미래가 보장되었음에도 로버트는 6개월 후 회사를 그만두고 해병대에 입대해 비행기 조종법을 배웠다.

가난한 아버지를 포함해 다른 많은 사람들처럼 전문화를 꾀하는 대신 로버트는 새로운 기술들을 찾아 나섰다. 부자 아버지가 그에게 가급적 많은 것에 대해 조금씩이라도 배우라고 독려했기 때문이다. 그래서 로버트와 그의 친구 마이크는 성장하는 동안 여러 직종에서 일하며 다양한 경험을 쌓았다.

가난한 아버지는 그가 스탠더드 오일 사에서 퇴사한 결정을 이해하지 못했다. 그는 아들이 배를 타기 위해 대학에 간 것으로 생각했다. 하지만 부자 아버지는 로버트가 국제 무역에 대해 배우기 위해 대학에 간 것을 알았다. 또 그가 해병대에 입대한 이유는 군대를 이끄는 법을 배우기 위해서였다. 거기서 배운 리더십 기술이 앞으로 그가 어떤 사업을 하든 크게 도움이 될 터였다.

1973년 로버트는 해병대를 제대하고 제록스에 세일즈 사원으로 입사했다. 수줍음이 많았음에도 세일즈 일자리에 들어간 것이다. 사실은 수줍음을 많이 탔기 때문에 그 일을 택했다고 하는 게 옳다. 당시 제록스는 미국 최고의 세일즈 훈련 프로그램을 갖추고 있었다. 로버트는 그곳에서 일하며 집집마다 문을 두드리고 거절당하는 데 대한 두려움을 극복했다. 그는 꾸준히 최상의 실적을 올리는 세일즈맨이 된 후 제록스를 그만두었다.

로버트는 1977년 처음으로 자신의 회사를 출범시켰다. 극동 지역에서 지갑을 제조해 뉴욕의 창고로 선적한 후 판매하는 사업이었다. 이제 자신의 날개를 시험해 볼 시기였다. 오늘날에도 그는 여전히 국제적인 사업을 벌이고 있다.

대부분의 젊은이들은 안정적인 직장을 찾아 단기적인 보상으로 부여되는 급여와 혜택을 위해 열심히 일한다. 그러나 무엇보다 먼저 그들이 해야 할 일은 앞으로 필요하게 될 기술을 배울 수 있는 일자리를 찾는 것이다.

사람들은 자신이 어디로 나아가고 있는지 생각하며 일을 할까, 아니면 그저 다음번 급여만 기대하며 일을 할까? 크레이그 S. 카펠은 그의 저서 『은퇴의 신화』에서 은퇴자 대부분을 기다리고 있는 많은 도전과 그들이 맞이하게 될 끔찍한 현실을 그리고 있다.

로버트는 삶에 대해 장기적인 안목을 가질 것을 권한다. 단순히 돈과 안정적인 생활을 위해 일하기보다는 또 다른 기술을 배울 수 있는 직업을 가지라는 얘기다. 많은 사람들이 이렇게 하지 못하는 이유는 변화에 대한 준비가 되어 있지 않기 때문이다. 하지만 이것은 운동하러 체육관에 가는 것과 같다. 가기 전에는 갖은 핑계를 떠올리며 주저하지만 막상 가서 운동을 하고 나면 오길 잘했다는 생각이 든다는 것이다.

만약 새로운 뭔가를 배우고 싶은 마음이 없고 기존 분야에서 고도의 전문화를 이루는 게 당신의 목표라면 반드시 노조가 구성된 조직에 들어가서 일을 하라. 한 분야에서만 쌓은 전문성은 거기서 쫓겨나는 경우 아무짝에도 쓸모없게 될 수 있다. 노조는 전문가를 보호하기 위한 장치다.

이 세상에는 가난한 인재들이 가득하다. 그들은 성공하려면 아는 것보다 모르는 것에 초점을 맞추고 보다 많은 기술을 배워야 한다. 예컨대 사업 시스템이나 마케팅 같은 것에 대해서 말이다.

가난한 아버지는 로버트가 전문가가 되길 바랐다. 본인의 삶에서 그리 잘 먹혀들지 않은 방법이었는데도 말이다. 그는 전문화에 치중하면 할수록 더욱 더 그 전문성에 갇히고 의존하게 된다는 것을 결코 이해하지 못했다. 반면에 부자 아버지는 로버트와 마이크에게 가급적 다양한 분야에서 훈련을 받고 경험을 쌓으라고 독려했다.

2차 세계대전 세대는 이 회사 저 회사 옮겨 다니는 것을 나쁜 행태라고 여겼다. 그러나 오늘날 그것은 영리한 행동방식으로 통한다. 보다 많은 것을 배우고 장기적으로 큰 보상을 얻을 수 있기 때문이다.

성공에 필요한 주요 관리 기술은 다음 세 가지다. 첫째 현금흐름 관리, 둘째 시스템 관리, 셋째 사람 관리. 그리고 가장 중요한 전문 기술은 세일즈와 마케팅이다. 글쓰기와 말하기, 협상하기와 같은 의사소통 기술은 성공적인 삶을 구축하는 데 필수적이다. 로버트는 이런 기술에 대한 지식을 넓히기 위해 강의를 듣는 등 꾸준히 노력한다.

대부분의 사람들이 세일즈와 마케팅 기술을 어렵게 생각하는 이유는 주로 거부에 대한 두려움 때문이다. 의사소통과 협상의 능력을 키우고 거절에 대한 두려움을 더욱 잘 다룰수록 삶은 더욱 쉬워진다.

기술적 전문성에는 나름의 강점과 약점이 따른다. 따라서 전문가가 될수록 반드시 의사소통 기술을 확대해야 한다.

우리 모두는 좋은 학생이자 좋은 선생이 되는 법을 배워야 한다. 진정한 부자가 되려면 받는 법뿐만 아니라 주는 법도 알아야 한다.

부자 아버지와 가난한 아버지 두 분 모두 가르침을 통해 주는 것을 실천했다. 하지만 부자 아버지는 교회와 자선단체, 그리고 자신이 세운 재단에도 돈을 기부했다. 그는 돈을 받으려면 돈을 줘야 한다는 것을 알았다. 가난한 아버지는 항상 여분의 돈이 생기면 기부하겠다고 말했지만 그에게 남는 돈은 결코 생기지 않았다. 돈의 가장 중요한 법칙은 "주라, 그러면 받을 것이다."인데 가난한 아버지는 "받아라, 그런 다음 주라."는 법칙을 믿었다.

결론적으로 로버트는 두 분의 뜻을 모두 따라 돈이 돈을 만드는 게임을 사랑하는 골수 자본주의자가 되는 한편 가진 자와 가지지 못한 자 사이의 벌어지는 격차를 깊이 우려하는, 사회적 책임의식을 갖춘 교사가 되었다. 그는 낡은 교육 제도가 그러한 격차에 일차적인 책임이 있다고 생각한다.

- **좌뇌 모멘트** | 전도유망한 직장을 떠나 다른 일자리를 찾는다면 당장은 손해로 보일 것이다. 하지만 새로운 일로 얻게 되는 기술은 장기적으로 더 큰 보상을 안겨줄 것이다.
- **우뇌 모멘트** | 자신의 전문 분야 밖에서 배우는 기술이 크게 도움이 되는 경우가 많다.
- **잠재의식 모멘트** | 많은 사람들이 새로운 기술을 배우고 정복하는 데 대

해 두려움을 느낀다. 하지만 이것은 운동하러 체육관에 가는 것과 같다. 가기 전에는 주저하지만 막상 운동을 하고 나면 오길 잘했다는 생각이 든다는 것이다.

핵심 내용 이해하기

자, 이제 곰곰이 생각해 볼 시간이다. 이렇게 자문해 보라. "이 장에서 로버트는 무엇을 말하고 있는가? 그리고 그가 그렇게 말하는 이유는 무엇인가?" 로버트의 말에 동의하든 그렇지 않든 상관없다. 이 섹션의 목적은 그가 말하고자 하는 바를 '이해하는' 것이기 때문이다.

기억하라. 이 커리큘럼의 의도는 협력과 지원에 있다. 백지장도 맞들면 낫다고 하지 않는가. 로버트가 하는 말을 이해하지 못한다고 해서 부끄러워하거나 도외시할 필요는 없다. 몇 사람이 모여 의견을 교환하면 더욱 쉽게 이해될 수도 있다. 다음의 문장들을 시간을 갖고 차분히, 완전히 이해할 때까지 토의해 보길 바란다.

- 교육 수준이 높은 나의 가난한 아버지는 직업적 안정성을 중시했지만, 부자 아버지는 다양한 경험을 강조했다.
- 나는 재능 있는 사람들의 수입이 형편없는 데 대해 늘 충격을 받는다.
- "일자리란 겨우 목구멍에 풀칠하는 것"이라는 옛말이 있다. 불행히도 수없이 많은 사람들에게 해당하는 이야기다.
- 나는 젊은이들에게 얼마나 버느냐보다는 무엇을 배울 수 있는지를 보고

일자리를 찾으라고 권한다.

- 인생은 운동하러 체육관에 가는 것과 많이 닮았다. 가장 힘든 부분은 가기로 결정하는 데 있다. 일단 그것만 넘어가면 나머지는 쉬워진다.
- 이 세상은 가난한 인재들로 가득하다. 많은 경우 그들은 재정적으로 고생하거나 실제 능력보다 적게 버는데, 이는 그들이 아는 것 때문이 아니라 그들이 모르는 것 때문에 벌어지는 일이다.
- 기술적 전문성에는 나름의 강점과 약점이 따른다.
- 돈을 주는 것은 대부분의 위대한 부자 가문들의 비결이다.

실천을 위한 질문과 토론

자, 이제 이 장에서 이해한 바를 당신과 당신의 삶에 적용할 시간이다. 아래의 질문을 스스로 던져보고 스터디 그룹에서 토의해 보길 바란다. 자기 자신에게, 또 스터디 그룹에 참여하는 다른 모든 사람들에게 솔직하게 답하는 것이 중요하다는 점을 잊지 말라. 자신의 답변 일부가 맘에 들지 않는 경우 스스로 기꺼이 변화할 의향이 있는지, 자신의 생각과 사고방식을 바꾸는 도전을 받아들일 의향이 있는지 자문해 보라.

1. 재능이 아주 뛰어난데 돈은 별로 벌지 못하는 사람을 알고 있는가? 그들은 어떤 변화를 꾀해야 한다고 생각하는가?
2. 당신의 전문 분야 밖에서 다른 기술을 배우려고 모색한 적이 있는가? 그

결과는 어떠했는가?

3. 장기적으로 큰 보상을 얻을 수 있는 새로운 포지션에 뛰어들기를 거부하고 안정된 일자리에 그대로 머문 적이 있는가? 당신은 무엇 때문에 그런 결정을 내렸는가?

4. 만약 누군가가 자신의 경력을 위해 배워야 할 가장 중요한 기술에 대한 조언을 구한다면, 당신은 무엇을 어떻게 하라고 권하고 싶은가?

5. 당신의 삶에서 기부는 어떤 역할을 하고 있는가? 주는 것이 당신의 성공에서 중요한 부분이라고 보는가?

6. 당신이 다른 사람들에게 무언가를 줄 수 있는 방법에는 어떤 것들이 있다고 생각하는가?

부자 아빠 가난한 아빠

Chapter 7

부자로 가는 길을 가로막는
장애물은 무엇인가?

부자와 가난한 자의 근본적인 차이점은
두려움을 다루는 방식이다.

돈에 대해 공부하고 금융 지식을 쌓고 난 뒤에도 장애물에 가로막혀 재정적인 독립을 이루지 못할 수 있다. 금융 지식을 갖추고 있으면서도 현금흐름을 창출하는 풍부한 자산 부문을 개발하지 못하는 까닭은 주로 다섯 가지 원인에서 기인한다. 그 다섯 가지 원인은 다음과 같다.

1. 두려움

2. 냉소주의

3. 게으름

4. 나쁜 습관

5. 오만함

두려움 극복하기

나는 돈 잃는 것을 좋아하는 사람은 한 번도 만난 적이 없다. 이제까지 살아오면서 돈을 한 번도 잃어 본 적이 없는 부자를 만난 적도 없다. 그렇지만 한 푼도 잃어 본 적이 없는 가난한 사람들은 많이 만나 보았다. 바로 투자를 하지 않는 사람들 말이다.

돈을 잃는다는 두려움은 현실적이다. 모두가 그런 두려움을 갖고 있다. 심지어 부자들도 그렇다. 그러나 두려움을 갖고 있다는 것은 문제가 아니다. 중요한 것은 두려움을 다루는 방식이다. 잃는다는 것을 어떻게 다루느냐. 실패를 다루는 방식이 인생의 차이를 만들어 낸다. 부자와 가난한 자의 근본적인 차이점은 그런 두려움을 다루는 방식에 있다.

두려워하는 것은 괜찮다. 돈에 관한 한 겁쟁이가 되는 것은 괜찮다. 그래도 부자가 될 수 있을 것이다. 우리 모두는 무언가에 대해서는 영웅이고 다른 무언가에 대해서는 겁쟁이다. 내 친구의 부인은 응급실 간호사다. 그녀는 피를 보면 마치 날듯이 행동에 들어간다. 내가 투자에 관해 이야기를 꺼내면 그녀는 급히 도망간다. 내가 피를 보면? 나는 도망가지 않는다. 나는 기절한다.

내 부자 아버지는 돈에 대한 공포심을 이해했다. "어떤 사람들은 뱀을 무서워하지. 어떤 사람들은 돈을 잃는 걸 무서워한다. 둘 다 똑같은 공포심이야." 그분은 이렇게 말했다. 그래서 돈을 잃는 두려움에 대한 그분의 해결책은 이 작은 구절이었다. "리스크와 염려가 싫다면, 일찍 시작하라."

이 때문에 은행들은 우리에게 젊을 때부터 저축하는 습관을 기르라고 말한다. 젊을 때 시작한다면 더 쉽게 부자가 될 수 있다. 여기서 자세히 이야기하고 싶지는 않지만 스무 살에 저축을 시작하는 사람과 서른 살에 저축을 시작하는 사람에게는 현저한 차이가 있다. 세계의 불가사의 중 하나는 바로 복리 이자의 힘이다. 맨해튼 섬의 구매는 역사상 가장 수지맞는 거래라고 한다. 뉴욕은 맨해튼 섬을 겨우 24달러어치의 값싼 장신구와 구슬을 주고 사들였다. 그런데 그 24달러를 연간 8퍼센트 복리 이자로 투자했다면 1995년에는 29조 달러 이상으로 불어나 있었을 것이다. 그 돈이면 맨해튼 섬을 사고 남는 돈으로 로스앤젤레스의 상당 부분을 사들일 수 있다.

그러나 만일 시간이 충분치 않거나 이른 은퇴를 꿈꾸고 있다면 어떨까? 그 경우에는 어떻게 돈을 잃는다는 두려움을 다뤄야 할까?

내 가난한 아버지는 아무것도 하지 않았다. 그분은 단순히 문제를 피하고 그 일에 대해 말을 꺼내는 것조차 거부했다.

반면에 내 부자 아버지는 텍사스 사람처럼 생각해야 한다고 권했다. "나는 텍사스와 텍사스 사람들이 좋아." 그분은 이렇게 말하곤 했다. "텍사스에서는 모든 게 크지. 심지어 뭘 딸 때에도 크게 따고. 그리고 잃는 걸로 말하자면, 상상을 불허할 정도지."

"그 사람들은 잃는 걸 좋아하나요?" 내가 물었다.

"그런 뜻이 아니야. 잃는 걸 좋아하는 사람은 없단다. 어디, 잃고 나서 행복해하는 사람을 내게 데려와 보렴. 내가 진짜 패배자를 보여 줄 테니." 부자 아버지가 말했다. "내가 말하는 건 리스크와 보상, 그리고 실패에 대한 텍사스 사람들의 태도야. 그 사람들이 삶을 대하는 방식 말이다. 그 사람들은 크게 살아. 여기 사는 대부분의 사람들과는 다르지. 돈에 대해서라면 바퀴벌레처럼 사는 사람들 말이다. 누가 환한 빛이라도 비출까 두려워하면서 식료품 가게 점원이 거스름돈으로 동전 하나라도 덜 주면 징징거리지."

부자 아버지는 말을 이었다. "내가 좋아하는 건 텍사스 사람들의 태도다. 그 사람들은 이기면 자랑을 하고 질 때는 허풍을 늘어놓지. 텍사스에는 이런 말도 있어. '이왕 망할 거면 크게 망하라.' 겨우 건물 한 채 때문에 망했다고 말하고 싶진 않거든."

부자 아버지는 마이크와 내게 대부분의 사람들이 재정적으로 성공하지 못하는 가장 큰 이유는 너무 안전하게만 행동하고 싶어 하기 때문이라고 말했다. "잃는 걸 너무 두려워해서 잃게 되는 거다."

과거 NFL의 뛰어난 쿼터백인 프랜 타켄튼이 이를 다른 식으로 말한 적이 있다. "이기는 것은 지는 것을 두려워하지 않는 것이다."

나는 이제껏 살아오면서 이기는 것이란 대개 지는 것 뒤에 오는 것임을 알게 되었다. 나는 자전거 타는 법을 익히기 전까지 수없이 넘어져야 했다. 나는 골프공을 잃어버린 적이 없는 골퍼는 한 번도 만나 보지 못했다. 실연을 한 번도 안 해 보고 사랑에 빠진 사람도 본 적이 없다. 그리고 한 번도 돈을 잃지 않고 부자가 된 사람도 만난 적이 없다.

그래서 대부분의 사람들이 금전적으로 이기지 못하는 이유는, 돈을 잃어서 느끼는 고통이 부자가 되어 얻는 즐거움보다 훨씬 크기 때문이다.

20년 전 그리고 오늘

승리의 기술

승리의 개념, 삶의 모든 분야에서의 승리에 대한 열망, 그것들이 2016년 미국 대선의 주제였다. 중요한 것은 정신 자세와 열망을 품을 수 있는 목표다. 그것이 있어야 실수를 수용하고, 거기서 배울 수 있다. 또 승리에 초점을 맞출 수 있는 동기를 부여받을 수도 있다.

텍사스에는 또 이런 말도 있다. "누구나 천국에 가고 싶어 하지만 죽고 싶은 사람은 아무도 없다." 사람들은 대부분 부자가 되길 꿈꾸지만 동시에 돈을 잃기를 두려워한다. 그래서 그들은 결코 천국에 가지 못하는 것이다.

부자 아버지는 마이크와 내게 그분의 텍사스 여행 이야기를 들려주곤 했다. "리스크와 잃는 것, 실패를 다루는 태도를 진심으로 배우고 싶다면 샌안토니오의 알라모를 방문해 봐라. 알라모는 성공할 가능성이 없다는 걸 알면서도 맞서 싸우기로 결심한 용감한 사람들의 이야기가 전해 오는 곳이지. 그들은 항복보다 죽는 편을 택했단

대부분의 사람들이 금전적으로 이기지 못하는 이유는, 돈을 잃어 느끼는 고통이 부자가 되어 얻는 즐거움보다 훨씬 크기 때문이다.

다. 공부할 가치가 있는 훌륭한 이야기야. 그렇지만 군사적으로 비극적인 참패였던 건 사실이지. 호되게 당했으니 말이다. 그래서 텍사스 사람들이 그 실패를 어떻게 다뤘는지 아니? 그들은 아직까지도 크게 소리친단다. '알라모를 기억하라!'"

마이크와 나는 이 이야기를 엄청 자주 들었다. 부자 아버지는 큰 계약을 앞두고 신경이 날카로워져 있을 때면 항상 우리에게 그 이야기를 들려주었다. 모든 검토를 끝내고 막판에 하느냐 마느냐를 결정할 때가 되면 그분은 이 이야기를 했다. 실수를 저지르거나 돈을 잃는 것이 두려울 때마다 그분은 우리에게 이 이야기를 했다. 이 이야기는 그분에게 힘을 주었다. 금전적인 손해를 언제든 금전적인 이득으로 바꿀 수 있다는 사실을 상기시켰다. 부자 아버지는 실패가 그분을 더욱 강하고 똑똑하게 만든다는 사실을 알았다. 물론 그분이 잃고 싶어 한다는 의미는 아니었다. 다만 자신이 누구이고 어떻게 손해를 다루어야 하는지 알고 있었을 뿐이다. 부자 아버지는 손실을 받아들이고 그것을 결국 승리로 바꾸었다. 그것이 바로 그분을 승자로, 그리고 다른 이들을 패배자로 만든 원인이었다. 다른 사람들이 뒤로 물러날 때, 부자 아버지는 용기를 내어 선을 넘었다. "그래서 나는 텍사스 사람들을 좋아한단다." 그분은 말씀하셨다. "커다란 실패를 영감을 주는 것으로 바꿨으니까…… 더구나 관광지로 만들어 수백만 달러를 번단다."

하지만 그분의 말씀 가운데 오늘날 내게 가장 큰 의미를 지니는 것은 이것일 것이다. "텍사스 사람들은 실패를 숨기지 않는다. 오히려 거기서 영감을 얻지. 실패한 경험을 멋진 구호로 만들지 않았느냐. 실패는 텍사스 사람들이 결국 승리를 거둘 수 있게 북돋는다. 이건 단순히 텍사스 사람들에게만 해당되는 게 아니야. 모든 승자들에게 해당되는 공식이지."

> 실패는 승자에게 힘을 불어넣는다. 실패는 패배자들을 좌절시킨다.

나는 자전거에서 떨어지는 것이 자전거 타는 법을 배우기 위한 과정 중 일부라고 말했다. 또 골프공을 잃어버린 적이 없는 골퍼는 만나 보지 못했다고도 했다. 최고로 뛰어난 프로 골퍼들에게 공을 잃어버리거나 시합에서 지는 일은 그들이 실력을 더욱 갈고닦고, 더욱 열심히 연습하고, 더욱 열심히 연구하도록 고취시킨다. 그렇게 그들은 더욱 좋은 선수가 되는 것이다. 승자들은 지거나 잃을 때 더욱 고무된다. 패배자들은 실패하면 좌절한다.

나는 존 D. 록펠러의 말을 인용하는 것을 좋아한다. "나는 재앙이 일어날 때마다 그것을 기회로 바꾸려고 노력했다."

일본계 미국인인 나는 이런 이야기를 할 수 있다. 많은 사람들이 진주만 공습 사건은 미국의 실수라고 말한다. 나는 그것이 일본의 실수라고 말한다. 영화 「도라, 도라, 도라」에서 일본군 제독은 환호성을 지르는 부하들에게 침울하게 말한다. "우리가 잠자는 거인을 깨운 게 아닌가 두렵군." "진주만을 기억하라."는 미국의 구호가 되었다. 미국의 가장 큰 패배 중 하나를 반드시 승리해야 할 원인으로 변환시켰다. 그 거대한 패배는 미국에게 힘을 주었고, 곧 미국은 세계적인 강대국으로 발돋움했다.

실패는 승자에게 힘을 불어넣는다. 그리고 실패는 패배자들을 좌절시킨다. 이것이 바로 승자들이 지닌 가장 큰 비밀이다. 패배자들은 모르는 비밀이다. 승자의 가장 큰 비밀은 바로 패배를 통해 승리를 위한 영감을 자극받는다는 것이다. 따라서 그들은 지거나 잃는 것을 두려워하지 않는다. 프랜 타켄튼의 말을 다시 한번 상기하자면 "이기는 것은 지는 것을 두려워하지 않는 것이다." 프랜 타켄튼과 같은 사람들은 지는 것을 두려워하지 않는다. 그들은 자기 자신을 잘 알고 있기 때문이다. 그들은 지는 것을 싫어하기 때문에 지는 것이 자신들을 더 나아지게 만들 뿐이라는 사실을 안다. 지는 것을 싫어하는 것과 지는 것을 두려워하는 것에는 커다란 차이가 있다. 대부분의 사람들은 돈을 잃는 것을 대단히 두려워한다. 그들은 주택 하나 때문에 파산한다. 경제적으로 그들은 삶을 너무 안전하고 작게 살려고만 했다. 그들은 큰 집과 큰 자동차를 살 뿐 크게 투자할 생각을 하지 않는다. 미국인의 90퍼센트 이상이 재정적으로 곤란을 겪는 것은 그들이 잃으려 하지 않기 때문이다. 그들은 이기려 들지 않는다.

그들은 금융 설계사나 회계사, 주식 중개인에게 찾아가 균형 잡힌 포트폴리오를 산다. 대부분의 사람들이 많은 현금을 CD나 수익성 낮은 채권, 다른 뮤추얼 펀드와 교환할 수 있는 뮤추얼 펀드, 그리고 몇몇 개별 주식에 투자한다. 그것은 안전하고 합리적인 포트폴리오다. 그러나 이길 수 있는 포트폴리오는 아니다. 그것은 잃지 않으려고 애

쓰는 사람의 포트폴리오다.

내 말을 오해하지 않길 바란다. 그것은 아마 인구 중 70퍼센트가 갖고 있는 것보다는 더 나은 포트폴리오일 테니 말이다. 그 사람들이 갖고 있는 건 끔찍하다. 이것은 안전을 좋아하는 사람에게는 매우 훌륭한 포트폴리오다. 그러나 균형적인 투자 포트폴리오를 안전하게 움직이는 것은 성공적인 투자가의 게임 방식이 아니다. 돈이 조금밖에 없는데 부자가 되고 싶다면 우리는 균형이 아니라 집중을 추구해야 한다. 성공적인 사람들의 경우를 들여다봐도, 그들도 처음에는 균형적인 투자를 하지 않았다. 균형적인 사람들은 아무 곳에도 가지 않는다. 그들은 늘 한자리에만 머물러 있다. 앞으로 나아가려면 가장 먼저 균형을 깨트려야 한다. 걸음마를 배울 때 당신이 어떻게 조금씩 발전해 나갔는지 생각해 보라.

토마스 에디슨은 균형을 추구하지 않았다. 그는 한곳에 집중했다. 빌 게이츠도 균형 잡힌 사람이 아니었다. 그는 하나에 집중했다. 도널드 트럼프도 집중적이었다. 조지 소로스도 집중적이었다. 조지 패튼은 탱크의 진열을 넓게 펼치지 않았다. 그는 한곳에 탱크를 집중시켜 독일 전열의 약한 부분을 공격했다. 프랑스 군은 넓은 마지노선을 구축했는데, 결국 어떻게 되었는지는 다들 알 것이다.

부자가 되고 싶다면 반드시 집중해야 한다. 가난한 이들이나 중산층이 하는 것처럼 몇 개 안 되는 달걀을 여러 바구니에 나눠 담지 마라. 여러 개의 달걀을 몇 안 되는 바구니에 집어넣고 집중하라. 성공할 때까지 오직 한길만을 따르라.

잃는 것이 싫다면 안전하게 하라. 잃는 것이 당신을 나약하게 만든다면, 안전하게 하라. 균형 잡힌 투자를 하라. 벌써 스물다섯 살이 넘었고 리스크를 감수하는 것이 두렵다면 바꾸지 마라. 안전하게 하되, 일찍 시작하라. 일찍부터 기본 자산이 될 달걀을 모으기 시작하라. 시간이 걸릴 것이기 때문이다.

하지만 자유를 꿈꾼다면, '새앙쥐 레이스'에서 벗어나고 싶다면, 스스로에게 가장 먼저 던져야 할 질문은 이것이다. "실패에 어떻게 대처해야 할까?" 만일 실패가 당신의 이기고 싶은 마음을 자극한다면 그것을 향해 나아가야 할 것이다. 아마도 말이다. 만일 실패가 당신을 약하게 만들거나 울화통을 터지게 만든다면(일이 자기 뜻대로 되지 않을 때마다 변호사를 불러 소송을 준비하는 버릇없는 녀석들처럼) 그때는 안전하게 해야 한다. 낮에 다니는 직장을 유지하라. 채권이나 뮤추얼 펀드를 사라. 그렇지만 이 점만은 명심하기를 바란다. 비록 겉으로는 안전해 보일지 몰라도 그런 금융 도구에도 리스크가 따른다는 사실을 말이다.

내가 텍사스와 프랜 타켄튼을 비롯해 이 모든 이야기를 꺼낸 이유는 자산 부문을 쌓는 일이 쉽기 때문이다. 그것은 별로 소질이 필요한 게임이 아니다. 교육을 많이 받아야 하는 것도 아니다. 5학년 수준의 수학만 할 줄 알면 된다. 그러나 자산 부문을 키우는 데에는 태도가 무척 중요하다. 배짱과 인내, 실패를 향한 바람직한 태도가 필요하다는 얘기다. 패배자들은 실패를 피하려 한다. 그러나 실패는 패배자들을 승자로 바꿔 놓는다. 알라모를 기억하라.

냉소주의 극복하기

"하늘이 무너진다! 하늘이 무너진다!" 대부분의 사람들은 겁 많은 닭 '치킨 리틀'의 이야기를 알고 있을 것이다. '치킨 리틀'은 농장을 뛰어다니며 세상이 무너진다고 호들갑을 떨어 댔다. 우리 모두는 그와 비슷한 사람들을 알고 있다. 우리들 각자의 마음속에는 '치킨 리틀'이 들어 있는 것이다.

앞에서 말했듯이, 냉소주의자들은 이 '치킨 리틀'과 같다. 두려움과 의심 때문에 제대로 생각을 못하게 될 때, 우리는 모두 이런 작은 겁쟁이가 된다.

우리 모두는 의심과 회의를 품고 있다. "나는 똑똑하지 않아." "난 충분히 뛰어나지 않아." "누구누구가 나보다 나아." 이런 의심은 우리를 마비시킨다. 우리는 '만약에' 게임을 하게 된다. "만약에 내가 투자를 하자마자 경제가 무너지면 어떻게 하지?" "만약에 내가 통제력을 잃어 돈을 못 갚으면 어쩌지?" "만약에 일이 내가 계획했던 대로 되지 않으면 어떻게 하지?" 또는 친구나 사랑하는 사람들이 우리의 부족한 점을 지적하기도 한다. 그들은 자주 이렇게 말한다. "무엇 때문에 네가 그런 일을 할 수 있다고 생각하는 거야?" "그게 그렇게 좋은 생각이라면 왜 다른 사람들은 그렇게 안 하는데?" "그건 절대로 성공 못할 거야. 넌 지금 네가 무슨 소리를 하는지도 몰라." 이런 의심의 말들은 너

실수는 배움의 기회다

학교는 실수를 피하도록 우리를 가르치고 실수한 학생들에게 벌을 준다. 그러나 나는 현실 세계에서 자신의 실수를 인식하고 평가한 후 보다 나은 결정을 내리는 수단으로 이용한다면 더할 나위 없이 귀중한 자산이 된다는 사실을 배웠다. 약간의 두려움은 건강한 것이 될 수 있지만 실수를 할까 봐 두려워하며 살아서는 안 된다. 교훈을 배울 수 있다면 실수는 좋은 것이다.

무나도 크게 울려퍼져, 우리는 결국 행동에 옮기지 못한다. 뱃속에서 끔찍한 기분이 느껴진다. 때로는 잠을 잘 수도 없다. 우리는 앞으로 나아가지 못한다. 그래서 안전한 것에만 매달리게 되고, 그러는 동안 기회는 우리 옆을 지나가 버린다. 우리는 꼼짝달싹도 하지 못하고 뱃속에 차가운 기운을 느끼며 삶이 지나가는 모습을 바라볼 뿐이다. 우리 모두는 인생에 한 번쯤 이런 기분을 느껴 본 적이 있을 것이다. 누군가는 이런 경험을 남들보다 훨씬 많이 했을 수도 있다.

피델리티 마젤란Fidelity Magellan에서 뮤추얼 펀드 운영으로 유명한 피터 린치Peter Lynch는 하늘이 무너진다는 경고를 "소음"이라고 칭한다. 우리 모두는 그 소음을 듣는다.

소음은 우리의 머릿속에서 들려오기도 하고, 때로는 친구나 가족, 동료, 또는 언론과 같은 외부에서 들려오기도 한다. 린치는 1950년대에 뉴스에서 핵전쟁에 대한 위협을 크게 떠들어 대자 사람들이 방공호를 만들고 거기에 음식과 물을 저장했던 일을 상기시킨다. 만약 그때 사람들이 방공호를 짓는 대신 그 돈을 시장에 현명하게 투자했더라면 지금쯤 그들은 재정적인 독립을 이루었을 것이다.

한 도시에서 폭력 사태가 벌어지면 미국 전역에서 총기 판매가 급증한다. 누군가 워싱턴 주에서 덜 익은 햄버거 고기 때문에 사망하면, 애리조나 주 보건부가 모든 식당에 쇠고기를 완전히 익히도록 공문을 내려 보낸다. 한 제약 회사가 2월에 사람들이 독감에 걸리는 TV 광고를 내보내면 정말로 감기 발생률이 증가하고 감기약 판매도 상승한다.

대부분의 사람들이 가난한 이유는 투자에 관한 한 이 세상에는 사방을 뛰어다니며 "하늘이 무너진다! 하늘이 무너진다!"고 외치는 치킨 리틀들로 가득하기 때문이다. 그리고 이런 '치킨 리틀'의 영향력이 큰 이유는 우리 모두가 조금씩은 겁쟁이이기 때문이다. 소문과 어두운 전망, 파멸에 대한 이야기가 우리의 의심과 두려움에 영향을 미치지 않게 하려면 상당한 용기가 필요하다. 그러나 능숙한 투자가들은 최악의 시기로 보이는 때가 실제로는 돈을 벌 최고의 적기라는 점을 알고 있다. 모든 사람들이 행동하기를 두려워할 때, 그들은 방아쇠를 당겨 보상을 얻는다.

얼마 전 보스턴에 사는 리처드라는 친구가 나와 킴을 보러 피닉스에 왔다. 그는 우리가 주식과 부동산을 이용해 해낸 일에 커다란 감명을 받았다. 당시 피닉스의 부동산 가격은 바닥을 달리고 있었다. 우리는 이틀 동안 그에게 우리가 현금흐름과 자본을 증가시킬 훌륭한 기회로 여기는 것들을 보여 주었다.

킴과 나는 부동산 중개인이 아니다. 우리는 투자가일 뿐이다. 우리는 휴양지 마을에서 집을 한 채 발견하고 중개인에게 전화를 걸었고, 그 날 오후 리처드는 그 중개인으로부터 그 집을 사들였다. 그 침실 두 개 짜리 주택의 가격은 4만 2000달러였다. 그와 비슷한 집의 가격은 6만 5000달러였다. 그는 무척 좋은 거래를 했던 것이다. 기분이 좋아진 리처드는 그 집을 산 다음 보스턴으로 돌아갔다.

이 주 뒤, 중개인이 전화를 걸어 우리의 친구가 거래를 취소했다고 말했다. 나는 즉시 리처드에게 전화를 걸어 그 이유를 물어보았다. 그는 그 집을 샀다는 이야기를 이웃 사람에게 했더니 별로 좋은 거래를 한 것 같지 않다는 말을 들었다고 했다. 너무 비싸게 줬다는 것이다. 나는 리처드에게 그의 이웃이 투자가인지 물었다. 리처드는 아니라고 대답했다. 그렇다면 왜 그의 말을 듣느냐고 묻자 리처드는 갑자기 방어적이 되더니 그저 앞으로 계속 찾아보고 싶다고 대답했다.

피닉스 부동산 시장이 회복되면서, 몇 년 뒤 그 작은 집의 임대료는 월 1,000달러가 되었다. 가격이 최고조에 이르는 겨울 성수기에는 2,500달러까지 뛰었다. 그리고 집값은 9만 5000달러로 상승했다. 리처드가 그때 할 일은 겨우 5,000달러를 투자하는 것이었다. 그랬더라면 그는 '새앙쥐 레이스'에서 벗어날 수 있었을 것이다. 오늘날 그는 아직 아무것도 일궈 내지 못했다.

리처드가 계약을 포기한 일은 내게 전혀 놀라운 것이 아니었다. 그것은 '구매자의 후회'라고 불리며, 우리 모두 역시 그런 마음을 지니고 있다. 겁쟁이 닭이 다시 한번 승리를 거두었고, 자유의 기회는 사라진 것이다.

또 다른 예를 들어 보자. 나는 내 자산의 일부를 CD가 아니라 세금 선취특권 증서로 가지고 있다. 나는 그에 대해 연간 16퍼센트의 이자를 벌며, 말할 필요도 없이 그것은 CD의 은행 이율보다 훨씬 높다. 그 증서는 부동산으로 보증되고 주법으로 시행되는데, 이 점 또한 웬만한 은행보다 낫다. 구매 형식 때문에 안정성도 보장된다. 다만 유동성이 부족할 따름이다. 그래서 나는 이것을 2~7년 기한을 지닌 CD로 여긴다. 내가 이런 식으로 돈을 투자한다는 이야기를 할 때마다, 특히 CD를 갖고 있는 사람에게 말할 때마다 사람들은 내게 너무 위험하다고 말한다. 그들은 왜 내가 이렇게 해서는 안 되는지 말한다. 내가 어디서 그런 정보를 얻었느냐고 물으면 그들은 친구나 투자 잡지에서 얻었다고 말한다. 그들은 한 번도 직접 해 본 적도 없으면서 이미 그렇게 하고 있는 사람들에게는 하지 말라고 이야기한다. 내가 원하는 최저 수익은 16퍼센트지만 의심으로 가득 찬 사람들은 그보다 훨씬 낮은 수익으로도 만족한다. 의심의 대가는 비싸다.

요는 그러한 의심과 냉소주의가 대부분의 사람들을 가난하게 만들고 안전하게 하도록 부추긴다는 것이다. 현실 세계는 당신이 부자가 되기를 기다리고 있다. 사람이 가난하게 사는 것은 단지 그들이 의심을 품고 있기 때문이다. 전에도 말했지만 '새앙쥐 레이스'에서 빠져나가는 것은 기술적으로는 쉬운 일이다. 교육이 많이 필요하지도 않다. 그러나 이 같은 의심이 대부분의 사람들을 절룩거리게 만든다.

"냉소주의자들은 결코 이기지 못해." 부자 아버지는 말했다. "두려움과 의심을 내버려 두면 냉소주의자가 되지." 부자 아버지가 즐겨 하는 또 다른 말은 "냉소주의자들은 비판을 하고 승자들은 분석을 한다."였다. 부자 아버지는 비판은 눈을 가리는 반면 분석은 눈을 뜨게 한다고 설명했다. 분석은 승리자에게 비판가들이 보지 못하는 것들을 보게 해 주고 다른 모든 사람들이 놓친 기회를 포착할 수 있게 해 준다. 그리고 사람들이 놓친 것을 발견하는 것이야말로 모든 성공의 비결이다.

20년 전 그리고 오늘
부채와 세법 이용하기

오늘날 재무와 관련해 조언을 해 주는 많은 사람들이 활동한다. 어떤 이들은 신용카드를 잘라 버리라고 조언하고 어떤 이들은 빚 없이 사는 방식을 옹호한다. 나와 킴은 지금도 부자 아버지의 교훈을 따라 부채와 세법을 이용해 우리의 부를 키워 나가고 있다. 좋은 빚과 나쁜 빚의 차이를 이해하고 영리하게 세법을 이용하는 것이 우리의 공식에 속한다.

부동산은 재정적인 독립이나 자유를 원하는 사람에게 있어 대단히 강력한 투자 도구다. 그것은 대단히 독특한 투자 도구다. 그럼에도 내가 부동산에 관한 이야기를 할 때마다 사람들은 이렇게 말한다. "난 화장실을 고치고 싶지 않아요." 이것이 바로 피터 린치가 소음이라고 부른 것이고, 내 부자 아버지가 냉소적인 이야기라고 말한 것이다. 분석은 하지 않고 비판만 하는 사람들, 눈을 뜨기보다 항상 두려움과 의심을 갖고 사는 사람들 말이다.

그래서 누군가가 "난 화장실을 고치고 싶지 않아요."라고 말할 때

나는 쏘아붙이고 싶어진다. "나는 그러고 싶답니까?" 그들은 화장실이 그들이 원하는 것보다 더 중요하다고 말하는 것이다. 나는 '새앙쥐 레이스'에서 벗어나는 게 얼마나 중요한지 이야기하고 있는데, 그들은 화장실 이야기만을 하고 있다. 이것이 바로 대부분의 사람들을 가난하게 만드는 사고방식이다. 그들은 분석을 하는 것이 아니라 비판만을 한다.

"'난 하고 싶지 않다.'가 성공의 열쇠를 쥐고 있단다." 부자 아버지는 이렇게 말했다. 왜냐하면 나 역시 화장실을 고치고 싶지 않기는 매한가지이기 때문이다. 뛰어난 사람을 고용해 주택이나 아파트 건물을 관리하게 하면 내 현금흐름은 상승한다. 그러나 그보다도 더 중요한 점은 실력 좋은 관리자는 내게 더 많은 부동산을 살 수 있게 해 준다는 것이다. 왜냐하면 내가 화장실을 고칠 필요가 없어지기 때문이다. 뛰어난 관리자야말로 부동산 투자에서 성공을 거두는 비결이다. 내게는 좋은 관리자를 찾는 것이 좋은 부동산을 찾는 것보다도 더욱 중요하다. 뛰어난 관리자는 종종 부동산 관리자보다도 더 일찍 좋은 부동산에 대한 소문을 주워듣기 때문에 더욱 소중한 존재가 될 수 있다.

부자 아버지가 "'난 하고 싶지 않다.'가 성공의 열쇠를 쥐고 있다."고 말한 것은 그런 의미다. 나 역시 화장실을 고치고 싶지 않기에, 어떻게 하면 더 많은 부동산을 구입해서 '새앙쥐 레이스'에서 빠져나갈 수 있을지 궁리했다. "나는 화장실을 고치고 싶지 않아요."라고 말하는 사람들은 대개 이런 강력한 투자 수단을 활용하기를 거부한다. 그들에게는 자유보다도 화장실이 더 중요하기 때문이다.

주식 시장에서 나는 사람들이 자주 이렇게 말하는 것을 듣는다. "나는 돈을 잃고 싶지 않아요." 글쎄, 그렇다면 나나 다른 사람은 돈을 잃고 싶어 한단 말인가? 그들이 돈을 벌지 못하는 이유는 애초에 그들이 돈을 잃지 않기 위해 발버둥 치기 때문이다. 그들은 분석을 하는 대신 또 하나의 강력한 투자 도구인 주식 시장으로부터 마음을 걸어 잠그고 있는 것이다.

언젠가 친구 한 명과 차를 타고 가다가 우리 동네에 있는 주유소를 지나게 되었다. 그는 고개를 들어 팻말을 보고는 휘발유와 원유 가격이 계속 올라가고 있다는 걸 깨달았다. 내 친구는 '치킨 리틀'처럼 걱정을 사서 하는 사람이다. 그가 아는 한 하늘은 항상 무너지고 있다. 그것도 그의 머리 위로 말이다.

집에 도착하자, 그는 내게 원유 가격이 향후 몇 년 동안 계속 상승할 것이라는 통계치를 보여 주었다. 나는 정유 회사의 주식을 상당히 많이 보유하고 있지만 그런 통계는 한 번도 본 적이 없었다. 그런 정보를 알게 된 나는 그 즉시 유정 개발을 앞두고 있는, 새롭고 아직 저평가된 정유 회사를 찾아냈다. 내 중개인은 이 새로운 회사를 발견해 신이 났고, 나는 주당 65센트에 그 회사의 주식 1만 5000주를 매입했다.

석 달 뒤, 나는 그때 그 친구와 함께 똑같은 주유소를 지나가게 되었다. 당연하게도, 휘발유 가격은 갤런당 거의 15퍼센트나 올라 있었다. 이번에도 '치킨 리틀' 친구는 걱정과 불평을 늘어놓았다. 나는 미소를 지었다. 그 친구가 알려 준 정보 덕분에 한 달 전에 내가 투자한 작은 정유 회사가 유정을 발견해 1만 5000주의 주식이 주당 3달러 이상으로 뛰어올랐기 때문이다. 그리고 내 친구의 말이 사실이라면 휘발유 가격은 계속해서 오를 것이다.

만일 대부분의 사람들이 주식 시장에서 '멈춤stop'이 작용하는 방식을 안다면, 잃지 않으려고 투자하는 것이 아니라 이기려고 투자하는 사람들이 늘어날 것이다. '멈춤'은 가격이 떨어지기 시작하면 손실을 최소화하고 약간의 이득이라도 극대화할 수 있도록 자동적으로 주식을 팔게 하는 컴퓨터 명령어다. 돈을 잃는 것을 죽도록 무서워하는 사람에게는 대단히 편리한 도구다.

그래서 나는 사람들이 원하는 것보다 원하지 않는 것에 초점을 맞춰 하는 말들을 들을 때마다 그들의 머릿속 소음이 대단히 클 것이라는 것을 안다. '치킨 리틀'이 그들의 머리를 장악해 소리를 지르고 있는 것이다. "하늘이 무너지고 있다! 화장실이 고장 나고 있다!" 그래서 그들은 그들이 '원하지 않는 것'을 회피하는 대신 커다란 대가를 치른다. 그들이 원하는 삶을 결코 얻지 못하는 것이다. 그들 속에 존재하는 '치킨 리틀'이 분석을 하는 대신 마음을 닫아 버리기 때문이다.

부자 아버지는 내게 '치킨 리틀'을 바라보는 방식을 알려 주었다. "샌더스 대령이 한 대로 하렴." 샌더스 대령은 예순여섯 살에 하던 사업이 망하는 바람에 사회보장연금을 받으며 살게 되었다. 그렇지만 그것만으로는 충분치 않았다. 그는 전국 곳곳을 돌아다니며 그의 프라

이드 치킨 조리법을 팔았다. 1009번이나 퇴짜를 맞은 뒤에야 누군가가 그의 제안을 사겠다고 나섰고, 대부분의 사람들이 일을 그만두는 나이에 그는 백만장자가 되었다. "용감하고 끈질긴 사람이었지." 부자 아버지는 KFC의 창업주인 할란 샌더스Harlan Sanders에 대해 이렇게 평가했다.

그러므로 겁이 나고 의심스러울 때에는 샌더스 대령이 그의 '리틀 치킨'에게 한 짓을 해 버려라. 그는 그것을 튀겨 버렸다.

게으름 극복하기

바쁜 사람들은 종종 가장 게으른 사람들이다. 다들 돈을 벌기 위해 열심히 일하는 사업가에 대한 이야기를 들어 본 적이 있을 것이다. 그는 열심히 일해 아내와 아이들을 부양한다. 일터에 늦게까지 남고 주말에도 집에 일감을 가져간다. 그러다 하루는 집에 갔더니 집이 텅 비어 있었다. 아내가 아이들을 데리고 떠나 버린 것이다. 그는 자신과 아내 사이에 문제가 있다는 것을 알고 있었지만 부부 사이를 개선하기 위해 노력하기는커녕 그저 바쁘게 일에만 매달렸다. 상심한 그는 직장에서도 실적이 떨어지고, 결국 일자리마저 잃기에 이른다.

오늘날 나는 너무 바빠서 재산을 제대로 관리할 수 없는 사람들을 자주 만난다. 너무 바빠서 건강을 돌보지 않는 사람들도 있다. 원인은 똑같다. 그들은 바쁘고, 계속해서 그렇게 바쁜 생활을 유지하는 이유는 그들이 대면하고 싶지 않은 무언가를 회피하기 위해서다. 굳이 그들에게 말해 줄 필요도 없다. 이미 내심으로는 알고 있기 때문이다. 사실 그들에게 그 사실을 알려 준다면, 그들은 화를 내거나 짜증을 부릴 것이다.

그들은 일이나 아이들 때문에 바쁘지 않을 때면 대개 텔레비전을 보거나 낚시를 하거나 골프를 치거나 쇼핑을 간다. 그렇지만 그들은 마음속 깊은 곳에서 자신이 뭔가 중요한 것을 회피하고 있다는 것을 알고 있다. 그것이 바로 가장 흔한 형태의 게으름이다. 바쁘게 지냄으로써 게으름을 피우는 것 말이다.

그렇다면 게으름을 치유하려면 어떻게 해야 할까? 해답은 약간의 욕심을 가지는 것이다.

많은 사람들이 욕심이나 욕망은 나쁜 것이라고 알며 자라난다. "욕심 많은 사람들은 나쁜 사람들이야." 내 어머니는 이렇게 말씀하시곤 했다. 그렇지만 우리 모두의 마음속에는 뭔가 근사하고, 새롭고, 재미있는 것을 갖고 싶어 하는 이러한 열망을 가지고 있다.

그래서 부모들은 욕망의 감정을 억제하기 위해 주로 죄책감을 이용해 그런 욕망을 억누르려 한다. "넌 네 생각만 하는구나. 형이나 동생 생각은 안 하니?"가 우리 어머니의 단골 레퍼토리였다. 아버지가 즐겨 말하는 표현은 이것이었다. "뭘 사 달라고? 돈이 나무에서 자라는 줄 아니? 우리 집은 그렇게 넉넉하지 않다."

그런 말을 들을 때마다 내 가슴을 찌르는 건 말 그 자체가 아니라 그로 인해 느껴지는 성난 죄책감이었다.

혹은 죄책감과 반대되는 것도 있었다. "이걸 사 주기 위해 내가 얼마나 많이 희생을 하고 살았는지 봐라. 내가 어렸을 때에는 이런 걸 누리지도 못했어." 내 이웃 중 한 명은 땡전 한 푼 없이 파산을 했는데도 차고에 차를 주차할 수가 없는 지경이었다. 그 안에 애들 장난감이 너무 즐비하기 때문이다. 그 버릇없는 아이들은 원하는 거라면 뭐든지 가질 수 있었다. "아이들이 부족함을 느끼며 자라게 하고 싶지 않다."는 것이 내 이웃의 입버릇이다. 아이들의 대학 등록금이나 노후 자금은 한 푼도 없으면서도 아이들은 온갖 장난감을 다 갖고 있는 것이다. 그 이웃은 최근에 새로 신용카드를 발부받아 아이들을 데리고 라스베이거스에 놀러 갔다. "아이들을 위해서예요." 그는 대단히 만족스러운 표정으로 이렇게 말했다.

부자 아버지는 "나는 그럴 여유가 없다."는 말을 금지시켰다. 하지만 우리 집에서는 날마다 그 말을 들을 수 있었다. 대신에 부자 아버지는 그분의 아이들에게 이렇게 말하게 가르쳤다. "내가 어떻게 그럴 여유를 마련할 수 있을까?" 그분은 "나는 그럴 여유가 없다."는 말이 머리를 닫아 버린다고 믿었다. 더 이상 생각할 수가 없게 말이다. "내가 어떻게 그럴 여유를 마련할 수 있을까?"는 머리를 열고 해답을 찾고 생각할 수밖에 없게 만든다.

가장 중요한 점은 부자 아버지는 "나는 그럴 여유가 없다."는 말이 거짓말이라고 느꼈다는 것이다. 그리고 인간의 정신은 그 점을 알고 있다고 했다. "인간의 정신은 아주, 아주 강력하단다." 그분은 말했다. "자기가 뭐든 할 수 있다는 걸 알고 있지." "나는 그럴 여유가 없다."라는 게으른 마음을 갖게 되면 우리 안에서 전쟁이 일어난다. 정신은 화를 내고, 게으른 마음은 자신의 거짓말을 방어해야 한다고 느끼는 것이다. 정신은 소리친다. "어서! 체육관에 가서 운동을 해!" 그러면 게으른 마음은 말한다. "하지만 난 피곤한걸. 오늘 하루 정말 열심히 일했단 말이야." 또 우리의 정신은 이렇게 말한다.

"난 가난한 것에 진절머리가 나. 그러지 말고 과감하게 나가서 부자가 되자고." 그러면 게으른 마음은 이렇게 말한다. "부자들은 욕심쟁이야. 게다가 부자가 되려면 할 일이 너무 많단 말이야. 안전하지도 않고. 어쩌면 돈을 잃게 될지도 몰라. 난 충분히 열심히 일하고 있어. 어쨌든 직장에서 할 일도 너무 많아. 오늘 밤에 내가 해야 할 일을 봐. 상사가 아침까지 끝내 오라고 했단 말이야."

"나는 그럴 여유가 없다."는 또한 슬픔을 야기한다. 무력감은 낙담과 종종 우울증으로 이어지기도 한다. "내가 어떻게 그럴 여유를 마련할 수 있을까?"는 가능성과 흥분, 꿈을 열어젖힌다. 그래서 부자 아버지는 우리가 "내가 어떻게 그럴 여유를 마련할 수 있을까?"란 질문이 보다 강한 마음과 역동적인 정신을 만든다는 사실을 이해하는 한 우리가 무엇을 사고 싶어 하든 상관하지 않았다.

그래서 그분은 마이크와 내게 무엇을 주는 법이 거의 없었다. 대신에 그분은 이렇게 물었다. "너희가 어떻게 그럴 여유를 마련할 수 있을까?" 거기에는 대학도 포함되어 있었다. 우리는 등록금을 스스로 마련했다. 부자 아버지가 우리가 배우길 바랐던 것은 목표가 아니라 목표를 달성하는 과정이었다.

오늘날 나는 많은 사람들이 자신의 욕망이나 '욕심'에 대해 죄책감을 느낀다는 점을 발견한다. 그것은 어린 시절부터 시작된 아주 오래된 심리적 상태다. 사람들은 삶이 제공하는 더 좋은 것들을 욕망하면서도 무의식적으로 이렇게 말하도록 훈련받아 왔다. "나는 그것을 가질 수 없어." 또는 "난 결코 그럴 여유가 없을 거야."

내가 '새앙쥐 레이스'에서 탈출하기로 마음먹었을 때 내가 가진 의문은 단순히 이런 것이었다. "다시는 일하지 않으려면 어떻게 해야 할까?" 그리고 내 마음은 그 해답과 해결책을 분주히 내놓기 시작했다. 가장 어려운 부분은 내 친부모님의 사고방식과 싸우는 것이었다. "우린 그럴 여유가 없다." "네 생각만 해서는 안 돼." "어째서 다른 사람 생각은 하지 않니?" 그리고 내 '욕심'을 억누르고 죄책감을 심어 주는 다른 비슷한 말들도 들어야 했다.

그렇다면 우리는 어떻게 게으름을 타파할 수 있을까? 다시금 그 답은 약간의 욕심에 있다. 라디오 방송국 WII-FM의 이름은 '그게 나한테 어떻게 좋을까What's In It For Me?'를 의미한다. 사람들은 누구나 자리에 앉아 이렇게 자문할 필요가 있다. "만약에 다시는 일할 필요가 없다면 내 삶은 어떻게 될까?" "원하는 만큼 돈이 생긴다면 난 무엇을 할까?" 약간의 욕심, 더 좋은 것을 갖고 싶다는 욕망이 없다면 진전할 수 없

부자 아빠 가난한 아빠

다. 우리가 사는 세상이 발전하는 이유는 우리가 더 나은 삶을 바라기 때문이다. 새로운 발명품이 만들어지는 것은 더 나은 무언가를 바라기 때문이다. 우리가 학교에 가서 공부하는 것도 더 좋은 것을 원하기 때문이다. 따라서 자신이 해야 할 무언가를 회피하고 있음을 자각한다면 스스로에게 던져야 할 질문은 바로 이것이다. "그게 나한테 어떻게 좋을까?" 약간은 욕심을 부려도 괜찮다. 그것이야말로 게으름에 대한 가장 좋은 치료약이다.

그러나 무엇이든 지나치면 해가 되듯이, 욕심도 마찬가지다. 다만 영화 「월 스트리트Wall Street」에서 마이클 더글라스가 한 말을 기억하라. "욕심은 좋은 거야." 부자 아버지는 이를 다른 방식으로 말했다. "죄책감은 욕심보다 나쁘다. 죄책감은 몸에서 영혼을 빼앗아 가거든." 나는 엘리노어 루스벨트가 가장 좋은 말을 했다고 생각한다. "마음이 옳다고 느끼는 것을 하세요. 무엇을 하든 어차피 비난받게 될 테니까요. 그 일을 해도 비난을 받고 안 해도 비난을 받을 테지요."

나쁜 습관 극복하기

우리의 삶은 교육보다 습관의 반영이다. 아널드 슈워제네거가 출연한 영화 「코난」을 본 내 친구는 이렇게 말했다. "슈워제네거 같은 몸을 갖고 싶어." 다른 친구들도 거의 다 고개를 끄덕였다.

"옛날엔 그 사람도 빼빼 말랐었다고 하던데." 또 다른 친구가 말했다.

"아, 나도 그 이야기 들었어." 다른 친구가 말했다. "날마다 체육관에서 운동하는 습관이 있다더라고."

"맞아, 당연히 그럴 거야."

"아냐." 일행 중에서 냉소적인 친구가 말했다. "아마 그 친구는 태어날 때부터 그렇게 타고났을걸. 아널드 이야기는 이제 그만하고 맥주나 마시자고."

이것이 바로 습관이 행동을 통제하는 예시다. 나는 부자 아버지에게 부자가 되는 습관에 대해 물은 적이 있다. 그분은 직접 대답을 하는 대신 평소처럼 내가 예시를 통해 배우길 원했다.

"네 아버지는 언제 청구서 대금을 내시냐?" 부자 아버지가 물었다.

"매달 1일에요." 내가 말했다.

"그걸 내고 나면 남는 돈이 있으시더냐?"

"거의 없지요."

"그게 바로 네 아버지가 돈 문제로 고생하는 가장 큰 원인이다." 부자 아버지가 말했다. "나쁜 습관을 갖고 계신 거야. 너희 아버지는 먼저 남들에게 돈을 지불한 다음 남는 걸 자기한테 지불하지. 그것도 남는 돈이 있을 때나 이야기지만."

"실제로 대개는 남는 돈이 거의 없어요." 내가 말했다. "하지만 아버지는 어쨌거나 청구서를 처리해야 해요. 그렇지 않나요? 그럼 청구서 대금을 아예 내지 말라고요?"

"물론 그건 아니지." 부자 아버지가 말했다. "청구서는 늘 제때 내야 해. 다만 난 나 자신에게 먼저 돈을 지불한단다. 정부에게 돈을 내기도

전에 말이야."

"하지만 돈이 충분치 않으면요? 그땐 어떻게 하죠?"

"그때도 똑같다. 난 나 자신에게 먼저 지불한다. 설사 돈이 부족할 때에도 말이야. 내게는 내 자산 부문이 정부보다 더 중요하거든."

"하지만 그랬다간 정부가 쫓아오지 않나요?"

"돈을 내지 않으면 그렇지. 하지만 이젠 정부에게 돈을 내지 말라고 하는 게 아니다. 난 그저 무슨 일이 있어도 나 자신에게 먼저 지불해야 한다고 말하는 거야. 심지어 돈이 부족할 때도 말이다."

"하지만…… 어떻게 그럴 수 있죠?"

"'어떻게'가 아니다. 여기서 물어야 할 질문은 '왜?'지."

"좋아요. 왜요?"

"동기 부여지." 부자 아버지가 말했다. "만약에 돈을 지불하지 않는 다면 누가 더 큰 목소리로 불평을 할까? 나일까 아니면 내게 돈을 받아야 할 채권자들일까?"

"당연히 아저씨 채권자들이 더 시끄럽게 불평을 하겠죠." 나는 당연하다는 듯이 대답했다. "스스로에게 아무것도 지불하지 않는다고 해도 나 자신에게 불평할 일은 없으니까요."

"바로 그거다. 일단 나 자신에게 돈을 지불하고 나면, 세금과 다른 채권자들의 압력이 너무 높아져서 나는 어쨌거나 다른 수입원을 찾을 수밖에 없어. 그런 압력이 내게 돈을 벌 동기를 부여하는 거야. 부업도 뛰어 봤고, 다른 회사들을 차리고, 주식 거래도 하고 그런 사람들이 내게 소리를 지르지 못하도록 별별 짓을 다 해 봤다. 그런 압력이 내가 더욱 열심히 일하고 또 생각하게 만들었고, 결국 돈에 대해서 더욱 똑똑하고 보다 적극적으로 만들어 준 거야. 만약 내가 나 자신에게 가장 나중에 지불한다면 그런 압력을 느끼지는 않을지 몰라도 대신에 빈털터리가 되었겠지."

"그럼 정부나 다른 사람들에게 빚을 지고 있다는 두려움이 아저씨에게 동기를 부여해 준 거예요?"

"그렇단다." 부자 아버지가 말했다. "너도 알다시피, 정부의 수금원들은 무서운 사람들이야. 사실 돈을 받으러 오는 사람들은 다 그렇지. 그래서 사람들은 대부분 그들에게 굴복하고 만단다. 그 사람들에게 돈을 지불하고 자기 자신에게는 돈을 지불하지 않는 거야. 몸이 작고 마른 약골들은 늘 크고 강한 애들한테 괴롭힘을 당하지?"

나는 고개를 끄덕였다. "만화책을 보면 언제나 중간중간에 보디빌딩이나 체력 단련 관련 광고들이 들어 있죠."

"대부분의 사람들은 그런 심술궂은 놈들한테 괴롭힘을 당하면서도 아무 짓도 안하지. 나는 그런 두려움을 이용해 더 강해지기로 결심했다. 그렇지만 다른 사람들은 더 약해지지. 어떻게 추가 수입을 올릴 수 있을까 머리를 짜낼 수밖에 없게 만드는 건 체육관에 가서 운동을 하는 것과 같다. 내가 정신적인 돈 근육을 단련할수록 나는 점점 더 강해진다. 그리고 이제 난 그런 사람들이 두렵지 않지."

나는 부자 아버지의 그 말이 마음에 들었다. "그러니까 제가 저 자신에게 먼저 지불하면 금전적으로, 정신적으로, 그리고 재정적으로 더 강해진다는 말씀이죠?"

부자 아버지가 고개를 끄덕였다.

"또 만약 저 자신에게 가장 나중에 지불하거나 아니면 아예 지불하지 않는다면 전 약해지는 거고요. 그래서 상사나 매니저, 세금 징수원, 빚쟁이, 그리고 집주인이 제 삶을 내두르게 되는 거죠. 그저 제가 돈을 지불하는 습관이 좋지 않다는 이유 때문에요."

> 나 자신에게 먼저 지불하면 금전적으로, 정신적으로, 그리고 재정적으로 더 강해진다.

부자 아버지가 고개를 끄덕였다. "작고 마른 약골들처럼 말이다."

오만함 극복하기

"내가 아는 것이 돈을 벌게 해 준다. 내가 모르는 것은 돈을 잃게 만든다. 나는 오만하게 굴 때마다 돈을 잃었다. 왜냐하면 오만할 때 나는 내가 모르는 것은 중요하지 않다고 진심으로 믿기 때문이다." 부자 아버지는 내게 자주 이런 말을 해 주곤 했다.

나는 많은 사람들이 오만함을 이용해 그들의 무지를 숨기려 한다는 사실을 알게 되었다. 이는 내가 회계사나 심지어 다른 투자가들과 재무 상태를 의논할 때에 자주 일어난다.

그들은 의논을 하는 내내 허세를 부린다. 내가 보기에는 자기가 무슨 이야기를 하고 있는지도 모르고 있다는 게 빤한데 말이다. 그들은 거짓말을 하는 것은 아니지만, 진실을 말하고 있지 않다.

　돈과 금융, 투자 분야에는 자신이 무슨 말을 하는지도 모르는 사람들이 참으로 많다. 많은 이들이 마치 중고차 세일즈맨처럼 입에 발린 말만 청산유수로 쏟아 내는 것이다. 자신이 어떤 주제에 관해 무지하다는 사실을 알게 된다면 전문가를 찾거나 관련 서적을 통해 스스로를 교육시켜야 한다.

부자로 가는 길을 가로막는
장애물은 무엇인가?

부자 아빠 다시 읽기

금융 지식을 갖추고 있으면서도 풍부한 현금흐름을 개발하지 못하는 까닭은 다음 다섯 가지 원인에 기인한다. 1) 두려움, 2) 냉소주의, 3) 게으름, 4) 나쁜 습관, 5) 오만함. 이에 대해 자세히 살펴보면 다음과 같다.

1. 두려움 극복하기

돈 잃는 걸 좋아하는 사람은 없다. 돈을 한 푼도 잃어 보지 않은 사람들은 투자를 하지 않는 사람들이다.

돈을 잃는다는 두려움은 현실적이다. 모두가 그런 두려움을 갖고 있다. 중요한 것은 두려움과 손실을 다루는 방식이다. 부자와 가난한 자의 근본적인 차이점은 바로 그런 두려움을 다루는 방식에 있다.

두려워하는 것은 괜찮다. 그것을 극복하는 한 가지 방법은 일찍 시작하여 복리의 힘이 당신을 위해 일하도록 만드는 것이다. 스무 살에 저축을 시작하는 사람과 서른 살에 저축을 시작하는 사람 사이에는 현저한 차이가 생긴다. 그러나 시간이 충분치 않거나 이른 은퇴를 꿈꾸고 있다면 어떻게 해야 하는가?

부자 아버지는 텍사스 사람들처럼 사고하라고 권한다. '딸 때도 크게, 잃을 때도 크게', 이것이 손실에 대한 바람직한 태도다. 텍사스 사람들은 이기면 자랑을 하고 지면 허풍을 늘어놓는다. 로버트 역시 따는 것 못지않게 잃는 경우도 많았다. 그는 돈을 잃어 보지 않은 부자를 만나 본 적이 없다. 자신의 부를 일군 사람들은 잃는 게 두려워 게임에서 발을 빼지 않는다.

알라모 전투는 비극적인 패배였지만 텍사스 사람들은 이를 위대한 승리를 향한 영감의 토대로 삼았다. "알라모를 기억하라."는 구호를 만들었던 것이다.

실패와 손실을 덮어 버리지 마라. 그것을 영감의 원천으로 만들라. 승자는 실패에서 힘을 얻지만 패자는 실패에서 좌절한다. 존 D. 록펠러의 "나는 재앙이 일어날 때마다 그것을 기회로 바꾸기 위해 노력했다."라는 말을 기억하라.

미국인들은 가장 큰 패배 중 하나인 진주만 공습 사건을 어떻게 받아들였는가. 반드시 승리해야 할 원인으로 변환시켜 세계적인 강대국으로 도약하는 토대로 삼지 않았던가.

승자는 패배를 통해 승리를 위한 영감을 자극받을 줄 안다. 그래서 자신을 위대함으로 이끌어 줄 수도 있는 실패를 두려워하지 않는 것이다. 실패를 두려워하지 않는다는 것이 실패를 싫어하지 않는다는 뜻은 아님을 기억하라.

대부분의 사람들은 이기기 위한 게임이 아니라 지지 않기 위한 게임을 한다. 그래서 그렇게나 많은 사람들이 재정적으로 곤란을 겪는다. 그들은 안전하고 합리적이며 균형 잡힌 포트폴리오를 가질 순 있지만 승리의 포트폴리오는 가질 순 없다.

균형 잡힌 포트폴리오는 나쁜 게 아니다. 그러나 그것은 크게 이기도록 돕지는 않는다. 그러한 것은 성공적인 투자가들의 게임 방식이 아니다. 처음에는 다소 균형을 잡을 필요가 있지만 시간이 흐르면 특정 부문에 집중해야 한다. 달걀을 몇 안 되는 바구니에 몰아넣고 집중하라.

자산 부문을 구축하는 일에 복잡한 수학이 필요한 것은 아니다. 그저 실패에 대한 적절한 태도와 용기가 필요할 뿐이다.

2. 냉소주의 극복하기

자기 회의든 우리 삶에 관여하는 다른 사람들에 대한 회의든, 우리는 종종 의심에 빠져 실행을 주저한다. 그리고 그렇게 안전을 추구하는 사이에 기회는 날아가고 만다.

소문과 어두운 전망, 파멸에 대한 이야기가 우리의 의심과 두려움에 영향을 미치지 않게 하려면 상당한 용기가 필요하다. 그러나 능숙한 투자가들은 최악의 시기로 보이는 때가 실제로는 돈을 벌 최적기라는 점을 알고 있다. 모든 사람들이 행동하기를 두려워할 때, 그들은 실행에 옮겨 보상을 얻는다.

로버트는 좋은 가격에 나온 휴양지 주택에 투자하려다가 마지막 순간에 발을 뺀 친구의 사례를 들려준다. 투자가도 아닌 이웃이 너무 비싼 투자라고 말하자 그런 결정을 내린 것이었다. 만약 그 친구가 끝까지 그 투자를 고수했더라면 원금의 두 배를 벌고 새앙쥐 레이스에서 빠져나오게 됐을 것이다.

로버트는 자산의 일부를 CD 대신 세금선취특권 증서로 보유하고 있다. 사람들은 그에게 그것이 위험한 투자라고 말한다. 한 번도 직접 해 본 적이 없으면서 의심만 하는 것이다. 로버트가 원하는 최저 수익은 16퍼센트인데 의심으로 가득 찬 사람들은 그보다 훨씬 낮은 수익에 만족한다. 의심의 대가는 비싸다고 할 수 있다.

의심과 냉소주의는 대부분의 사람들을 가난하게 만든다. 부자 아버지는 이렇게 말하길 좋아했다. "냉소주의자들은 비판을 하고 승자들은 분석을 한다." 분석은 승자들에게 비판가들이 보지 못하는 것들을 보여 주고 다른 사람들이 놓친 기회를 포착할 수 있게 해 준다.

부동산은 재정적인 독립이나 자유를 원하는 사람에게 대단히 강력한 투자 도구다. 또 그것은 대단히 독특한 투자 도구이기도 하다. 그럼에도 로버트가 부동산에 관한 이야기를 할 때마다 사람들은 이렇게 말한다. "난 화장실을 고치고 싶지 않아요." 그렇게 본질을 보지 않고 화장실에 초점을 맞추기 때문에 가난할 수밖에 없다고 로버트는 말한다.

3. 게으름 극복하기

바쁘게 움직이는 것이 실은 가장 흔한 형태의 게으름이다. 자신의 부나 건강, 또는 관계를 돌볼 수 없을 정도로 바쁘게 사는 경우 말이다.

그 치유책은 무엇인가? 바로 약간의 욕심을 갖는 것이다. 이는 생소하게 들릴 수 있는 말이다. 대부분 자라면서 욕심이나 욕망은 나쁜 것이라는 가르침을 받았기 때문이다.

"그럴 여유가 없다."는 말 대신 사고방식을 바꿔 "어떻게 하면 그럴 여유를 마련할 수 있을까?"라고 말하라. 그래야 머리가 열리고 해결책을 찾는 데 집중하게 된다.

"그럴 여유가 없다."는 말은 거짓말이다. 인간의 정신은 아주 강력하다. 자기가 뭐든 할 수 있다는 것을 알고 있다. 무언가를 할 수 없다고 말하면 정신과 게으른 마음 사이에 갈등이 발생한다. "어떻게 하면 그럴 여유를 마련할 수 있을까?"는 보다 강한 마음과 역동적인 정신을 창출한다.

새앙쥐 레이스에서 벗어나기로 결정했을 때 로버트는 스스로 이렇게 물었다. "어떻게 하면 다시는 일하지 않을 수 있는 여유를 마련할 수 있을까?" 그의 마음은 그 해답과 해결책을 분주히 내놓기 시작했다. 가장 어려운 부분은 그러한 '욕심'을 억누르고 죄책감을 심어 주는 낡은 사고방식과 싸우는 것이었다.

그런 작은 욕심, 즉 무언가 더 나은 것을 바라는 열망이 없으면 발전은 이뤄질 수 없다. 우리의 세상이 발전하는 것은 우리 모두가 더 나은 삶을 바라기 때문이다. 새로운 발명품이 만들어지는 이유 역시 우리가 더 나은 무언가를 원하기 때문이다. 학교는 왜 가고 우리는 왜 열심히 공부하는가? 더 나은 삶을 원하기 때문이다.

지나친 욕심은 해롭지만 약간의 욕심은 우리로 하여금 박차를 가하도록 돕는다.

4. 나쁜 습관 극복하기

성공하려면 성공적인 습관을 길러야 한다. 가난한 아버지는 늘 다른 모두에게 돈을 지불한 후에야 자신에게 지불했다. 하지만 대개는 자신에게 지불할 수 있을 정도로 남아 있는 돈이 없었다. 반면, 부자 아버지는 언제나 자신에게 먼저 지불했다. 심지어 돈이 부족할 때조차도.

부자 아버지는 정부나 채권자에게 돈을 지불하지 않으면 난리가 난다는 것을 알았다. 그런 압박이 그로 하여금 추가적인 수입원을 찾도록 동기를 부여했다. 만약 자신에게 제일 마지막에 지불한다면 그런 종류의 생산적인 압박감을 느끼지 못할 것이다. 정부나 채권자에게 지불할 여분의 돈을 만들어 내는 방법에 대해 계속 궁리하다 보면 재정적으로 더욱 강해질 수 있다.

5. 오만함 극복하기

부자 아버지는 자신이 오만하게 굴 때마다 돈을 잃었다고 말했다. 그 오만함으로 인해 자신이 모르는 것은 중요하지 않다는 믿음이 생겼기 때문이다.

많은 사람들이 오만함을 이용해 자신의 무지를 숨기려 한다. 로버트는 회계사나 다른 투자가들과 재무 상태를 의논할 때 종종 그들이 목소리를 높이며 허세를 부린다는 사실을 발견했다. 이는 대부분 자기가 무슨 이야기를 하고 있는지도 모를 때 나타나는 현상이다.

무지는 나쁜 게 아니다. 해당 분야의 전문가를 찾아 교육받는 방식으로 반응하기만 한다면 말이다.

- **좌뇌 모멘트** | 비판하지 말고 분석하라. 냉소주의자는 비판을 하지만 승자는 분석을 하여 다른 사람들이 놓친 기회를 발견한다.
- **우뇌 모멘트** | 나쁜 습관을 극복하고 새로운 습관을 만들라. '자신에게 가장 마지막에 지불하는 습관'을 '자신에게 제일 먼저 지불하는 습관'으로 바꾸듯이 말이다.
- **잠재의식 모멘트** | 너무나 많은 사람들이 실패에 대한 두려움 때문에 게임 자체에 참여하길 꺼린다. 텍사스 사람들이 알라모 전투의 비극적인 패배를 다루듯이 실패를 영감으로 이용하면 성공에 가까이 다가설 수 있다.

핵심 내용 이해하기

자, 이제 곰곰이 생각해 볼 시간이다. 이렇게 자문해 보라. "이 장에서 로버트는 무엇을 말하고 있는가? 그리고 그가 그렇게 말하는 이유는 무엇인가?" 로버트의 말에 동의하든 그렇지 않든 상관없다. 이 섹션의 목적은 그가 말하고자 하는 바를 '이해하는' 것이기 때문이다.

기억하라. 이 커리큘럼의 의도는 협력과 지원에 있다. 백지장도 맞들면 낫다고 하지 않는가. 로버트가 하는 말을 이해하지 못한다고 해서 부끄러워하거나 도외시할 필요는 없다. 몇 사람이 모여 의견을 교환하면 더욱 쉽게 이해될 수도 있다. 다음의 문장들을 시간을 갖고 차분히, 완전히 이해할 때까지 토의해 보길 바란다.

* 부자와 가난한 자의 일차적인 차이점은 두려움을 다루는 방식에 있다.
* 나는 골프공을 잃어버린 적이 없는 골퍼는 한 번도 만나 보지 못했다. 실연을 한 번도 해 보지 않고 사랑에 빠진 사람도 본 적이 없다. 그리고 한 번도 돈을 잃지 않고 부자가 된 사람도 만난 적이 없다.
* 대부분의 사람들이 금전적으로 이기지 못하는 이유는 돈을 잃어서 느끼는 고통이 부자가 되어서 얻는 즐거움보다 훨씬 크기 때문이다.
* 부자 아버지는 실패가 자신을 더욱 강하고 똑똑하게 만든다는 사실을 알았다. 이는 그가 잃는 걸 좋아한다는 의미가 아니다. 다만 자신이 누구고 어떻게 손해를 다루어야 할지 알고 있었던 것일 뿐이다. 그는 손실을 받아들이고 그것을 결국 승리로 바꾸었다.

- 텍사스 사람들은 실패를 덮어 버리지 않고, 오히려 거기서 영감을 얻는다. 실패를 받아들여 그것을 구호로 전환시킨다.

- 두려움과 의심이 머릿속에 파고들면 누구든 어느 정도 겁을 먹기 마련이다.

- 새앙쥐 레이스에서 빠져나오는 것은 기술적으로 쉬운 일이다. 교육이 많이 필요하지도 않다. 그러나 안정성에 대한 의심이 대부분의 사람들을 절룩거리게 만든다.

- "나는 그럴 여유가 없다."라는 말은 슬픔과 무력감을 야기하고, 이는 다시 낙담과 종종 우울증으로 이어진다. "내가 어떻게 그럴 여유를 마련할 수 있을까?"라는 말은 가능성과 흥분, 꿈을 열어젖힌다.

- 나 자신에게 먼저 지불하면 금전적으로, 정신적으로 그리고 재정적으로 더 강해진다.

- 돈과 금융, 투자 분야에는 자신이 무슨 말을 하는지도 모르는 사람들이 참으로 많다.

실천을 위한 질문과 토론

자, 이제 이 장에서 이해한 바를 당신의 삶에 적용할 시간이다. 아래의 질문을 자신에게 던져 보거나 스터디 그룹에서 토의해 보길 바란다. 솔직하게 답하는 것이 중요하다는 점을 잊지 말라. 자신의 답변 일부가 맘에 들지 않는 경우, 스스로 기꺼이 변화할 의향이 있는지, 자신의 생각과 사고방식을 바꾸는 도전을 받아들일 의향이 있는지 자문해 보라.

1. 실패에 대한 두려움을 경험한 적이 있는가? 당신은 그 두려움을 떨쳐 낼 수 있었는가? 어떻게 그럴 수 있었는가?

2. 부자 아버지는 텍사스 사람들과 같은 태도를 지니라고 권했다. 이기든 지든 크게 놀고, 크게 지더라도 그것을 구호로 만들라고 말이다. 당신이 그런 태도를 취하는 데 있어서 가장 마음에 걸리는 것은 무엇인가? 그런 태도는 당신을 흥분시키는가 아니면 겁먹게 하는가?

3. 주변의 냉소주의자가 당신의 리스크 감수 행위를 만류하면 어떻게 대응하는가? 특히 이길 가능성이 높다고 믿는 상황에서 그런 냉소주의를 접하면 어떻게 하는가?

4. '하고 싶지 않다.'는 이유로 특정한 투자 도구를 기피한 적이 있는가? (예컨대 '난 화장실 고치기 싫어서 부동산에는 투자 안 해.') 그러한 투자 기회를 다음번에 다시 만나면 다르게 반응할 마음이 있는가?

5. 약간의 욕심이 게으름을 치유하는 해법이라는 견해에 동의하는가? 그 이유는 무엇인가?

6. 욕심이나 열망에 빠져 무언가에 매달려 본 적이 있는가?

7. 당신은 청구서에 먼저 지불하는가 아니면 자신에게 먼저 지불하는가? 만약 전자에 속한다면 그런 습관을 바꾸기 위해 밟아야 할 단계는 무엇이라고 생각하는가?

8. 오만함 때문에 기회를 상실한 적이 있는가? 거기서 무엇을 배웠는가?

9. 당신이 잘 모르는 금융 지식 분야는 무엇인가? 그에 대해 배우려면 당신은 어떤 방법을 모색할 수 있는가?

주요 용어 정의

- **멈춤**(STOP): 가격이 떨어지기 시작하면 손실을 최소화하고 약간의 이득이라도 극대화할 수 있도록 자동적으로 주식을 팔게 하는 컴퓨터 명령어

Chapter 8

부자가 되는
10단계

금은 어디에나 있다.
대부분의 사람들은 그것을 보도록 훈련받지 못한 것뿐이다.

재산을 모으기가 쉬웠다는 말을 할 수 있다면 좋겠지만, 그건 아니
었다.

그러므로 "어떻게 시작해야 하죠?"라는 질문에 대한 대답으로, 내가
매일 거치는 사고 과정을 제시하는 바다. 싸고 좋은 거래를 찾는 것은
정말 쉬운 일이다. 맹세라도 할 수 있다. 그건 자전거를 타는 것과 비
슷하다. 얼마 동안만 바퀴 위에서 비틀거리고 나면 금세 식은 죽 먹기
가 된다. 물론 돈에 대해서는 그런 비틀거림을 끝까지 견뎌 내겠다는
단호한 마음가짐이 필요하다.

100만 달러 규모의 '일생의 거래'를 찾아내려면 우리 안에 있는 금융적인 천재성을 불러내야 한다. 나는 우리 모두가 그러한 천재성을 지니고 있다고 믿는다. 문제는 우리의 금융 천재성이 누군가 불러 주길 기다리며 잠자고 있다는 사실이다. 그것이 잠들어 있는 이유는 우리의 문화가 돈을 사랑하는 것이야말로 모든 악의 근원이라고 가르치기 때문이다. 그러한 문화는 우리에게 전문 지식을 배워 돈을 위해 일하도록 가르치되, 돈이 우리를 위해 일하는 법은 가르치지 않는다. 나중에 퇴직을 하더라도 회사나 정부가 보살펴 줄 테니 우리의 재정적 미래에 대해서도 걱정하지 말라고 가르친다. 그러나 이런 금융 교육의 부재에 대해 결국 대가를 치르는 것은 우리와 똑같은 학교 체제에서 교육을 받은 우리 아이들일 것이다. 아직도 우리의 문화는 우리에게 열심히 일하고 돈을 벌어 쓰라고 하며, 돈이 부족해도 언제든지 빌릴 수 있다고 말한다.

불행히도 서구 사회의 90퍼센트가 이러한 교리를 믿고 있다. 단순히 일자리를 찾고 돈을 위해 일하는 것이 더 쉽다는 이유 때문에 말이다. 만일 당신이 그런 대중의 한 사람이 아니라면 다음 열 가지 단계를 이용해 당신의 금융 천재성을 깨우기 바란다. 나는 그저 내가 개인적으로 활용한 단계들을 제시하고자 한다. 이 중 몇 가지를 따를 생각이라면, 정말 잘하는 거다. 하지만 그렇지 않을 경우에는 당신만의 단계를 만들라. 당신의 금융적 천재성은 당신만의 목록을 스스로 만들 수 있게 할 만큼 똑똑하다.

폐루에 있을 당시, 나는 한 금광 전문가에게 어떻게 그렇게 자신 있게 금광을 찾을 수 있다고 말하는지 물었다. 그는 이렇게 대답했다. "금은 어디에나 있습니다. 다만 대부분의 사람들은 그것을 보도록 훈련받지 못했을 뿐이죠."

그리고 그 말은 사실이다. 부동산의 경우, 나는 밖에 나가 하루 만에 아주 멋진 잠재적 거래를 네다섯 건 정도 찾아낼 수 있는 반면 보통 사람들은 같은 동네를 돌아다니면서도 아무것도 발견하지 못한다. 그 이유는 그들이 시간을 들여 자신의 금융 천재성을 계발하지 않았기 때문이다.

나는 당신의 천부적인 힘, 즉 오직 당신만이 통제할 수 있는 힘을 발전시키기 위한 일환으로 다음 열 가지 단계를 제시한다.

1. 현실보다 더 좋은 '이유'를 찾으라: 정신의 힘

만약 대부분의 사람들에게 부자가 되고 싶거나 경제적으로 자유롭고 싶으냐고 묻는다면 그들은 그렇다고 대답할 것이다. 그러나 다음 순간, 현실이 다가온다. 길은 너무 멀고, 올라야 할 언덕도 너무 많다. 차라리 돈을 위해 일하고 여유가 생기면 중개인에게 넘기는 것이 낫다.

나는 언젠가 미국 대표팀으로 올림픽에 참가하고 싶다는 젊은 수영 선수를 만난 적이 있다. 그녀는 매일 새벽 네 시에 일어나 세 시간 동안 수영 연습을 한 다음 학교에 갔다. 토요일에 친구들과 파티를 하지도 않았다. 그녀는 다른 학생들과 마찬가지로 열심히 공부해 성적을 유지해야 했다.

내가 그녀에게 무엇이 그런 초인적인 꿈을 꾸고 희생을 하도록 만들었느냐고 묻자, 그녀는 이렇게 대답했다. "전 그저 나 자신과 제가 사랑하는 사람들을 위해 이 일을 하는 것뿐이에요. 난관을 극복하고 희생을 하게 하는 건 사랑 때문이죠."

이유 또는 목적은 '원하는 것'과 '원하지 않는 것'의 결합이다. 사람들이 내게 왜 부자가 되고 싶었느냐고 물을 때마다 나는 그것이 깊은 감정적 '원하는 것'과 '원하지 않는' 것의 결합이라고 대답한다.

몇 가지 예를 들 수도 있다. 먼저 '원하지 않는 것'에 대해서 이야기해 보자. 그것들이 '원하는 것'을 만들어 내기 때문이다. 나는 평생 동안 일에 매달리고 싶지는 않다. 우리 부모님이 열망하던 것, 즉 안정적인 직업과 교외의 집을 원하지도 않는다. 나는 누군가의 고용인이 되길 원하지 않는다. 나는 내 아버지가 일 때문에 바빠 내 풋볼 시합에 한 번도 오지 못한 것이 너무나도 싫었다. 나는 아버지가 평생 뼈 빠지도록 일했는데도 당신이 돌아가셨을 때 정부가 아버지가 일한 것의 대부분을 가져간 것이 너무 싫었다. 아버지는 돌아가셨을 때 그동안 열심히 일한 것을 자식들에게 물려주지도 못했다. 부자들은 그렇게 하지 않는다. 그들은 열심히 일해 재산을 자녀들에게 물려준다.

그다음, '원하는 것'에 대해서 이야기해 보자. 나는 자유롭게 세상을 여행하며 내가 좋아하는 방식대로 살기를 원한다. 나는 아직도 젊었을 때 그런 일을 할 수 있길 원한다. 나는 자유롭길 원한다. 나는 내 시간과 삶을 통제하길 원한다. 나는 돈이 나를 위해 일하길 원한다.

이것들이 바로 내 뿌리 깊은 감정적 이유들이다. 당신은 어떤가? 이런 강력한 이유를 갖고 있지 않다면, 당신 앞의 현실이 그 이유보다 더 강한 탓인지도 모른다. 나는 여러 차례 돈을 잃기도 했고 후퇴를 겪기도 했다. 그렇지만 계속해서 다시 일어나 앞으로 나아가게 한 것은 바로 이런 감정적인 이유들 때문이었다. 나는 마흔 살이 되기 전까지 자유로워지길 원했지만 마흔일곱 살이 되어서야 비로소 그렇게 될 수 있었고, 그 과정에서 많은 경험을 배우고 쌓아야만 했다.

앞에서도 말했듯이, 나는 그 길이 쉬웠다고 말할 수 있으면 참 좋겠다. 그러나 그것은 쉽지 않았다. 그렇다고 어렵지도 않았다. 뚜렷한 목적이나 이유가 없다면 삶은 무엇이든 어렵기 마련이다.

만약 뚜렷하고 강력한 이유가 없다면, 더 이상 읽어 봤자 아무 소용도 없을 것이다. 해야 할 일이 너무 많게 느껴질 테니까 말이다.

2. 매일같이 선택하라: 선택의 힘

선택은 사람들이 자유 국가에 살고 싶어 하는 주된 이유다. 우리는 선택할 수 있는 힘을 원한다.

금전적으로 볼 때, 손에 돈이 들어올 때마다 우리는 미래를 선택할 수 있는 힘을 갖게 된다. 부자가 될지, 가난한 자가 될지, 아니면 중산층이 될지 말이다.

소비 습관은 우리 자신을 반영한다. 가난한 사람들은 좋지 않은 가난한 습관을 갖고 있다. 내게 유리한 점이 있었다면, 어렸을 때부터 모노폴리 게임을 좋아했다는 것이다. 아무도 모노폴리 게임이 어린애들만을 위한 것이라고는 말해 주지 않았기 때문에, 나는 커서도 계속 이게임을 했다. 또 내게는 자산과 부채의 차이를 설명해 준 부자 아버지도 있었다. 그래서 나는 아주 오래전, 어린 소년 시절에 이미 부자가되기로 선택한 셈이었다.

그리고 나는 내가 할 일이라고는 자산, 즉 부동산을 취득하는 방법을 배우는 것밖에 없음을 이미 알고 있었다. 내 가장 친한 친구인 마이크는 아버지로부터 자산 부문을 물려받았지만 그럼에도 그것을 유지하는 법을 배울 것을 선택해야 했다. 많은 부자 가문들이 다음 세대로 넘어오면서 자산을 잃는 것은, 자산을 잘 보호하도록 훈련받은 사람이 없기 때문이다.

대부분의 사람들은 부자가 되지 않기로 선택한다. 인구의 90퍼센트는 부자가 되는 것이 너무 귀찮은 일이라고 생각한다. 그래서 그들은 이런 말을 생각해 냈다. "난 돈에는 관심이 없어." "난 결코 부자가 되지 못할 거야." "걱정할 필요 없어. 난 아직 젊거든." "돈을 좀 벌면 그때가 돼서야 앞날 생각을 하지 뭐." "돈 문제는 내 남편/부인이 책임지기로 했어." 이런 대꾸들의 문제점은 이런 생각을 하는 사람들로부터두 가지를 박탈한다는 것이다. 하나는 시간으로, 이는 우리의 가장 귀중한 자산이다. 그리고 두 번째는 배움이다. 돈이 없다고 해서 그것이 배우지 않는 데 대한 변명거리가 될 수는 없다. 하지만 우리는 날마다 이런 선택을 한다. 우리의 시간과 돈, 그리고 우리의 머릿속에 집어넣는 것들을 가지고 무엇을 할 것인지 선택하는 것이다. 이것이 바로 선택의 힘이다. 우리 모두는 선택을 할 수 있다. 단지 나는 부자가 되기로 선택했고, 매일같이 그런 선택을 할 뿐이다.

먼저 교육에 투자하라. 실제로 우리가 지닌 유일한 진짜 자산은 우리의 마음이며, 마음은 우리가 지배할 수 있는 가장 강력한 도구다. 우리 모두는 어느 정도 나이가 들면 머리에 무엇을 넣을지 결정할 선택권을 가지고 있다. 우리는 텔레비전을 볼 수도 있고, 골프 잡지를 읽을 수도 있으며, 도자기 수업을 듣거나 재무 설계에 관한 강의를 들을 수도 있다. 대부분의 사람들은 투자에 관해 배우는 데 투자하기보다 단순히 투자 상품을 구입할 뿐이다.

얼마 전 내 친구의 집에 도둑이 들었다. 도둑은 집에 있던 전자제품을 훔쳐 가고 책들은 그대로 내버려 두었다. 우리 모두도 그 도둑과 똑같은 선택을 한다. 인구의 90퍼센트가 TV를 사지만, 경제경영 서적을 사는 사람들은 10퍼센트밖에 되지 않는다.

그렇다면 나는 어떻게 할까? 나는 세미나에 참석한다. 나는 최소한 이틀 이상 진행되는 세미나를 좋아하는데 그래야 그 주제에 몰두할 수 있기 때문이다. 1973년에 나는 텔레비전에서 사흘 일정의 세미나를 선전하는 한 남자를 보았다. 선불금을 내지 않고 부동산을 사는 방법에 관한 세미나였다. 나는 그 강좌에 385달러를 지출했고, 그 강좌는 내게 최소한 200만 달러를 벌어 주었다. 하지만 더욱 중요한 것은, 그것이 내게 삶을 사 주었다는 것이다. 그 하나의 강좌 덕분에, 나는 남은 평생 일을 할 필요가 없게 되었다. 나는 매년 최소한 두 번은 그런 강좌에 참석한다.

나는 CD와 오디오북을 좋아한다. 그 이유는 내가 들은 것을 쉽게 다시 확인할 수 있기 때문이다. 한번은 한 투자가의 말을 듣는데, 내가 절대로 동의할 수 없는 이야기가 나왔다. 하지만 나는 오만하게 굴거나 비판적으로 반응하는 대신에 그 오 분짜리 이야기를 스무 번 이상 되풀이해 들었다. 그러자 갑자기 내 마음이 열리면서 그가 왜 그런 말을 하는지 이해하게 되었다. 그건 마치 무슨 마법 같았다. 우리 시대의 가장 위대한 투자가 중 한 명의 마음을 엿볼 수 있는 창문이 생겨난 것 같았다. 나는 그 사람의 광활한 지식과 경험에 대해 깊은 통찰력을 얻게 되었다.

그 결과? 나는 아직도 예전과 똑같은 사고방식을 가지고 있되, 이제는 전과 똑같은 문제나 상황을 새로운 방식으로 볼 수 있게 되었다. 나는 어떠한 문제나 상황을 두 가지 방식을 통해 분석하며, 이는 대단히 값진 능력이다. 오늘날 나는 종종 이렇게 말한다. "도널드 트럼프라면, 혹은 워런 버핏이나 조지 소로스라면 이럴 때 어떻게 할까?" 내가 그들의 거대한 정신적 힘에 접촉하는 유일한 길은 그들이 하는 말을 겸손하게 읽거나 듣는 것이다. 거만하거나 비판적인 사람들은 대개 자존감이 낮고 리스크를 두려워한다. 그러나 무언가 새로운 것을 배웠을 때, 그 배운 것을 완전히 이해하려면 실수를 저질러야 한다.

이 책을 여기까지 읽은 사람이라면 오만함은 이제 당신의 문제가 아닐 것이다. 오만한 사람들은 전문가의 말을 듣거나 읽는 법이 없기 때문이다. 왜 그럴까? 그들은 자신이 우주의 중심이라고 생각하기 때문이다.

참으로 많은 '지적인' 사람들이 새로운 아이디어가 자신의 생각과 충돌할 때면 논쟁을 벌이거나 방어적인 논리를 편다. 이런 경우 이른 바 그들의 '지성'이 오만함과 결합되면 무지나 다름없어진다. 우리는 좋은 교육을 받거나 자신이 똑똑하다고 믿는 사람들의 대차대조표가 얼마나 다른 그림을 그릴 수 있는지 안다.

정말로 지적인 사람들은 새로운 아이디어를 환영한다. 새로운 아이디어는 그들이 이미 가지고 있는 아이디어와 결합해 시너지 효과를 창출할 수 있기 때문이다. 듣는 것은 말하는 것보다 더욱 중요하다. 그게 사실이 아니라면 신은 우리에게 한 개의 입과 두 개의 귀를 주지 않았을 것이다. 너무나도 많은 사람들이 새로운 아이디어와 가능성을 듣고 흡수하는 것이 아니라 입으로만 생각한다. 그들은 질문을 던지는 것이 아니라 논쟁을 벌인다.

나는 내 재산을 장기적인 관점으로 바라본다. 나는 대부분의 복권을 구입하는 사람들과 카지노 도박사들과는 달리 한 방으로 부자가 되겠다는 사고방식을 갖고 있지 않다. 주식 투자를 하는지는 모르지만 또 공부도 많이 한다. 만약 누군가가 비행기를 몰고 싶다고 한다면, 나는 먼저 비행 수업을 들으라고 충고할 것이다. 나는 사람들이 주식이나 부동산을 사면서 그들의 가장 훌륭한 자산인 정신에는 투자하지 않는 걸 볼 때마다 늘 놀라곤 한다. 집 한두 채를 산다고 해서 당신이 부동산 전문가가 되는 것은 아니다.

3. 친구는 신중하게 고르라: 협조의 힘

무엇보다 나는 경제적 형편을 보고 친구들을 선택하지 않는다. 실제로 내게는 매년 수백만 달러를 버는 친구들이 있는가 하면 형편없이 가난한 친구들도 있다. 중요한 것은 내가 그들 모두에게서 무언가를 배운다는 점이다.

솔직히 그 사람이 돈이 있다는 이유로 가깝게 지내고 싶다는 건 부인하지 않겠다. 하지만 그들의 돈을 보고 그러는 것은 아니다. 나는 그들의 지식을 원한다. 가끔은 이렇게 돈을 가진 사람들과 친한 친구가 되는 경우도 있다. 나는 돈을 가진 친구들은 돈에 대해 이야기한다는 사실을 알아차렸다. 잘난 척한다는 것이 아니다. 그저 돈이라는 주제에 관심이 있다는 것이다. 그래서 나는 그들로부터 배우고, 그들 역시 나로부터 배운다. 경제적인 곤경에 처해 있는 친구들은 돈이나 사업, 또는 투자에 대해 이야기하는 것을 좋아하지 않는다. 그들은 그것이 무례하거나 지적이지 않다고 생각한다. 그래서 나는 경제적으로 곤란을 겪고 있는 친구들로부터도 배운다. 무엇을 하지 말아야 할지를 배우는 것이다.

내게는 아주 짧은 기간에 수십억 달러를 번 친구들도 몇 명 있다. 그

중 세 명이 같은 현상에 대해 말해 주기를, 그들의 돈 없는 친구들은 절대로 그들에게 와서 어떻게 돈을 벌었는지 묻는 법이 없다고 한다. 대신에 그들은 두 가지 중 하나 또는 둘 모두를 부탁했다. 돈을 빌려 달라고 하거나, 일자리를 부탁하거나 말이다.

경고: 가난하거나 겁먹은 사람들의 말에 귀를 기울이지 마라. 내게도 그런 친구들이 있다. 나는 내 친구들을 무척 사랑하지만 그들은 현실 속에 있는 '치킨 리틀'이다. 그들에게 돈, 특히 투자는 항상 "하늘이 무너지고 있다! 하늘이 무너지고 있다!"다. 그들은 항상 당신에게 어째서 무언가가 소용없거나 통하지 않는지 말해 줄 것이다. 문제는 사람들이 그들의 말을 듣는다는 것이다. 암울하고 절망적인 정보를 맹목적으로 받아들이는 사람들 역시 '치킨 리틀'이다. 옛 속담에 이르듯이 '유유상종'인 것이다.

TV에서 비즈니스 채널을 보면, 이른바 전문가들이 나와 종종 토론을 벌인다. 한 사람이 시장이 곧 무너질 것이라고 말하면 다른 전문가는 시장이 호황이 될 것이라고 말한다. 똑똑한 사람이라면 양쪽 모두의 의견을 들어야 한다. 늘 마음을 열어 두라. 왜냐하면 양쪽 의견 모두 어느 정도 일리가 있기 때문이다. 그러나 불행히도 가난한 사람들은 대부분 '치킨 리틀'의 이야기를 듣는다.

나와 가까운 많은 친구들이 나를 설득해 어떤 거래나 투자에서 빠져나오게 하려고 했다. 한번은 한 친구가 내게 이자율 6퍼센트의 CD

를 발견해서 기분이 좋다는 이야기를 했다. 나는 그에게 내가 주 정부로부터 16퍼센트의 이자를 벌고 있다고 말해 주었다. 다음 날 그는 내 투자가 얼마나 위험한지에 관한 기사를 보내 주었다. 나는 지금 몇 년째 16퍼센트의 이율을 받고 있지만 그 친구는 아직도 6퍼센트를 받고 있다.

재산을 모을 때 가장 어려운 점 중 하나는 스스로에게 솔직해지고 대중을 따라 몰려가지 않는 것이다. 시장에서 대중이란 가장 늦게 나타나 손해를 보는 사람들이기 때문이다. 신문 1면에 괜찮은 거래가 보도되기 시작한다면 대부분의 경우에는 이미 늦은 시점이다. 그때는 새로운 거래를 찾으라. 파도 타는 사람들이 흔히 이야기하듯이 "새로운 파도는 항상 있다." 서둘러 달려와 늦게 파도를 타는 사람들은 대개 휩쓸려 나가 버리기 마련이다.

똑똑한 투자가들은 시장의 타이밍에 연연하지 않는다. 그들은 파도 하나를 놓치면 다음 파도를 찾아다니며 포지션을 확보한다. 대부분의 투자자들이 그렇게 하지 못하는 이유는 인기 없는 것을 사기가 두렵기 때문이다. 소심한 투자가들은 대중을 따라가는 양 떼와 같다. 혹은 그들이 드디어 욕심을 내기 시작했을 무렵에는 현명한 투자가들은 이미 이익을 챙기고 다른 곳으로 옮겨 가 있다.

그러나 현명한 투자가들은 인기 없는 투자 상품을 산다. 그들은 팔 때가 아니라 살 때 이익을 만든다는 사실을 알고 있다. 그들은 참을성 있게 기다린다. 방금도 말했듯이, 그들은 시장의 타이밍에 연연하지 않

부자 아빠 가난한 아빠

는다. 그저 서퍼들처럼 다음에 밀려올 커다란 파도를 기다리면서 포지션을 잡을 뿐이다.

사실 중요한 것은 '내부자 거래'다. 내부자 거래에도 불법적인 것이 있고 합법적인 것이 있다. 어찌 되었든 양쪽 다 내부자 거래이긴 마찬가지다. 그 둘을 구분하는 기준은 우리가 그 내부와 얼마나 떨어져 있느냐다. 우리가 부자 친구를 만들고 싶어 하는 이유는 그가 돈을 벌 수 있는 곳에 있기 때문이다. 돈을 버는 것은 바로 정보다. 우리는 다음번 호황이 언제쯤 오는지 알고 거기에 합류했다가 시장이 폭락하기 전에 발을 빼고 싶어 한다. 불법적인 일을 저지르라는 것은 아니지만, 그런 정보를 빨리 입수할수록 최소의 리스크로 이익을 얻을 가능성은 더욱 높아진다. 친구 좋다는 게 뭔가. 이런 것이 바로 금융 지능인 것이다.

4. 하나의 방식에 통달하라. 그런 다음 새로운 것을 익혀라: 빠른 배움의 힘

빵을 구울 때, 제빵사들은 정해진 조리법을 따른다. 설사 그것이 그들의 머릿속에만 존재한다고 하더라도 말이다. 이는 돈을 벌 때에도 마찬가지다.

많은 이들이 이런 말을 들어 봤을 것이다. "무엇을 먹느냐가 우리를 결정한다." 나는 이와 비슷한 다른 격언을 새기고 있다. "무엇을 공부하느냐가 우리를 결정한다." 달리 말해, 무언가를 배울 때에는 늘 신중해야 한다는 얘기다. 왜냐하면 우리의 정신은 너무나도 강력하여 우리의 머릿속에 넣는 대로 되기 때문이다. 예를 들어 당신이 요리를 공부한다면 요리사가 되기 쉽다. 요리사가 되기를 원하지 않는다면 다른 무언가를 공부해야 할 필요가 있다.

돈에 관한 한, 대중은 일반적으로 학교에서 배운 한 가지 기본 방식만을 따른다. 돈을 위해 일하라. 이 세상에서 가장 두드러지게 눈에 띄는 돈을 버는 방식은, 매일 수백만 명의 사람들이 침대에서 일어나 직장에 출근해서 돈을 벌고, 청구서를 지불하고 가계부를 맞추고, 약간의 뮤추얼 펀드를 사고, 그런 다음 다시 직장으로 돌아가는 것이다. 이것이 바로 기본 방식, 또는 조리법이라 할 것이다.

당신이 지금 하는 일이 지겹다면, 혹은 충분한 돈을 벌지 못하고 있다면, 방식을 바꿔 돈을 벌어야 한다.

수년 전, 스물여섯 살 때, 나는 '경매 부동산을 사는 법'이라는 주말 강좌를 들었다. 거기서 나는 공식을 배웠다. 그리고 다음에 할 일은 내가 배운 것을 실제로 행동에 옮기는 일이었다. 대부분의 사람들은 여기서 중단하고 만다. 그 뒤로 삼 년 동안 나는 제록스 사에서 일하면서 남는 시간을 활용해 경매 부동산을 구입하는 방법을 익혔다. 그리고 이런 방식으로 수백만 달러를 벌었다.

그래서 나는 이 방식에 통달한 후 다른 새로운 방식들을 찾아다녔다. 많은 강좌를 통해, 내가 배운 정보들을 매번 직접적으로 이용하는 것은 아니었지만 늘 새로운 것을 배웠다.

나는 파생상품과 상품옵션 거래, 그리고 카오스 이론에 관한 강좌를 들었다. 그 방에 핵물리학과 우주공학 박사들이 가득했다는 점을 생각하면 내게는 정말 어울리지 않는 자리였다. 그렇지만 나는 많은 것을 배워 내 주식과 부동산 투자를 보다 의미 있게 만들고 수익성을 높일 수 있었다.

전문대학과 커뮤니티 컬리지는 대부분 재정 관리와 전통적인 투자 상품 구입에 관한 강좌를 운영한다. 그것들도 좋은 출발점이긴 하지만 나는 늘 빠른 공식을 찾는다. 그 덕에 나는 보통 사람들이 평생 동안 모을 만한 돈을 겨우 며칠 사이에 벌어들일 수 있었던 것이다.

한 가지 더 생각해 봐야 할 부분은, 오늘날처럼 신속하게 변화하는 세상에서는 더 이상 자신이 아는 것이 중요하지 않다는 것이다. 왜냐 하면 이미 당신이 아는 것들은 과거의 지식이기 때문이다. 그러므로 얼마나 빨리 배우느냐가 중요하다. 이 기술은 그야말로 값을 매길 수 없을 정도로 중요하다. 예를 들어 빵 반죽을 할 때 가장 빠른 방식을 찾는 게 중요하다. 돈을 위해 열심히 일하는 것은 선사시대에 시작된 아주 낡은 방식이다.

5. 자신에게 먼저 지불하라: 자기 통제의 힘

스스로를 통제할 수 없다면 부자가 되려 하지 마라. 투자를 해서 돈을 벌고 그것을 다시 날려 버리는 것은 아무 의미도 없기 때문이다. 대부분의 복권 당첨자들이 수백만 달러를 수중에 넣고도 빈털터리가 되는 이유는 수련이 부족하기 때문이다. 월급이 오르자마자 곧장 밖에 나가 새 자가용이나 크루즈 여행을 하는 것도 자기 통제력이 부족하기 때문이다.

열 가지 단계 중에서 무엇이 가장 중요하다고는 말하기가 어렵다. 그러나 이미 어느 정도 익숙하지 않은 이상, 모든 단계 가운데 지금 이 단계를 익히는 것이 가장 어려울 것이다. 나는 이 개인적인 자기 통제력이야말로 부자와 가난한 자, 중산층을 구분 짓는 가장 분명한 요인이라고 말하는 바다.

간단히 말해, 자부심이 낮고 경제적 압력에 대한 저항력이 낮은 사람은 결코 부자가 될 수 없다. 앞에서 말했지만, 부자 아버지는 세상이 나를 내두르려 할 것이라는 교훈을 가르쳐 주었다. 세상이 우리를 내두르는 것은 다른 사람들이 심술궂어서가 아니라 개인의 내적 통제와 자제력이 부족하기 때문이다. 내적인 용기가 부족한 사람은 종종 자기 통제력을 지닌 이들의 희생자가 된다.

내가 가르치는 창업 강좌에서, 나는 사람들에게 제품이나 서비스, 신기한 기술에 초점을 맞추지 말고 관리 기술을 개발하는 데 집중하라고 끊임없이 가르친다. 다음 세 가지를 관리하는 기술은 자기 사업을 관리할 때 가장 중요한 것들이다.

1. 현금흐름
2. 사람
3. 개인적인 시간

나는 이 세 가지를 관리하는 기술이 사업뿐만 아니라 모든 것에 적용된다고 말하고 싶다. 이 세 가지는 개인으로서, 혹은 가족이나 사업, 자선단체, 도시, 또는 국가의 일원으로서 삶을 사는 방식에서 무척 중요하다.

이 각각의 기술들은 자기 통제력을 익힘으로써 더욱 강화된다. 나는 "자신에게 먼저 지불하라."는 말을 가볍게 여기지 않는다.

"자신에게 먼저 지불하라."는 말은 조지 클라센George Classen의 저서 『바빌론의 최고 부자The Richest Man in Babylon』에서 차용한 것이다. 이 책은 수백만 권이나 팔린 베스트셀러다. 그러나 많은 사람들이 이 강력한 문구를 자유롭게 반복했음에도 실제로 이 충고를 따르는 사람은 거의 없다. 내가 말했듯이, 금융 지식은 숫자를 읽을 수 있게 해 주고, 숫자는 스토리를 말해 준다. 손익계산서와 대차대조표를 보면 "자신에게 먼저 지불하라."고 말하는 사람들이 실제로 자신의 말을 실천하고 있는지 알 수 있다.

그림 하나가 천 마디 말보다 낫다. 그러니 자신에게 먼저 지불하는 사람과 그렇지 않은 사람들의 재무 상태를 다음에 나오는 그림들을 통해 비교해 보자.

자신에게 먼저 지불하는 사람들

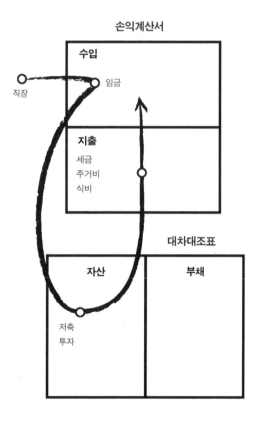

부자 아빠 가난한 아빠

남들에게 먼저 지불하는 사람들

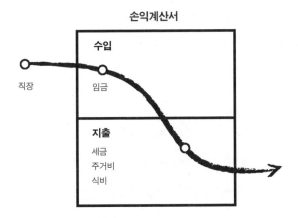

손익계산서

수입	
수입	
임금	
지출	
세금	
주거비	
식비	

대차대조표

자산	부채

이 그림을 들여다보고 차이점을 찾아보라. 이번에도 그 차이점은 현금흐름에 있으며, 그것은 당신에게 이야기를 들려줄 것이다. 대부분의 사람들은 숫자를 보고도 이야기를 놓친다.

발견했는가? 앞의 그림은 자신에게 먼저 지불하기로 선택한 개인의 행동을 반영한다. 매달 이들은 지출 비용을 지불하기 전에 먼저 자신의 자산 부문에 돈을 배치한다. 비록 수백만 명의 사람들이 클라센의 책을 읽고 "자신에게 먼저 지불하라."는 말을 이해했음에도 불구하고, 실제로는 자신에게 가장 나중에 지불한다.

이제 내 귀에는 진심으로 청구서를 먼저 지불해야 한다고 믿는 사람의 외침이 들리는 듯하다. 청구서를 제때에 지불하는 책임감 있는 사람들의 목소리도 들려온다. 나는 무책임하게 굴거나 청구서를 지불하지 말라고 하는 것이 아니다. 내가 하고자 하는 말은 그 책이 말하는 대로 실천하라는 것이다. 자기 자신에게 먼저 지불하라. 앞서 제시된 첫 번째 그림은 그런 행동을 정확하게 반영하고 있다.

현금흐름의 힘을 이해하게 되면 이 두 번째 그림이 왜 잘못되었는지, 혹은 어째서 90퍼센트의 사람들이 평생 동안 열심히 일하면서도 더 이상 일을 할 수 없게 되었을 때 사회보장제도와 같은 정부의 지원을 필요로 하는지 깨닫게 될 것이다.

킴과 나는 "자신에게 먼저 지불하라."를 이런 방식으로 바라보는 데 문제를 갖고 있는 많은 회계 담당과 회계사, 은행가들과 함께 일한 적이 있다. 금융 전문가들도 일반 대중들과 똑같은 방식으로 행동하기 때문이다. 그들은 자기 자신에게 가장 나중에 지불한다.

나도 이제껏 살아오면서 이유야 어찌 되었든 내 현금흐름이 청구서에 적힌 액수보다 훨씬 적었던 적이 있었다. 하지만 그때에도 나는 가장 먼저 나 자신에게 지불했다. 내 회계사와 회계 담당자들은 겁에 질려 소리를 질렀다. "정부에서 당신을 잡으러 올 거예요. 국세청이 당신을 감옥에 집어넣을 거라고요." "그러다간 신용 등급을 망칠 겁니다." "전기가 끊어질 거예요." 그래도 나는 가장 먼저 나에게 지불했다.

"왜 그랬나요?" 당신은 이렇게 물을 것이다. 왜냐하면 그것이 바로 그 이야기, 즉 『바빌론의 최고 부자』가 말하고자 하는 것이기 때문이다. 자기 통제력의 힘과 내적인 의지의 힘 말이다. 부자 아버지가 내가 그분을 위해 일한 첫 한 달 동안에 가르쳐 준 것처럼 대부분의 사람들은 세상이 그들을 내두르도록 내버려 둔다. 수금원들은 전화를 걸어 말한다. "지불하지 않으면 어떠어떠한 일이 생길 겁니다." 점원들은 말한다. "오, 그냥 신용카드로 계산하세요." 부동산 중개인들은 말한다. "걱정 마세요. 집은 세금 공제를 받을 수 있으니까요." 그 책이 진실로 말하고 있는 바는 다음과 같다. 배짱을 가지고 흐름을 거슬러 부자가 돼라. 자신이 나약하다고 생각하는 사람은 없겠지만, 일단 돈이 관련되면 많은 사람들이 겁을 집어먹기 마련이다.

그렇다고 무책임하게 굴라는 이야기는 아니다. 내게 신용카드 빚과 다른 부채가 많지 않은 이유는 나 자신에게 먼저 지불하기 때문이다. 내가 수입을 최소화하는 이유는 내 돈을 정부에게 지불하고 싶지 않기 때문이다. 그런 이유로 내 수입은 내 자산 부문에서, 즉 네바다 회사를 통해 나온다. 만약 내가 돈을 위해 일한다면 정부가 그 돈을 가져갈 것이다.

나는 비록 청구서는 가장 나중에 지불할지언정 금융적 지식을 활용해 재정적인 곤란에 빠지지 않도록 한다. 나는 소비자 대출을 좋아하지 않는다. 사실 나는 인구의 99퍼센트보다 많은 부채를 지고 있지만, 그것을 갚지는 않는다. 대신 다른 사람들이 내 부채를 지불해 준다. 이들은 임차인이다. 따라서 자신에게 먼저 지불하는 첫 번째 규칙은 이것이다. 애초부터 빚을 지지 마라. 비록 청구서를 가장 나중에 지불할지라도, 나는 별로 중요하지도 않고 액수도 적은 청구서만 날아오게 만든다.

가끔 돈이 부족할 때에도 나는 가장 먼저 나 자신에게 지불한다. 채권자는 물론이요, 심지어 정부들까지도 소리를 지르라고 내버려 두는 것이다. 난 그들이 거칠고 험악해지는 것이 좋다. 왜냐고? 왜냐하면 그러면 그들은 내게 호의를 베푸는 격이 되기 때문이다. 그들은 내게 밖에 나가 더 많은 돈을 벌어 오도록 부추긴다. 그래서 나는 나 자신에게 먼저 지불하고, 돈을 투자하고, 채권자들은 고함을 지르도록 내버려 둔다. 어쨌든 대개는 그들에게 즉시 돈을 갚기 때문이다. 킴과 나의 신용 등급은 훌륭하다. 우리는 그저 압력에 굴복해 저축을 써 버리거나 주식을 현금화해 소비자 대출을 갚지 않을 뿐이다. 자신에게 먼저 지불하지 않는 것은 재정적으로 현명한 일이 아니다.

자신에게 먼저 지불하고 싶다면 다음 사항들을 항상 명심하라

1. 반드시 갚아야 할 큰 빚은 절대로 지지 마라. 지출은 낮은 수준으로 유지하라. 무엇보다 먼저 자산을 구축하라. 그런 다음 큰 집이나 좋은 차를 사라. '새앙쥐 레이스'에 갇혀 있는 것은 현명하지 못하다.

2. 돈이 부족해지면 압력이 커지도록 내버려 두고 저축이나 투자한 돈에 손을 대지는 마라. 재정적 압박 상태에서 당신의 금융 천재성을 발휘해 돈을 벌 수 있는 새로운 방법을 강구해 낸 다음 청구서를 지불하라. 돈을 벌수 있는 능력뿐 아니라 금융 지능도 높일 수 있다.

나는 몇 번이고 재정적인 곤경에 빠졌을 때 내 두뇌를 사용해 더 많은 수입을 벌어들이고 동시에 자산 부문에 있는 자산들을 굳건하게 방어해 냈다. 내 회계 담당은 비명을 지르며 일단 돈을 지불하려 했지만 나는 요새를 지키는 군인처럼 내 '자산 요새'를 훌륭하게 방어했다.

가난한 사람들은 좋지 않은 가난한 습관을 가지고 있다. 그들이 지닌 가장 흔한 나쁜 습관은 '저축한 돈에 손대는 것'이다. 부자들은 저축한 돈이 더 많은 돈을 벌기 위한 것이지 청구서를 지불하기 위한 것이 아니라는 것을 안다.

껄끄럽게 들릴지도 모르겠지만, 앞에서도 말했듯이, 단단히 마음을 먹지 않으면 항상 세상이 당신을 내두르게 될 것이다.

재정적인 압박이 마음에 들지 않는다면 당신에게 알맞은 방식을 찾으라. 지출을 줄이고, 돈을 은행에 넣고, 당신이 내야 할 몫보다 더 많은 세금을 내고, 안전한 뮤추얼 펀드를 사고, 평균에 머무르는 방식이다. 하지만 이러한 방식은 자신에게 먼저 지불하라는 규칙에 위배된다.

이 규칙은 자기희생이나 경제적인 금욕을 장려하지 않는다. 그것은 자신에게 먼저 지불한 다음 굶어 죽으라는 의미가 아니다. 인생은 즐기라고 있는 것이다. 우리의 금융 천재성을 불러낼 수 있다면, 삶의 좋은 부분을 마음껏 즐길 수 있고 부자가 되고 청구서도 지불할 수 있다. 이것이 바로 금융 지능이다.

6. 중개인에게 넉넉하게 지불하라: 좋은 조언의 힘

나는 가끔씩 사람들이 자기 집 앞에 이런 간판을 붙이는 것을 본다. "집 내놓습니다. 집주인과 직접 거래." 또는 텔레비전에서 자기가 '할인 중개인'이라고 주장하는 사람들도 봤다.

부자 아버지는 그와 반대의 접근법을 취하라고 가르쳤다. 그분은 전문가들에게 후하게 지불해야 한다고 믿었으며 나 역시 그분의 철학을 받아들였다. 오늘날 나는 수임료가 비싼 변호사와 회계사, 부동산 중개인과 주식 중개인 들을 고용하고 있다. 그 이유가 뭐냐고? 왜냐하면 정말로, 그 사람들이 정말로 전문가라면 그들은 내게 돈을 벌어다 줄 것이기 때문이다. 그들이 많은 돈을 벌수록 내가 버는 돈도 많아진다.

우리는 정보화 시대에 살고 있다. 정보는 귀중하다. 좋은 중개인은 정보를 제공해 줄 뿐만 아니라 시간을 들여 교육까지 시켜 준다. 내 주위에는 그렇게 해 줄 중개인들이 몇 명이나 있다. 그중 어떤 이들은 내가 돈이 없을 때에도 나를 가르쳐 주었고, 그래서 나는 아직까지도 그들과 함께하고 있다.

내가 중개인에게 지불하는 돈은 그들이 제공하는 정보 덕분에 내가 버는 돈에 비하면 아주 적은 액수에 불과하다. 나는 내 부동산 중개인이나 주식 중개인이 많은 돈을 버는 것이 좋다. 왜냐하면 그것은 나 역시 많은 돈을 벌었음을 의미하기 때문이다.

좋은 중개인은 내게 시간을 절약해 주고 돈까지 벌게 해 준다. 한번은 빈 부지를 9,000달러를 주고 구입해 그 즉시 2만 5000달러로 되팔았던 적도 있다. 덕분에 나는 포르쉐를 생각보다 빨리 살 수 있었다.

중개인은 시장에서 내 눈이자 귀와 같은 역할을 한다. 그들이 매일 시장에 상주하기 때문에 나는 움직일 필요가 없다. 그래서 나는 골프를 친다.

자기 집을 직접 파는 사람들은 시간을 그다지 소중하게 여기지 않는 모양이다. 그 시간 동안에 더 많은 돈을 벌거나 내가 좋아하는 일을 할 수 있는데 겨우 몇 달러 아끼자고 그런 일을 한다고? 한 가지 재미있는 사실은 너무나도 많은 가난한 이들과 중산층들이 식당에서는 종업원의 서비스가 마음에 안 들어도 15~20퍼센트의 팁을 남기면서 중개인에게 3~7퍼센트의 수수료를 줄 때에는 투덜거린다는 것이다. 그들은 지출 부문에 있는 사람들에게는 팁을 주면서 자산 부문에 있는 사람들에게는 인색하게 군다. 그건 금융적으로 현명한 행동이 아니다.

모든 중개인들이 동등한 것은 아니라는 점을 명심하라. 불행히도 대부분의 브로커는 그저 판매원일 뿐이다. 그들은 부동산을 팔지만 막상 자신들은 부동산을 거의 갖고 있지 않다. 주식이나 채권, 뮤추얼 펀드, 보험 등을 다루며 스스로를 자산 관리사라고 부르는 중개인들도 마찬가지다.(물론 집을 판매하는 부동산 중개인과 투자 상품을 판매하는 중개인 사이에는 커다란 차이가 있긴 하다.)

나는 어떤 분야든 전문가들을 고용하기 위해 면접을 볼 때면 그들이 개인적으로 얼마나 많은 부동산이나 주식을 소유하고 있는지 그리고 재산세를 얼마나 내고 있는지를 확인한다. 이는 세금 전문 변호사와 회계사를 고용할 때에도 마찬가지로 적용된다. 내게는 자신의 사업을 하고 있는 회계사도 한 명 있다. 그의 직업은 회계사지만, 그가 하는 사업은 부동산이다. 예전에 내 회계사는 소규모 사업을 전문으로 하는 회계사였는데, 부동산을 전혀 보유하고 있지 않았다. 나는 결국 그 사람을 다른 사람과 교체했다. 우리 둘이 좋아하는 사업이 서로 달랐기 때문이었다.

당신의 이익을 가장 우선으로 생각해 주는 중개인을 찾으라. 많은 중개인들이 시간을 내 당신을 교육해 줄 것이며, 그들은 당신이 찾을 수 있는 최고의 자산이 되어 줄 수 있다. 공정하게만 대한다면 그들 대다수도 당신을 공정하게 대해 줄 것이다. 만약 당신이 그들의 수수료를 깎을 생각밖에 안 한다면 그들 역시 왜 당신을 도우려 하겠는가? 아주 간단한 논리다.

앞에서도 말했듯이, 필수적인 관리 기술 중 하나는 바로 사람을 관리하는 기술이다. 많은 사람들이 자기보다 덜 똑똑하고 자신이 통제할 수 있는 사람들만을 관리한다. 수많은 중간 관리자들이 더 이상 승진을 하지 못하고 중간 관리자로만 남는 이유는 그들이 아랫사람과 일하는 법은 알면서도 윗사람과 일하는 법은 모르기 때문이다. 진짜 기술은 일부 실질적인 분야에서 당신보다 더 똑똑한 사람들을 관리하고 보상하는 것이다. 그것이 바로 회사에 이사회가 존재하는 이유다. 당신도 이사회를 두어야 한다. 이것이 바로 금융 지능이다.

7. 인디언들처럼 주고받으라: 공짜로 얻는 힘

유럽인들이 처음으로 아메리카 대륙에 정착했을 때, 그들은 일부 아메리카 인디언들의 문화적 관습에 깜짝 놀랐다. 이를테면 이주민이 감기에 걸리면, 인디언은 그 사람에게 담요를 주었다. 이를 선물로 착각한 이주민들은 인디언들이 그것을 돌려 달라고 하면 종종 기분이 상했다. '인디언 기버(Indian giver: 한번 준 것을 되돌려 받는 사람—옮긴이)'라는 표현은 여기서 기인한 것으로, 이는 문화적 오해에서 비롯되었다.

자산 부문의 세계에서 인디언처럼 주고받는 것은 재산을 모으는 데 필수적이다. 현명한 투자가의 첫 번째 질문은 이것이다. "어떻게 내 돈을 빨리 되돌려 받을 수 있을까?" 그들은 또한 어떻게 '한몫'을 차지할 수 있을지, 즉 무엇을 공짜로 얻을 수 있을지도 알고 싶어 한다.

예를 들어, 나는 내가 사는 곳에서 그리 멀지 않은 곳에서 작은 아파트 한 채가 경매로 나온 것을 발견했다. 은행은 6만 달러를 요구했고,

나는 5만 달러의 입찰가를 써 냈다. 은행은 내 제의를 받아들였다. 왜냐하면 내가 5만 달러의 현금 수표를 보냈기 때문이다. 그들은 내가 진지하다는 것을 알아차렸던 것이다. 대부분의 투자가들은 이렇게 말할 것이다. "현금을 한꺼번에 너무 많이 쓴 것 아닌가요? 차라리 대출을 받는 게 낫지 않나요?" 내 대답은 "이 경우엔 아니다."다. 내 투자 회사는 이 아파트를 겨울에 휴가용 임대 시설로 사용한다. 주로 겨울에 따뜻한 남쪽 지방으로 휴가를 보내러 오는 노인들을 대상으로 말이다. 임대료는 일 년 중 4개월 동안 월 2,500달러이고 비성수기에는 1,000달러로 내려간다. 삼 년 즈음이 지나자 나는 본전을 되찾을 수 있었다. 이제 나는 이 자산을 소유하고 있으며, 이것은 다달이 내게 돈을 벌어다 준다.

주식도 마찬가지다. 내 중개인은 내게 자주 전화를 걸어, 그가 보기에 신제품을 발표하는 등 앞으로 주가가 오를 것 같은 동향을 보이는 회사에 꽤 많은 액수의 돈을 투자하기를 권한다. 일주일에서 한 달 정도 돈을 넣어 두고 주가가 오르면, 나는 처음에 투자했던 금액을 빼낸 다음 시장이 어찌 될지에 대해서는 더 이상 걱정하지 않는다. 이미 원금을 되찾아 다른 자산으로 옮겨 갈 준비가 되어 있기 때문이다. 그래서 내 돈은 투입되었다가 또다시 나오고, 나는 엄밀히 말해 자유로운 자산을 소유하게 된다.

물론 나도 돈을 잃은 적이 자주 있지만, 나는 항상 잃어도 크게 지장이 없는 돈으로 그런 투자를 한다. 간단히 비유해 내가 열 번의 투자를 한다 치면, 평균적으로 두세 번 홈런을 치고, 대여섯 번은 돈을 벌지도 손해를 보지도 않으며, 두세 번은 돈을 잃는다. 그러나 나는 언제나 그 때 가지고 있는 돈으로만 손실을 제한한다.

위험을 감수하기 싫어하는 사람들은 돈을 은행에 넣는다. 장기적으로 보자면 안정적인 저축이 아예 저축을 하지 않는 것보다는 낫다. 그러나 그런 경우 돈을 찾는 데 많은 시간이 걸리고. 대부분의 경우 공짜로 얻을 수 있는 것이 없다.

투자를 할 때에는 반드시 무언가를 공짜로 얻을 수 있어야 한다. 아파트 건물이나 소형 창고, 공짜 부지, 집, 주식, 또는 사무실용 건물이라도 말이다. 그리고 리스크는 제한되어 있거나 낮아야 한다. 서점에 가면 이 주제를 다루는 서적들이 널려 있으니 굳이 여기서 자세히 이야기하지는 않겠다. 맥도날드의 레이 크록이 햄버거 체인점을 판매하는 이유는 그가 햄버거를 좋아해서가 아니라 체인점이 위치한 부동산을 공짜로 얻고 싶었기 때문이다.

그래서 현명한 투자가는 투자 수익 이상의 것을 추구한다. 일단 원금을 찾고 난 후에 무언가 공짜로 얻을 수 있는 자산을 원하는 것이다. 이것이 바로 금융 지능이다.

8. 자산을 이용해 사치품을 사라: 집중의 힘

내 친구의 아들은 들어온 돈을 흥청망청 다 써 버리는 고약한 버릇을 갖고 있다. 열여섯 살이 되자 아이는 자동차를 갖고 싶어 했다. 아이의 변명이란 이런 것이었다. "내 친구들 부모님은 다 사 줬단 말이에요." 아이는 자신의 예금을 깨서 자동차 계약금으로 사용하려고 했다. 그 아이의 아버지가 전화를 걸어 와 내게 만나자고 한 것은 바로 그런 때였다.

"애가 하고 싶어 하는 대로 내버려 둬야 할까, 아니면 녀석에게 자동차를 사 줘야 할까?"

나는 대답했다. "단기적으로는 압박을 해소할 수 있겠지만 그래 봤자 장기적인 관점에서는 애가 아무것도 배우지 못할 거야. 자동차를 갖고 싶다는 네 아들의 욕망을 이용해 다른 걸 배우게 하는 게 어떻겠나?" 그 순간 친구는 좋은 생각이 떠올랐는지 서둘러 집으로 돌아갔다.

두 달 뒤에 나는 다시 그 친구와 마주치게 되었다. "자네 아들은 새 차를 갖게 되었나?" 내가 물었다.

"아니. 하지만 녀석에게 차를 사라고 3,000달러를 주었네. 녀석의 대학 등록금을 쓰느니 차라리 내 돈을 쓰라고 했지."

"그거 참 너그러운 아버지로군." 내가 말했다.

"그건 아냐. 돈을 주는 대신 조건을 걸었거든."

"그래 그 조건이 뭔가?" 내가 물었다.

"먼저 자네의 캐시플로 게임을 했지. 그리고 돈을 현명하게 사용하는 방법에 대해 아주 긴 토론을 나눴어. 그런 다음 녀석에게 월스트리트 저널 구독권을 끊어 주고 주식 시장에 대한 책도 몇 권 사 주었지."

"그래서?" 내가 물었다. "결론적으로 뭐라고 했나?"

"아들 녀석에게 그 3,000달러는 네 것이지만 지금 당장 차를 살 수는 없다고 말했네. 주식 중개인을 찾아서 주식 거래를 하라고 했지. 그래서 3,000달러로 6,000달러를 벌게 되면 그제야 자동차를 사도 된다고 말이야. 3,000달러는 자동차를 사고 나머지 3,000달러는 녀석의 대학 등록금이 될 거라고 했지."

"그래서 어떻게 되었나?"

"그게, 처음에는 운이 꽤 따라 주었어. 그러다 며칠 뒤에는 그걸 깡그리 잃고 말았지 뭔가. 그렇게 되자 녀석이 진짜로 주식에 흥미를 느끼더라고. 보아하니 지금은 한 2,000달러쯤 잃은 것 같아. 하지만 대신에 관심은 치솟았지. 내가 사 준 책을 다 읽고 다른 책을 읽으러 도서관에도 가더군. 월스트리트 저널도 아주 열심히 읽고, 주가지표까지 체크해. 돈은 1,000달러밖에 안 남았지만 관심도 많고 대단히 많은 걸 배우고 있네. 녀석은 이 돈을 다 잃게 되면 앞으로 이 년 동안 차 없이 걸어 다녀야 한다는 걸 알고 있지. 하지만 거기에 대해선 별 신경을 쓰지 않는다네. 심지어는 이제 자동차를 갖고 싶은 마음도 별로 없는 것 같아. 훨씬 재미있는 게임을 발견했거든."

"녀석이 돈을 다 잃으면 어떻게 되나?" 나는 물었다.

"그건 그때가 되어야 생각해 봐야지. 차라리 지금 다 잃어 보는 게 우리 나이 때쯤 되어 몽땅 잃는 것보다 낫지. 게다가 이 3,000달러는 내가 녀석을 교육시키는 데 들인 돈 중에서 최고로 잘 쓴 거야. 지금 배운 건 평생 동안 갈 테고, 녀석도 돈의 힘에 대해 새로운 관점을 얻은 것 같으니 말일세."

앞에서도 말했듯이, 자기 통제력이라는 힘을 얻지 못한다면 부자가 되려고 하지 않는 편이 낫다. 내가 이렇게 말하는 이유는 자산 부문으로 현금흐름을 창출하는 과정이 비록 이론상으로는 쉬울망정 그 돈을 올바르게 사용하는 정신적인 의지를 갖추는 것은 어렵기 때문이다. 오늘날의 소비자 사회에서는 외부의 유혹들 때문에 지출 부문에서 돈을 날려 버리기가 더 쉽다. 정신적 의지가 약하면 돈은 저항이 가장 작은 길로 흘러들어 가게 된다. 그리고 그것이 가난과 경제적인 곤란을 겪게 되는 원인이다.

다음 예시들은 금융 지능을 이용해 보다 많은 돈을 벌어야 할 필요성을 제시한다.

만일 연초에 100명의 사람들에게 1만 달러를 준다면, 연말에는 다음과 같은 결과가 나타날 것이다.

- 80명에게는 돈이 한 푼도 남아 있지 않을 것이다. 사실 많은 사람들이 새 차나 냉장고, 전자제품을 할부로 구입하거나 휴가를 가는 바람에 오히려 빚이 늘어나 있을 것이다.
- 16명은 1만 달러의 돈을 5~10퍼센트 늘린다.
- 4명은 그 돈을 2만 달러 혹은 수백만 달러로 불린다.

부자 아빠 가난한 아빠

우리는 학교에서 전문 지식을 배운 다음 돈을 위해 일한다. 돈이 자신을 위해 일하게 하는 법을 배우는 것도 그만큼 중요하다는 것이 내 의견이다.

나도 다른 사람들 못지않게 사치품들을 좋아한다. 다른 점이 있다면 나는 절대로 할부나 신용으로 사치품을 사지 않는다는 것이다. 그것은 '옆집 사람들과 똑같이 하기'의 함정에 빠지는 것이다. 내가 포르쉐를 사고 싶다면, 가장 쉬운 길은 은행에 전화를 걸어 대출을 받는 것이다. 그러나 나는 부채 부문에 초점을 맞추는 것이 아니라 자산 부문에 초점을 맞춘다.

나는 마치 습관처럼 소비하고 싶어 하는 욕망을 이용해 내 금융 천재성을 투자에 발휘하도록 고취시키고 자극한다.

오늘날 우리는 너무나도 자주 원하는 것을 얻기 위해 돈을 빌리는 데에만 치중할 뿐, 돈을 버는 데에는 초점을 맞추지 않는다. 전자는 단기적으로는 간단할지 몰라도 장기적으로는 훨씬 힘들고 어려워진다. 그것은 우리가 개인으로서 또 국가로서 갖고 있는 나쁜 습관이다. 쉬운 길은 나중이 되면 종종 힘들어지고, 힘든 길은 종종 쉬워진다는 사실을 명심하라.

자신과 자신이 사랑하는 사람들을 훈련시켜 일찌감치 돈의 달인으로 만들면 만들수록 좋다. 돈은 매우 강력한 힘이다. 불행히도, 사람들은 돈의 힘을 자신에게 오히려 불리하게 이용한다. 금융 지능이 낮다면 돈에게 치이고 만다. 돈이 우리보다 더 영리한 것이다. 만일 돈이 우리보다 더 영리하다면, 우리는 평생 동안 일만 해야 할 것이다.

돈의 달인이 되기 위해서는 돈보다 더 영리해야 한다. 그래야 돈이 지시받은 대로 일할 것이다. 돈은 우리에게 복종할 것이다. 우리는 돈의 노예가 되는 것이 아니라 돈의 주인이 된다. 그것이 금융 지능이다.

9. 당신의 영웅을 선택하라: 신화의 힘

어렸을 때 나는 윌리 메이스Willie Mays와 행크 아론Hank Aaron, 요기 베라 Yogi Berra를 숭배했다. 그들은 내 영웅이었고, 나는 그들처럼 되기를 바랐다. 나는 이들의 야구 카드를 대단히 소중히 여겼다. 나는 그들의 기록과 타점, 방어율, 타율과 연봉, 그리고 마이너리그에서 메이저로 올라오게 된 연유까지도 모조리 꿰고 있었다.

아홉 살 꼬맹이 시절, 타석에 서거나 1루수 또는 포수가 되어 시합을 할 때 나는 더 이상 내가 아니었다. 나는 내가 유명한 야구 선수라고 상상했다. 그것은 우리가 배우는 가장 강력한 방법 중 하나인데, 대개는 어른이 되면서 잃어버린다. 우리는 우리의 영웅을 잃어버린다.

요즈음 나는 집 근처에서 아이들이 농구를 하는 모습을 지켜보곤 한다. 코트에 들어서면 아이들은 더 이상 꼬마 조니가 아니다. 아이들은 자기가 좋아하는 농구 영웅인 척 행동한다. 자신의 영웅을 따라하거나 흉내 내는 것은 강력한 배움의 방식이다.

나는 자라면서 새로운 영웅들이 생겼다. 골프 영웅들의 경우 나는 그들의 스윙을 흉내 내고, 할 수 있는 한 그들로부터 많은 것을 읽어

내려고 최선을 다한다. 또 도널드
트럼프와 워런 버핏, 피터 린치, 조
지 소로스, 짐 로저스 같은 영웅들
도 있다. 나는 어린 시절 내 야구 영
웅들의 타점과 방어율을 알았던 것
처럼 그들의 기록 역시도 알고 있

새로운 영웅들
20년 전 그리고 오늘

오늘날 나는 이 목록에 데이빗 스톡맨
(David Stockman)과 짐 리커즈(Jim Rickards)
를 포함해 몇 명의 이름을 추가하고 싶다.

다. 나는 워런 버핏이 투자하는 것을 따라가고 시장에 대한 그의 견해
와 그가 어떻게 주식을 고르는지에 관해 모든 것을 연구한다. 나는 도
널드 트럼프에 관한 자료를 읽으며 그가 어떻게 협상하고 거래를 성사
시키는지를 알아내려고 노력한다.

타석에 들어갈 때 나는 내가 아니었듯 시장에 발을 들여놓거나 거래
를 협상할 때에도 나도 모르게 트럼프를 흉내 내 허세를 부린다. 혹은
동향을 분석할 때에는 워런 버핏이 그러는 것처럼 살펴볼 때도 있다.
존경하는 영웅이 있다면 우리는 순수하고 무한한 천재성에 다가갈 수
있는 것이다.

그러나 영웅들은 우리에게 영감을 주는 것 이상의 일을 해 준다. 영
웅은 모든 것이 쉽게 보이도록 한다. 모든 일이 쉬워 보이게 함으로써
우리에게 그들처럼 되고 싶게 만든다.

"그 사람들이 할 수 있다면 나도 할 수 있어."

너무나도 많은 사람들이 투자란 어려운 것이라고 느끼게 한다. 그것
을 쉽게 보이게 만드는 영웅을 찾으라.

10. 가르치라 그러면 받으리라: 주는 것의 힘

내 두 아버지는 모두 교사였다. 부자 아버지는 내가 평생 동안 간직할 교훈을 가르쳐 주었다. 바로 자선, 혹은 주는 것의 필요성이었다. 교육을 많이 받은 아버지는 그분의 시간과 지식은 많이 나눠 주었지만 돈은 거의 주지 않았다.

그분은 여윳돈이 생기면 다른 사람들에게 주겠다고 했지만, 물론 그런 돈이 생기는 경우는 거의 없었다.

부자 아버지는 돈뿐만 아니라 교육도 나눠 주었다. 그분은 십일조를 굳게 믿었다. "뭔가를 원한다면 먼저 줘야 한다." 그분은 언제나 이렇게 말씀하시곤 했다. 그분은 돈이 부족할 때 오히려 교회나 그분이 좋아하는 자선단체에 돈을 보냈다.

만일 내가 당신에게 오직 한 가지 생각만을 가르쳐 줄 수 있다면 나는 이걸 가르치겠다. 무언가가 필요하거나 부족하다고 느껴진다면 먼저 당신이 원하는 것을 주라. 그러면 되로 줘도 말로 돌아올 것이다. 이는 돈과 미소, 사랑, 그리고 우정에 있어서는 틀림없는 사실이다. 아마 어떤 이들은 결코 그렇게 하고 싶지 않겠지만 내 경우에 그것은 늘 효과적이었다. 나는 호혜의 원칙이 사실이라고 믿으며 늘 내가 원하는 것을 다른 이들에게 주었다. 돈이 갖고 싶을 때 돈을 주었다. 그러자 돈이 수 배로 돌아왔다. 판매를 해야 할 때에는 다른 사람들이 판매를 할 수 있도록 도와주었다. 그러자 나도 판매할 곳이 생겼다. 인맥을 원할 때에는 다른 사람들이 인맥을 넓히도록 도와주었다. 그러자 마치 마법처럼 내 인맥도 넓어졌다. 몇 년 전 나는 이런 말을 들었다. "신은 받을 필요가 없다지만 인간은 줄 필요가 있다."

내 부자 아버지는 종종 이렇게 말하곤 했다. "가난한 사람들이 부자들보다 더 탐욕스럽다." 그분은 부자들은 다른 사람들이 필요로 하는 것을 제공한다고 설명했다. 이제껏 살아오면서 나는 돈이 필요하거나 부족할 때 혹은 도움이 필요할 때마다 그저 밖에 나가 내가 무엇을 필요로 하는지 곰곰이 생각해 보고 그것을 먼저 다른 사람들에게 주기로 결심했다. 그리고 내가 그것을 주면, 그것은 언제나 내게 돌아왔다.

그러고 보니 생각나는 이야기가 하나 있다. 어떤 사람이 어느 추운 날 밤에 장작을 한 아름 안고 앉아 있었다. 그 사람이 배불뚝이 난로에게 소리를 친다. "날 좀 따뜻하게 해 주면 이 장작을 네게 넣어 주지!" 돈과 사랑, 행복, 판매, 인맥에 있어서도 우리가 기억해야 할 것은 오직 하나, 먼저 주라는 것이다.

내가 무엇을 원하는지, 그리고 그것을 어떻게 다른 사람에게 줄 수 있는지를 생각해 보는 것만으로도 풍부한 보상을 얻을 수 있다. 나는 사람들이 내게 미소를 짓지 않는다고 느낄 때마다 미소를 지으며 인사를 한다. 그러면 마법처럼 다음 순간 미소 짓는 사람들에게 둘러싸이게 된다. 우리의 세상은 우리 자신을 반영하는 거울이라는 말은 사실인 것이다.

그래서 나는 이렇게 말한다. "가르치라, 그러면 받으리라." 나는 배우고자 하는 사람들을 가르칠수록 나 역시 더 많은 것을 배우게 된다는 사실을 알게 되었다. 돈에 대해 배우고 싶다면 다른 사람들에게 돈에 대해 가르치라. 새로운 아이디어가 밀려와 더욱 멋진 차이를 만들 수 있을 것이다.

다른 사람에게 줘도 아무것도 돌아오지 않는 때도 있고, 혹은 내가 받은 것이 내가 원하는 것이 아닐 때도 있다. 하지만 가까이 다가가 보다 면밀히 들여다본다면 그럴 때 나는 받기 위해 주고 있었을 뿐 주는 즐거움을 얻기 위해 준 것은 아니었다.

내 아버지는 교사들을 가르쳤고, 최고의 교사가 되었다. 부자 아버지는 늘 젊은이들에게 그분의 사업 방식을 가르쳤다. 돌이켜보면 그분들은 그러한 너그러움이 자신을 더욱 똑똑하게 만들어 준다는 것을 알고 있었다. 세상에는 우리보다 훨씬 똑똑한 힘들이 많다. 당신은 혼자 갈 수도 있지만, 그런 힘들의 도움을 받으면 더욱 쉬워진다. 그저 당신이 가진 것들을 너그럽게 나눠 주기만 하면 된다.

부자가 되는
10단계

부자 아빠 다시 읽기

훌륭한 거래를 찾아내는 것은 자전거 타기를 배우는 것과 비슷하다. 약간 비틀거리는 단계만 벗어나면 훨씬 쉬워진다는 얘기다. 돈에 관한 그런 비틀거림을 이겨 내려면 강한 결단력이 필요하다.

'일생의 거래'를 찾아내려면 자신 안에 있는 금융적 천재성을 불러내야 한다. 우리의 문화는 돈을 사랑하는 것이야말로 모든 악의 근원이라고 가르친다. 또한 우리에게 전문 지식을 배워 돈을 위해 일하도록, 나중에 퇴직을 하더라도 회사나 정부가 보살펴 줄 테니 재정적 미래에 대해서도 걱정하지 말라고 가르친다. 결국 열심히 일해 돈을 벌어 소비하고 부족하면 빌려 쓰라는 메시지를 주입하는 셈이다. 이것이 우리 안에 잠든 금융적 천재성이 깨어나지 않는 이유다.

일자리를 찾고 돈을 위해 일하는 것이 더 쉽다. 하지만 그것은 부자가 되는 길은 아니다. 만일 당신이 그런 대중의 한 사람이 아니라면 로버트가 일상적으로 활용하는 사고 프로세스, 즉 다음의 10단계를 이용해 당신의 금융 천재성을 깨우기 바란다. 원하는 몇 가지만 따라 해도 되고 스스로 당신만의 단계를 만들어도 된다. 당신의 금융적 천재성은 충분히 그런 일을 수행할 수 있다.

1. 현실보다 더 좋은 '이유'를 찾으라: 정신의 힘

많은 사람들이 부자가 되거나 경제적으로 자유로워지길 원하지만 그 길이 너무 어려워 보이는 나머지 그냥 돈을 위해 일하는 쪽을 택한다. 올림픽에 출전하기 위해 노는 시간과 잠자는 시간을 줄이고 연습에 매진하는 한편 공부까지 챙기는 한 수영 선수처럼, 어려움을 극복하는 노력을 기울이려면 강하고 명료한 목표나 이유가 필요하다.

이유나 목적은 '원하는 것'과 '원하지 않는 것'의 결합으로 이루어진다. 로버트가 부자가 되고 싶었던 이유도 그와 같았다.

먼저 그가 '원하지 않는 것'을 살펴보자. 그것들이 '원하는 것'을 만들어 내기 때문이다. 그는 평생 동안 일에 매달리고 싶지 않았다. 부모님이 열망하던 것, 즉 안정적인 직업과 교외의 집을 원하지도 않았다. 그는 누군가의 고용인이 되길 원하지 않았다. 경력을 쌓느라 바쁜 나머지 가족과 함께 시간을 보내지도 못하게 되고 싶지도 않았다. 그는 자신의 아버지처럼 열심히 일한 것의 대부분을 정부에 빼앗긴 상태로 죽고 싶지 않았다.

그렇다면 그가 '원하는 것'은 무엇인가? 그는 자유롭게 세상을 여행하며 그가 좋아하는 방식대로 살기를 원했다. 그는 젊었을 때 그런 일을 할 수 있길 원했다. 그는 자신의 시간과 삶을 통제하길 원했다. 그는 돈이 자신을 위해 일하길 원했다.

어떤 실패도 이겨 낼 수 있으려면 당신도 로버트처럼 부자가 되고 싶은 강력한 감정적 이유들을 가져야 한다. 로버트는 여러 차례 돈을 잃기도 했고 후퇴를 겪기도 했지만, 그의 감정적 이유들이 충분히 강력했기에 계속 다시 일어나 앞으로 나아갈 수 있었다.

부자가 되는 것은 쉽지 않다. 하지만 어렵지도 않다. 만약 부자가 되고자 하는 뚜렷한 이유가 없다면 그것은 상상할 수 없을 정도로 어려워질 것이다.

2. 매일같이 선택하라: 선택의 힘

우리는 부자가 될지, 가난한 자가 될지, 아니면 중산층이 될지 날마다 선택할 수 있다. 소비 습관은 우리 자신을 반영한다. 가난한 사람들은 좋지 않은 소비 습관을 갖고 있다.

로버트는 아주 오래전, 어린 소년 시절에 이미 부자가 되기로 선택했다. 그의 친구인 마이크는 아버지로부터 결실한 자산 부문을 물려받았고, 그래서 그것을 유지하는 법을 배우기로 선택했다. 많은 부자 가문들이 다음 세대로 넘어가면서 자산을 잃는 것은, 자산을 잘 보호하도록 훈련받은 사람이 없기 때문이다.

대부분의 사람들은 부자가 되지 않기로 선택한다. 그들은 돈에는 관심이 없다고 스스로에게 말하거나 아직 젊어서 걱정할 필요가 없다고 생각하거나 그 외 다른 무수한 핑계를 댄다. 이런 변명들은 그들로부터 (가장 귀중한 자산인) 시간과 배움을 앗아 간다. 날마다 우리는 시간과 돈, 그리고 머릿속에 집어넣는 것들로 무엇을 할 것인지 선택해야 한다.

로버트는 부자가 되기로 선택했고, 매일같이 그러한 선택을 한다.

그는 먼저 교육에 투자하라고 촉구한다. 우리의 마음이 우리가 가진 가장 강력한 도구이기 때문이다. 우리 모두는 어느 정도 나이가 들면 머리에 무엇을 넣을지 결정할 선택권을 가진다. 대부분의 사람들은 투자에 대해서 배우는 데 시간과 정성을 쏟기보다는 단순히 투자 상품을 구입하려고 한다.

로버트는 자신의 교육을 위해 일 년에 최소한 두 차례 이상 세미나에 참석한다. 1973년에 그는 선불금을 내지 않고 부동산 사는 방법을 다루는 사흘짜리 세미나에 참석했다. 그는 그 강좌에 385달러를 지출했고, 그 강좌는 그에게 200만 달러 이상을 벌어 주는 동시에 남은 평생 일을 할 필요가 없도록 만들어 주었다.

로버트는 또한 CD와 오디오북을 좋아한다. 들은 것들을 쉽게 다시 확인할 수 있기 때문이다. 한번은 한 투자가의 말을 듣는데, 절대로 동의할 수 없는 이야기가 나왔다. 하지만 그 5분짜리 이야기를 스무 번 이상 되풀이해 들은 후 그가 왜 그런 말을 하는지 이해하게 되었다.

그가 이해에 도달한 것은 처음에는 동의하지 않았음에도 마음을 열고 귀를 기울였기 때문이다. 이제 그는 어떠한 문제나 상황이든 그가 가지고 있던 예전의 방식과 새롭게 받아들인 방식, 이 두 가지 방식을 통해 분석한다. 이는 대단히 값진 능력이다. 그는 도널드 트럼프에서 워런 버핏과 조지 소로스에 이르기까지 많은 사람들의 생각을 읽고 또 그들의 말에 귀를 기울이기로 선택했다. 그것이 그들의 거대한 정신적 힘에 접촉하는 길이기 때문이다.

중요한 것은 지능이 아니다. 아무리 똑똑한 사람들도 그들의 지성이 오만함과 결합되면 무지해질 수 있다. 정말로 지적인 사람들은 새로운 아이디어를 환영한다. 새로운 아이디어는 그들이 이미 가지고 있는 아이디어와 결합해 위대한 무언가를 창출할 수 있기 때문이다.

듣는 것은 말하는 것보다 중요하다. 듣고 또 들어라. 빨리 부자가 되겠다는 생각을 버리고 장기적인 관점을 가져라. 부동산이든 주식이든, 투자를 하기 전에 당신의 가장 위대한 자산인 정신에 먼저 투자하라.

3. 친구는 신중하게 고르라: 협조의 힘

로버트는 가난한 친구와 부자 친구 모두에게서 많은 것을 배운다. 가난한 친구들에게서는 하지 말아야 할 것을 배우고 부자 친구들에게서는 그들의 지식을 배운다.

그의 친구 가운데 수십 억 달러를 번 몇몇 부자들은, 돈 없는 친구들이 그들에게 찾아와 어떻게 돈을 벌었는지 묻는 경우는 절대로 없다고 말한다. 대신, 그들은 돈을 빌려달라고 하거나 일자리를 부탁하거나 아니면 그 두 가지를 모두 부탁한다.

로버트는 가난하거나 겁먹은 사람들의 말에 귀를 기울이지 말라고 경고한다. 그들은 투자에 관해서라면 언제나 "하늘이 무너지고 있다." 는 식의 비관적인 견해를 갖고 있기 때문이다. 그들은 항상 당신에게 무언가가 소용없거나 통하지 않는 이유에 대해서 말해 줄 것이다.

TV 토론회의 패널에는 시장이 곧 무너질 것이라고 말하는 전문가와 호황이 찾아올 것이라고 말하는 전문가가 꼭 끼기 마련이다. 양쪽 모두의 의견에 귀를 기울이라. 둘 다 어느 정도 일리가 있기 때문이다.

재산을 모을 때 가장 어려운 점 중 하나는 스스로에게 솔직해지고 대중을 따라 몰려가지 않는 것이다. 시장에서 대중이란 가장 늦게 나타나 손해를 보는 사람들이다. 대신, 새로운 거래를 찾으라.

똑똑한 투자가들은 시장의 타이밍에 연연하지 않는다. 그들은 파도 하나를 놓치면 다른 파도를 찾아다니며 자신의 포지션을 확보한다. 현명한 투자가들은 인기 없는 투자 상품을 산다. 그들은 팔 때가 아니라 살 때 이익을 만든다는 사실을 알고 있다. 사실 중요한 것은 합법적인 '내부자 거래'다. 돈을 벌 수 있는 정보를 가진 부자 친구들과 가까이 지내라. 돈을 버는 것은 바로 정보다.

4. 하나의 방식에 통달하라. 그런 다음 새로운 것을 익혀라: 빠른 배움의 힘

무언가를 배울 때에는 늘 신중해야 한다. 우리의 정신은 너무도 강력해서 우리가 머릿속에 넣는 대로 되기 때문이다.

대중은 한 가지 기본 방식만을 따른다. 직장에 출근해서 돈을 벌고 청구서를 지불하고 가계부를 맞추고 약간의 뮤추얼 펀드를 사고 다시 일하러 가는 것이다.

당신이 지금 하는 일이 지겹다면, 혹은 충분한 돈을 벌지 못하고 있다면, 방식을 바꿔서 돈을 벌어야 한다.

수년 전, 로버트는 '경매 부동산을 사는 법'이라는 주말 강좌를 들었고 거기서 공식을 배워 실행에 옮겼다. 결과적으로 수백만 달러를 벌어들였지만, 그 방식을 통달한 후 다른 방식들을 찾아다녔다. 물론 매번 새로운 정보를 직접적으로 이용한 것은 아니었으나 늘 새로운 것을 배웠다.

전문대학과 커뮤니티 컬리지는 대부분 재정 관리와 전통적인 투자 상품 구입에 관한 강좌를 운영한다. 그것들도 좋은 출발점이긴 하지만 더 빠른 공식을 찾아야 한다. 그 덕에 로버트는 보통 사람들이 평생 동안 모을 만한 돈을 겨우 며칠 사이에 벌어들일 수 있었다.

5. 자신에게 먼저 지불하라: 자기 통제의 힘

모든 단계 중에서 자기 통제력이 가장 마스터하기 어려울 것이다. 개인적인 자기 통제력이야말로 부자와 가난한 자, 중산층을 구분 짓는 가장 분명한 요인이다.

세상은 우리를 내두르고 압력을 가한다. 만약 당신이 경제적 압력에 대한 저항력이 낮다면 결코 부자가 될 수 없다.

로버트는 그가 가르치는 창업 강좌에서 사업을 할 때 가장 중요한 세 가지 관리 기술을 강조하는데, 그것은 바로 현금흐름과 사람 그리고 개인적인 시간에 대한 관리 기술이다. 이 세 가지는 사업뿐만 아니라 다른 모든 것에도 적용된다. 이 각각의 기술은 자기 통제력을 익힘으로써 더욱 강화된다.

많은 사람들이 "자신에게 먼저 지불하라."는 문구를 입에 거듭 담으면서도 실행에 옮기는 경우는 드물다. 다음 두 그림을 비교해 보라.

자신에게 먼저 지불하는 사람들　　　　**남들에게 먼저 지불하는 사람들**

이 현금흐름을 따라가면 청구서를 지불하기 전에 자신에게 먼저 지불하는 사람들이 어떻게 그렇게 하는지 알 수 있다. 이는 남에게 지불할 사안에 대해 무책임하게 굴라는 얘기가 아니다. 단지 당신에게 먼저 지불하라는 것뿐이다.

이 그림을 보면 남에게 먼저 지불하는 경우 어째서 자산 부문에 투자할 돈이 거의 혹은 전혀 남지 않는지 알 수 있다.

다른 사람들의 경우와 마찬가지로 로버트도 가끔 자신에게 먼저 지불한 후, 청구서를 지불할 수 있을 만큼 현금흐름이 충분치 않은 때도 있었다. 그래도 로버트는 자신에게 먼저 지불했다. 청구서 수금원들이나 채권자들이 고함을 지를 때는 내적인 꿋꿋함으로 견뎌야 한다. 그런 강인함이 결국 자산에 먼저 투자하게 만들고 부자가 되도록 이끌어 준다.

자신에게 먼저 지불하고 싶다면 다음 사항을 명심하라.

1. 반드시 갚아야 할 큰 빚은 절대로 지지 마라. 지출은 낮은 수준으로 유지하라. 무엇보다 먼저 자산을 구축하라. 그런 다음 큰 집이나 좋은 차를 사라.

2. 돈이 부족해지면 압력이 커지도록 내버려 두되 저축이나 투자한 돈에 손을 대지는 마라. 재정적 압박 상태에서 당신의 금융 천재성을 발휘해 돈을 벌 수 있는 새로운 방법을 강구해 낸 다음 청구서를 지불하라. 돈을 벌 수 있는 능력뿐 아니라 금융 지능도 높일 수 있다.

이 규칙은 자기희생이나 경제적인 금욕을 장려하는 게 아님을 기억하라. 자신에게 먼저 지불한 다음 굶어 죽으라는 의미가 아니다. 인생은 즐기라고 있는 것이다. 금융 천재성을 불러낼 수 있다면, 삶의 좋은 부분을 마음껏 즐길 수 있고 부자가 되고 청구서도 지불할 수 있다.

6. 중개인에게 넉넉하게 지불하라: 좋은 조언의 힘

많은 사람들이 값싼 중개인을 이용하거나 직거래를 통해 약간의 돈을 아끼려 애쓴다. 하지만 훌륭한 전문가는 시간을 아껴 줄 뿐 아니라 돈까지 벌어다 준다.

정보는 귀중하다. 좋은 중개인은 정보를 제공해 줄 뿐만 아니라 시간을 들여 우리를 교육까지 시켜 준다. 그들에게 지불하는 돈은 그들이 제공하는 정보 덕에 버는 돈에 비하면 아주 적은 액수에 불과하다.

모든 중개인들이 동등한 것은 아니라는 점을 명심하라. 어떤 분야든 전문가들을 고용하기 위해 면접을 볼 때면 그들이 개인적으로 얼마나 많은 부동산이나 주식을 소유하고 있는지 확인하라. 당신의 이익을 가장 우선으로 생각해 주는 중개인을 찾아 그에 걸맞게 대우하라.

기업이 이사회를 두는 이유는 자신보다 똑똑한 사람들을 보유하는 것의 가치를 잘 알기 때문이다. 당신도 당신만의 이사회를 두어야 한다. 그것이 바로 금융 지능이다.

7. 인디언들처럼 주고받으라: 공짜로 얻는 힘

'인디언 기버(Indian giver, 한번 준 것을 되돌려 받는 사람)'라는 표현은 문화적 오해에서 비롯되었다. 유럽인들이 처음으로 아메리카 대륙에 정착했을 때, 그들은 일부 아메리카 인디언들의 문화적 관습에 깜짝 놀랐다. 가령 이주민이 감기에 걸리면 인디언은 그 사람에게 담요를 주었는데, 이를 선물로 착각한 이주민들은 인디언들이 다시 그것을 돌려달라고 하면 기분이 상했다. 또 인디언들은 그것을 돌려주려 하지 않는 이주민들 때문에 기분이 상했다. 해당 거래의 본질에 대한 서로의 오해였던 셈이다.

투자와 자산 부문의 세계에서는 인디언 기버가 되는 것이 핵심이다. 투자 원금은 가능한 한 빨리 돌려받아야 한다는 얘기다.

로버트는 자신이 5만 달러에 구입한 아파트를 사례로 제시한다. 그 아파트에서는 일 년 중 4개월 동안에는 월 2,500달러, 비성수기에는 1,000달러의 임대료가 발생했다. 그렇게 삼 년 즈음이 지나자 그는 투자 원금을 회수할 수 있었다. 이후로 지금까지 그 자산은 계속해서 그에게 다달이 돈을 벌어 주고 있다.

리스크를 감수하기 싫어하는 사람들은 돈을 은행에 넣는다. 하지만 그것으로는 어떤 것도 만들 수 없으며, 공짜로 얻을 수 있는 것도 없다.

로버트는 투자를 할 때 반드시 무언가를 공짜로 얻을 수 있어야 한다고 말한다. 아파트 건물이나 소형 창고, 공짜 부지, 집, 주식 등이라도 말이다. 그리고 투자 시 리스크는 제한되어 있거나 낮아야 한다.

8. 자산을 이용해 사치품을 사라: 집중의 힘

로버트는 누구 못지않게 사치품을 좋아한다. 하지만 사치품을 갖기 위해 돈을 빌리지는 않는다. 그 대신 자산 부문에 초점을 맞춰 사치품 살 돈을 창출한다.

그는 자동차를 갖고 싶어 하는 십 대 아들을 둔 친구의 사례를 들려준다. 친구는 아들에게 자동차를 사주거나 아들이 저축한 돈으로 사게 놔두는 대신 돈 3,000달러와 주식 시장에 대한 약간의 정보를 주었다. 그리고 그 돈을 곧바로 차 사는 데 쓰면 안 된다고 말했다. 그 돈을 투자해 6,000달러를 만들면 원금 3,000달러로 차를 사고 나머지는 대학 등록금으로 모아 두라는 얘기였다.

친구의 아들은 그런 수익을 실현하진 못했지만 주식 투자에 대한 관심과 배우고자 하는 열의는 갈수록 커졌다. 앞으로의 삶에서 크게 도움이 될 교훈을 배우고 있었던 것이다. 갖고 싶은 것을 살 수 있는 돈을 만들기 위해 자산을 키우는 것 말이다.

자산을 통해 현금흐름을 창출하는 것은 이론상으로는 쉽다. 그보다 어려운 점은 돈을 올바른 용도로 쓸 수 있는 정신적 강인함을 갖추는 일이다. 할부나 신용 거래의 형태로 돈을 빌리는 일은 단기적으로는 쉽지만 장기적으로는 어려움을 가중시키는 행태다.

9. 당신의 영웅을 선택하라: 신화의 힘

어린 시절 무언가를 배우는 가장 강력한 방법 중 하나는 자신의 영웅을 따라하거나 흉내 내는 것이다.

로버트는 성년이 돼서도 그 방법을 계속 이용했다. 숭배하는 영웅은 바뀌었지만 말이다. 그는 이제 어린 시절 흉내 내던 야구 영웅 대신에 거래를 협상할 때에는 도널드 트럼프가 되어 허세를 부리고, 시장 동향을 살펴볼 때에는 워런 버핏의 분석 기술을 모방한다.

존경하는 영웅이 있으면 우리는 순수하고 무한한 천재성에 다가갈 수 있다. 영웅은 모든 것을 쉬워 보이게 만들고 시도해 보도록 영감을 주기 때문이다.

10. 가르치라 그러면 받으리라: 주는 것의 힘

로버트는 부자 아버지에게서 가르침은 물론 돈을 기부하는 법에 대해서도 배웠다. 부자 아버지는 늘 이렇게 말하곤 했다. "뭔가를 원한다면 먼저 줘야 한다." 그는 돈이 부족할 때면 오히려 교회나 자신이 좋아하는 자선단체에 돈을 보냈다.

무언가가 필요하거나 부족하다고 느껴진다면 먼저 당신이 원하는 것을 주어라. 그러면 '되로 줘도 말로 돌아올' 것이다. 이는 돈과 미소, 사랑, 그리고 우정에 있어서는 틀림없는 사실이다.

또한 이것은 가르침에 있어서도 사실이다. 배우고자 하는 사람들을 가르칠수록 당신은 더 많은 것을 배우게 된다. 로버트의 두 아버지는 이를 실행으로 입증했다.

당신이 가진 것들을 너그럽게 나눠 주라. 단순히 무언가를 받기 위해 주지 말고, 주는 행위 자체가 안겨주는 기쁨을 위해 주도록 하라.

- **좌뇌 모멘트** | 자기 통제력을 발휘해 자신에게 먼저 지불하라. 당신의 자산 부문을 키운다는 우선권을 보호하기 위해서 말이다.
- **우뇌 모멘트** | 새로운 아이디어와 새로운 실행 방식에 계속 마음을 열어라. 그러면 기존에 축적된 아이디어와 결합해서 발생하는 시너지 효과를 얻을 수 있다.
- **잠재의식 모멘트** | 부자가 되고 싶은 강력한 감정적 이유를 활용하라. 그래야 장애물이 생겨도 뛰어넘을 수 있다.

핵심 내용 이해하기

자, 이제 곰곰이 생각해 볼 시간이다. 이렇게 자문해 보라. "이 장에서 로버트는 무엇을 말하고 있는가? 그리고 그가 그렇게 말하는 이유는 무엇인가?" 로버트의 말에 동의하든 그렇지 않든 상관없다. 이 섹션의 목적은 그가 말하고자 하는 바를 '이해하는' 것이기 때문이다.

기억하라. 이 커리큘럼의 의도는 협력과 지원에 있다. 백지장도 맞들면 낫다고 하지 않는가. 로버트가 하는 말을 이해하지 못한다고 해서 부끄러워하거나 도외시할 필요는 없다. 몇 사람이 모여 의견을 교환하면 더욱 쉽게 이해될 수도 있다. 다음의 문장들을 시간을 갖고 차분히, 완전히 이해할 때까지 토의해 보길 바란다.

- 금은 어디에나 있다. 대부분의 사람들은 그것을 보도록 훈련받지 못한 것 뿐이다.

- 강력한 이유나 목적이 없다면 그 삶이 무엇이든 어렵기 마련이다.

- 금전적으로 볼 때, 손에 돈이 들어올 때마다 우리는 미래를 선택할 수 있는 힘을 갖게 된다. 부자가 될지, 가난한 자가 될지, 아니면 중산층이 될지 말이다.

- 인구의 90퍼센트가 TV를 사고, 단지 10퍼센트만이 경제경영 서적을 산다.

- 교육 수준이 높거나 자신이 똑똑하다고 믿지만 그들 자신의 대차대조표가 사뭇 다르게 그려지는 사람들을 우리는 알고 있다.

- 나는 돈을 가진 친구들은 돈에 대해 이야기한다는 사실을 알아차렸다. 잘 난 척한다는 것이 아니라 그저 돈이라는 주제에 관심이 있는 것이다. 그래서 나는 그들로부터 배우고, 그들 역시 나로부터 배운다.

- 당신이 지금 하는 일이 지겹다면, 혹은 충분한 돈을 벌지 못하고 있다면, 방식을 바꿔서 돈을 벌어야 한다.

- 내적인 용기가 부족한 사람은 종종 자기 통제력을 지닌 이들의 희생자가 된다.

- 나도 돈을 잃은 적이 자주 있지만, 그러한 투자는 항상 잃어도 크게 지장 없는 돈으로 한다.

- 쉬운 길이 어려워지고 어려운 길이 쉬워지는 경우는 빈번하다.

실천을 위한 질문과 토론

자, 이제 이 장에서 이해한 바를 당신의 삶에 적용할 시간이다. 아래의 질문을 자신에게 던져 보거나 스터디 그룹에서 토의해 보길 바란다. 솔직하게 답하는 것이 중요하다는 점을 잊지 말라. 자신의 답변 일부가 맘에 들지 않는 경우, 스스로 기꺼이 변화할 의향이 있는지, 자신의 생각과 사고방식을 바꾸는 도전을 받아들일 의향이 있는지 자문해 보라.

1. 당신이 부자가 되고 싶은 이유는 무엇인가? 당신이 '원하는 것'과 '원치 않는 것'은 무엇인가? 로버트는 그런 당신의 이유가 충분히 강력하다고 생각할 것 같은가?

2. 당신의 소비 습관은 당신이 원하는 삶을 반영하고 있는가? 만약 그렇지 않다면 어떤 변화를 꾀해야 한다고 생각하는가?

3. 당신은 매일 무엇을 머릿속에 넣으려 하는가? 언제 마지막으로 세미나에 참석하거나 경제경영서(이 책 제외)를 읽었는가?

4. 친구들을 보고 (좋은 점이든 나쁜 점이든) 금융에 대해서 배운 것이 있는가?

5. 당신의 자기 통제력은 충분히 강한가, 아니면 더 훈련시킬 필요가 있는가?

6. 당신은 이사회를 두고 있는가? 당신이 훌륭한 정보와 돈 벌 능력을 얻는 대가로 그에 걸맞은 돈을 지불해 주는 중개인과 전문가들 말이다.

7. 7단계 '인디언들처럼 주고 받으라'에 제시된 개념이 확실히 이해되는가? 그렇지 않다면 스터디 그룹에서 토의해 보라.

부자 아빠 가난한 아빠

8. 마지막으로 사치품을 샀을 때 당신은 어떻게 그 값을 지불했는가?

9. 금융 분야에서 당신의 영웅은 누구인가? 당신은 어떤 식으로 그를 모방 하는가?

주요 용어 정의

- **ROI**(Return on Investment): 투자한 자본에 대한 수익의 비율. 투자 수익률

Chapter 9

아직도 더 알고 싶다면 **당신이
해야 할 일들**

내가 앞에서 설명한 10단계에 만족하지 못하는 사람들도 많을 것이
다. 그들에게는 행동 양식이라기보다는 하나의 철학으로 보일 테니 말
이다. 철학을 이해하는 것은 행동만큼이나 중요하다. 세상에는 생각하
기보다 행동하길 원하는 사람들이 많고, 또 생각만 하고 행동하지 않
는 사람들도 있다. 나는 내가 양쪽 모두에 해당한다고 말하고 싶다. 나
는 새로운 아이디어를 좋아하며 행동도 좋아한다.

그러니 어떻게 시작해야 할지 구체적인 목록을 원하는 사람들을 위
해 내가 하는 일들을 간략하게 소개해 주겠다.

• 지금 하는 일을 중단하라 달리 말해 잠시 멈춰 서서 무엇이 잘되고 있고
  무엇이 잘되고 있지 않은지 가늠하라. 항상 똑같은 일을 반복하면서 다른

결과가 나오기를 기대하는 것은 미쳤다는 소리다. 통하지 않는 것은 포기하고 새로운 것을 찾아 나서라.

• 새로운 아이디어를 찾으라 나는 새로운 투자 아이디어를 얻기 위해 서점에 가서 독특하고 다양한 주제의 책들을 찾아본다. 나는 그것들을 공식이라고 부르는데, 내가 전혀 모르는 공식에 관해 설명하는 책들을 산다.

예를 들어 나는 서점에서 조엘 모스코위츠Joel Moskowitz의 『16%의 해결책The 16 Percent Solution』을 발견하고 그 책을 사서 읽었다. 다음 주 목요일, 나는 그 책에서 말하는 대로 정확히 실천했다. 대부분의 사람들은 행동으로 옮기지 않거나 새로운 공식을 연구하고 있더라도 다른 사람들의 설득에 넘어가 포기해 버린다. 내 이웃 사람 중 하나는 어째서 16퍼센트의 공식이 통하지 않는지 내게 설명해 주었지만, 나는 그의 말에 귀를 기울이지 않았다. 그는 한 번도 그것을 직접 해 본 적이 없었기 때문이다.

• 당신이 하고 싶은 일을 해낸 사람을 찾으라 그들을 점심 식사에 초대해 그에 대한 비결과 조언을 말해 달라고 청하라. 나는 16퍼센트 세금선취특권 증서 때문에 세무서에 가서 그곳에서 일하는 공무원을 찾았다. 그리고 그녀 역시 세금선취특권 증서에 투자를 하고 있다는 사실을 알아냈다. 나는 그 즉시 그녀를 점심 식사에 초대했다. 그녀는 신이 나서 자기가 아는 것과 그렇게 하는 방법을 전부 설명해 주었다. 식사 후 그녀는 오후 내내

내게 모든 것을 보여 주었다. 다음 날 나는 그녀의 도움으로 두 개의 훌륭한 자산을 찾아냈고, 그 뒤로 16퍼센트의 이율을 받고 있다. 책을 읽는 데 하루, 행동을 취하는 데 하루, 점심시간 한 시간, 그리고 두 개의 훌륭한 거래를 취득하는 데 하루가 걸렸다.

• 강의를 듣고 책을 읽고 세미나에 참석하라 나는 신문과 인터넷을 뒤지며 참신하고 재미있는 강의가 있는지 찾아본다. 그중 대다수는 공짜거나 많은 돈이 들지 않는다. 내가 배우고 싶은 것을 다루는 세미나라면 비싼 돈을 내고서라도 듣는다. 내가 이렇게 부자가 되어 일을 할 필요가 없게 된 것은 그런 강좌들을 들었기 때문이다. 이런 강의를 듣지도 않고 외려 돈을 낭비하고 있다고 나에게 말해 주었던 친구들도 있었지만, 그들은 아직도 똑같은 일을 하고 있다.

• 많은 제안을 하라 나는 부동산을 사고 싶을 때면 많은 곳들을 둘러보고 대개는 가격을 제시한다. 어느 정도가 올바른 제안인지 당신이 모르겠다면, 나 역시 마찬가지다. 그것은 부동산 중개인이 할 일이다. 제안을 하는 것은 그들이다. 나는 최소한의 일만 한다.

한 친구가 내게 아파트를 사는 방법을 알려 달라고 했다. 그래서 어느 토요일, 그녀와 그녀의 중개인, 그리고 나는 함께 여섯 채의 아파트를 둘러보았다. 네 채는 별 볼 일 없었지만 두 채는 좋았다. 나는 여섯

채의 아파트 모두에 제안을 넣되 주인이 원하는 가격의 절반만 제시하라고 했다. 친구와 그녀의 중개인은 거의 심장마비를 일으킬 뻔했다. 그들은 그게 대단히 무례하며, 집주인의 기분을 상하게 할 것이라고 생각했다. 하지만 나는 중개인이 그다지 열심히 일하지 않기 때문이라고 생각한다. 그래서 두 사람은 아무 행동도 취하지 않고 그저 다른 좋은 거래들을 찾아다녔다.

그들은 아무 제안도 하지 않았고, 그녀는 아직도 적절한 가격의 적절한 거래를 찾고 있다. 글쎄, 나와 똑같은 물건을 원하는 제3자가 나타나지 않는 한 어느 정도가 적절한 거래인지는 아무도 알 수 없다. 대부분의 판매자들은 너무나도 많은 것을 요구한다. 판매자들이 자기가 가진 대상의 가치보다 낮은 가격을 제시하는 경우는 거의 없다.

이 이야기의 교훈은 제안을 하라는 것이다. 투자가가 아닌 사람들은 무언가를 판다는 것이 어떤 것인지 모른다. 언젠가 몇 달 동안 부동산을 팔려고 부단히 애를 쓴 적이 있었다. 그때 나는 어떤 제안이라도 받아들일 수 있었다. 돼지 열 마리를 제안했더라도 누군가가 관심을 보였다는 사실 자체만으로도 기쁘게 받아들였을 것이다. 물론 손을 내저으며 돼지가 아니라 돼지 농장과 바꾸자고 했을 테지만 말이다. 하지만 그게 바로 이 게임이 이뤄지는 방식이다. 사고파는 게임은 재미있다. 이 점을 명심하라. 그것은 재미있고, 오직 게임일 뿐이다. 그러니 제안을 하라. 누군가는 좋다고 대답할지도 모른다.

나는 제안을 할 때 항상 예외 조항을 단다. 부동산의 경우 나는 구체적인 '조건'을 계약서에 명시하는데 예를 들면 "사업 파트너의 승인이 있어야 함" 같은 것이다. 그 사업 파트너가 누구인지에 대해서는 절대로 정확하게 명시하지 않는다. 대부분의 사람들은 내 파트너가 우리 집 고양이라는 것을 모른다. 만일 그들이 제안을 받아들였는데 내가 그 거래를 원치 않으면, 나는 집에 전화를 걸어 고양이와 대화를 나눈다. 내가 이 웃기는 이야기를 하는 것은 이 게임이 얼마나 쉽고 단순한지 알려 주기 위해서다. 너무나도 많은 사람들이 일을 너무 어렵게 만들고 심각하게 받아들이기 때문이다.

좋은 거래와 알맞은 사업, 알맞은 사람, 알맞은 투자가, 그 외 다른 알맞은 것들을 찾는 것은 데이트와 비슷하다. 시장에 나가 많은 사람들과 이야기를 나누고 될 수 있는 한 많은 제안을 하고, 수정 제안을 하고, 협상을 하고, 거절하고, 받아들여야 하는 것이다. 내가 아는 독신들은 집에 앉아 전화가 울리기만을 기다리지만 그보다는 차라리 시장에 가는 게 낫다. 설사 그 시장이 슈퍼마켓이라도 말이다. 탐색하고, 제안하고, 거절하고, 협상하고, 받아들이는 것은 삶에서 거의 모든 것이 이루어지는 과정이다.

• 한 달에 십 분 정도 특정 지역을 걷거나 조깅을 하거나 운전하라 나는 내 생애 최고의 부동산 투자처 중 일부를 이런 식으로 발견했다. 나는 일 년 동안 특정 지역을 조깅하면서 변화가 있는지 찾아본다. 거래를 통해 이득을 보려면 반드시 두 가지 요소가 있어야 한다. 저렴한 거래 대상과 변

화다. 저렴한 거래 대상은 많다. 그러나 그러한 거래 대상을 이익을 얻을 수 있는 기회로 바꾸는 것은 바로 변화다. 그래서 나는 투자를 할 만한 동네를 조깅한다. 같은 지역을 반복적으로 뛰다 보면 미세한 변화를 감지할 수 있다. '팝니다' 간판이 오랫동안 걸려 있는 것도 알아차릴 수 있다. 그것은 즉 집주인이 거래를 보다 기꺼이 받아들일 수도 있다는 것을 의미한다. 나는 이사 트럭들이 들어오고 나가는 것을 본다. 그러면 발길을 멈추고 운전사와 대화를 나눈다. 우편배달부와도 이야기를 나눈다. 그들이 그동네에 대해 얼마나 많은 정보를 가지고 있는지 알면 놀랄 것이다. 나는 나쁜 지역을 찾는다. 특히 모두가 뉴스를 듣고 겁이 나 도망간 지역을 말이다. 나는 가끔씩 그 부근에 차를 몰고 지나가며 좋은 쪽으로 변화한 것은 없는지 살펴본다. 상점 주인들, 특히 새로 생긴 가게 주인들과 이야기를 나누고 왜 그들이 이곳으로 옮겨 왔는지 물어본다. 이렇게 하는 데에는 한 달에 겨우 몇 분만 시간을 내면 충분하다. 그리고 나는 다른 일을 하면서, 가령 운동이나 상점을 오가는 동안에 이런 정보 활동을 한다.

• 모든 시장에서 저렴한 상품을 찾으라 소비자들은 언제나 가난하다. 슈퍼마켓이 세일을 할 때, 예를 들어 화장실 휴지를 싸게 팔면 소비자들은 우르르 몰려와 사재기를 해 댄다. 그러나 부동산이나 주식 시장이 세일을 하게 되면(이런 걸 가격 폭락 또는 시장 붕괴라고 한다.) 소비자들은 이상하게 거기서 도망쳐 버린다. 슈퍼마켓이 가격을 올리면 소비자들은 쇼핑을 하러 다른 곳에 간다. 그러나 부동산이나 주식 시장의 가격이 올라가면, 소

비자들은 갑자기 달려와 사들이기 시작한다. 이 점을 명심하라. 당신이 이득을 올리는 것은 팔 때가 아니라 살 때다.

• **올바른 장소를 찾으라** 한 이웃이 10만 달러짜리 아파트를 샀다. 나는 바로 옆에 있는 똑같은 아파트 건물을 5만 달러에 샀다. 그는 내게 그 아파트 가격이 올라가기를 기다리고 있다고 말했다. 나는 그에게 이득은 팔 때가 아니라 살 때 만들어진다고 말했다. 그는 부동산 중개인의 도움을 받아 그 건물을 샀는데, 그 중개인은 개인적으로 부동산을 전혀 소유하고 있지 않았다. 나는 경매를 통해 그 건물을 샀는데, 이는 500달러를 주고 들은 강좌에서 배운 방식이었다.

내 이웃은 부동산투자 강의가 500달러나 하는 것은 너무 비싸다고 생각했다. 그런 돈이나 시간을 감당할 여유가 없다고도 했다. 그래서 그는 가격이 올라가기를 가만히 기다린다.

• **사고 싶어 하는 사람들을 먼저 찾으라. 그런 다음 팔고 싶어 하는 사람을 찾으라** 한 친구가 약간의 부지를 찾고 있었다. 그는 돈은 있었지만 시간이 없었다. 나는 부지를 발견했지만 내 친구가 원하는 것보다 훨씬 넓었다. 나는 그 땅을 옵션으로 묶은 다음 친구에게 전화를 걸었다. 친구는 그 땅의 일부를 사고 싶다고 말했다. 그래서 나는 친구가 원하는 만큼의 면적을 그에게 팔고 그런 다음 그 땅을 샀다. 즉 팔고 남은 땅은 공짜로 내 손에 들어오게 된 것이다. 이 이야기의 교훈은 파이를 사되 그것을 여러 조

각으로 자르라는 것이다. 대부분의 사람들은 자기가 감당할 수 있는 것을 찾기 때문에 항상 너무 작은 것만을 본다. 그들은 파이의 한 조각만을 사며, 따라서 작은 것에 대해 더 많은 돈을 지불한다. 작게 생각하면 큰 것을 얻을 수 없다. 부자가 되고 싶다면 크게 생각하라.

• 크게 생각하라 소매상들은 대량 할인 판매를 좋아한다. 사업을 하는 대부분의 사람들은 손이 큰 사람들을 좋아하기 때문이다. 그래서 설사 당신이 작다고 해도 늘 크게 생각할 수 있다. 내가 운영하는 회사가 컴퓨터를 사러 시장에 나가게 되었을 때, 나는 몇몇 친구들에게 전화를 걸어 그들도 사겠느냐고 물었다. 그런 다음 우리는 서로 다른 판매업자들을 찾아가 아주 좋은 거래를 협상했다. 왜냐하면 우리는 물건을 대량으로 구입할 차였기 때문이다. 주식 거래를 할 때에도 똑같았다. 작은 사람들이 작게 머무르는 것은 그들이 작게 생각하고 혼자서 행동하거나 혹은 전혀 행동하지 않기 때문이다.

• 역사에서 배우라 증권거래소에서 볼 수 있는 큰 회사들은 모두 작은 회사에서 시작되었다. 샌더스 대령이 부자가 된 것은 육십 대에 모든 것을 잃은 후였다. 빌 게이츠는 서른이 되기 전에 세계 최고의 부자 중 하나가 되었다.

• 행동은 늘 행동하지 않는 것보다 낫다

이것들은 내가 기회를 발견하기 위해 해 왔고 계속하고 있는 몇 가지 일들에 불과하다. 여기서 중요한 말은 '해 왔고'와 '하고 있는'이다. 지금까지 여러 차례 반복해 말했듯이 행동을 취해야만 경제적인 보상을 얻을 수 있다. 그러니 지금 행동하라!

아직도 더 알고 싶다면 **당신이
해야 할 일들**

부자 아빠 다시 읽기

로버트는 어떻게 시작해야 할지 구체적인 목록을 원하는 사람들을
위해 자신이 하는 일들을 간략하게 소개한다.

- **지금 하는 일을 중단하라:** 잠시 멈춰 서서 무엇이 잘 되고 있고 무엇이 잘
  되고 있지 않은지 가늠하라는 뜻이다.
- **새로운 아이디어를 찾으라:** 새로운 투자 아이디어를 얻기 위해 서점에 가
  서 독특하고 다양한 주제의 책들을 찾아보라. 로버트는 조엘 모스코위츠
  의 『16%의 해결책』에서 새로운 것을 배우고 행동에 박차를 가한 바 있다.
- **당신이 하고 싶은 일을 해낸 사람을 찾으라:** 그들을 점심식사에 초대해
  그에 대한 비결과 조언을 말해 달라고 청하라.

- **강의를 듣고 책을 읽고 세미나에 참석하라:** 로버트는 신문과 인터넷을 뒤져 참신하고 재미있는 강연을 찾는다.

- **많은 제안을 하라:** 거래를 원하는 당사자가 되기 전까지는 적절한 가격이 얼마인지 알 수 없다. 대부분의 판매자들은 너무도 많이 요구한다. 자기가 가진 무언가의 가치보다 낮은 가격을 제시하는 경우는 거의 없다. 사고파는 과정은 단지 재미있는 게임일 뿐이다. 제안을 하면 누군가는 받아들일지도 모른다.(주의: 빠져나올 수 있는 예외 조항을 달면서 제안하라.)

- **한 달에 십 분 정도 특정 지역을 걷거나 조깅을 하거나 운전하라:** 로버트는 생애 최고의 부동산 투자처 중 일부를 이런 식으로 발견했다. 그는 일 년 동안 특정 지역을 조깅하면서 변화가 있는지 찾아본다. 거래를 통해 이득을 보려면 반드시 두 가지 요소가 있어야 한다. 저렴한 거래 대상과 변화다. 저렴한 거래 대상은 많다. 그러한 거래 대상을 이익을 얻을 수 있는 기회로 바꾸는 것이 바로 변화다. 한 달에 몇 분 정도밖에 걸리지 않는 일이다. 로버트는 그것도 운동이나 쇼핑 등 다른 일을 보면서 수행한다.

- **모든 시장에서 저렴한 상품을 찾으라:** 소비자들은 언제나 가난하다. 슈퍼마켓이 세일을 할 때, 예를 들어 화장실 휴지를 싸게 팔면 소비자들은 우르르 몰려와 사재기를 해 댄다. 그러나 부동산이나 주식 시장이 세일을 하게 되면(가격 폭락 또는 시장 붕괴) 소비자들은 종종 도망쳐 버린다. 이 점을 명심하라. 당신이 이득을 올리는 것은 팔 때가 아니라 살 때다.

- **올바른 장소를 찾으라:** 한 이웃이 10만 달러짜리 아파트를 샀다. 로버트는 바로 옆에 있는 똑같은 아파트를 5만 달러에 샀다. 이웃이 로버트에게

그 아파트 가격이 올라가기만을 기다리고 있다고 말하자 로버트는 그에게 이득은 팔 때가 아니라 살 때 만들어진다고 말했다. 이웃은 부동산 중개인의 도움을 받아 그 물건을 샀고, 로버트는 500달러를 주고 들은 강좌에서 배운 경매를 통해 그 건물을 샀다. 그러나 그의 이웃은 부동산 투자 강의가 500달러나 하는 것은 너무 비싸다고 생각하며 그런 돈이나 시간을 감당할 여유가 없다고 했다. 그는 그저 가격이 올라가기만을 기다릴 뿐이다.

- **사고 싶어 하는 사람을 먼저 찾으라. 그런 다음 팔고 싶어 하는 사람을 찾으라:** 파이를 사서 여러 조각으로 자르라. 대부분의 사람들은 자기가 감당할 수 있는 것을 찾기 때문에 늘 너무 작은 것만을 본다. 그들은 파이의 한 조각만을 사며, 따라서 작은 것에 대해 더 많은 돈을 지불한다. 작게 생각하면 큰 것을 얻을 수 없다. 부자가 되고 싶다면 크게 생각하라.

- **크게 생각하라:** 소매상들은 대량 할인 판매를 좋아한다. 사업을 하는 대부분의 사람들은 손이 큰 사람들을 좋아하기 때문이다. 설사 당신이 거래할 수 있는 규모가 작다고 해도 다른 사람들과 결탁해 큰 거래를 협상할 수 있다. 작은 사람들이 작게 머무르는 것은 그들이 작게 생각하고 혼자 행동하거나 혹은 전혀 행동하지 않기 때문이다.

- **역사에서 배우라:** 증권거래소에서 볼 수 있는 큰 회사들은 모두 작은 회사에서 시작되었다. 육십 대에 모든 것을 잃은 후 샌더스 대령은 부자가 되었고, 서른이 되기 전에 빌 게이츠는 세계 최고의 부자 중 한 명이 되었다.

- **행동은 늘 행동하지 않는 것보다 낫다:** 행동을 취해야만 경제적인 보상을 얻을 수 있다. 그러니 지금 행동하라!

실천을 위한 질문과 토론

자, 이제 이 장에서 이해한 바를 당신의 삶에 적용할 시간이다. 아래의 질문을 자신에게 던져 보거나 스터디 그룹에서 토의해 보길 바란다. 솔직하게 답하는 것이 중요하다는 점을 잊지 말라. 자신의 답변 일부가 맘에 들지 않는 경우, 스스로 기꺼이 변화할 의향이 있는지, 자신의 생각과 사고방식을 바꾸는 도전을 받아들일 의향이 있는지 자문해 보라.

1. 위의 '당신이 해야 할 일' 목록은 당신에게 영감을 부여하는가 아니면 위압감을 주는가?

2. 목록 가운데 이미 취하고 있는 행동이 있는가? 있다면 어떤 것들인가?

3. 목록을 읽고 전혀 고려해 본 적이 없거나 제대로 활용해 본 적이 없는 항목이라고 느껴지는 것들이 있는가? 그런 것들을 당신의 생활에 실제적으로 적용하려면 어떤 단계를 밟아야 한다고 생각하는가?

마지막으로 몇 가지 생각을 여러분과 나누고 싶다.

내가 이 책을 쓴 가장 큰 이유이자 이 책이 2000년 이래 베스트셀러 자리를 지킬 수 있었던 이유는 금융 지능을 높이면 삶의 많은 문제들을 해결할 수 있기 때문이다. 돈에 대한 훈련을 받지 못한 우리는 너무나도 자주 일반적인 공식을 이용해 삶을 이끌어 나간다. 열심히 일하고, 돈을 모으고, 대출을 받고, 지나친 세금을 내는 것이다. 오늘날 우리에게는 그 어느 때보다도 좋은 정보가 필요하다.

오늘날 많은 젊은 가족들이 직면하고 있는 재정적인 문제에 관해 다음 이야기를 예로 들어 보겠다. 자식들에게 좋은 교육을 제공하고 퇴직 후의 삶을 준비하려면 어떻게 해야 할까? 우리는 열심히 일하는 것이 아니라 금융 지능을 사용해야 한다.

어느 날 내 친구 하나가 불평을 하고 있었다. 네 자녀의 대학 등록금을 마련하기가 너무 어렵다는 것이었다. 그는 매달 등록금 펀드에 300달러를 붓고 있었는데 그래서 지금까지 모은 돈은 고작 1만 2000달러였다. 맏이가 지금 여섯 살이니 앞으로 저축을 할 수 있는 기한은 십이 년이었다.

당시 피닉스 지역의 부동산 시장은 끔찍한 수준이었다. 사람들은 집을 거의 공짜나 다름없는 가격으로 팔아 치우고 있었다. 나는 친구에게 그가 모은 돈으로 집을 한 채 사라고 권유했다. 그는 그 말에 솔깃해했고, 우리는 가능성을 의논하기 시작했다. 친구의 가장 큰 고민거리는 이미 최대 한도까지 대출을 받은 상태라 집을 한 채 더 구입하기 위해 은행에서 융자를 받을 수가 없다는 것이었다. 나는 은행 말고도 돈을 마련할 수 있는 다른 통로가 있다고 친구를 안심시켰다.

우리는 이 주 동안 우리의 기준에 맞는 집을 찾아 돌아다녔다. 그런 집들이 워낙 많은지라 쇼핑은 즐거웠다. 마침내 우리는 상당히 좋은 동네에서 침실 세 개에 욕실 두 개가 딸린 집을 한 채 발견했다. 집주인은 정리 해고를 당해 집을 빨리 팔아야 했다. 그래야 가족들과 함께 새로운 직장이 있는 캘리포니아로 옮길 수 있기 때문이었다. 집주인은 10만 2000달러를 요구했지만, 우리는 7만 9000달러를 제안했다. 그는 즉시 우리의 제안을 받아들였고, 10퍼센트의 선불금을 받고 융자를 인계하는 데 동의했다. 즉 내 친구는 7,900달러만 내면 된다는 의미였다. 집주인이 이사를 가자마자 친구는 집을 세놓았다. 융자금을 포함해 모든 비용을 지출한 후에도 내 친구는 매달 약 125달러를 손에 넣을 수 있었다.

친구의 계획은 십이 년 동안 집을 가지고 있으면서 매달 수입으로 들어온 125달러를 보태 융자금을 더 빨리 갚는다는 것이었다. 우리의 계산에 따르면 십이 년이면 융자금의 상당 부분을 갚고 맏이가 대학에 갈 즈음이면 매달 800달러의 순수입도 올릴 수 있었다. 집값이 오르면 집을 팔 수도 있을 터였다.

삼 년 뒤 피닉스의 부동산 시장이 크게 회복되면서 그 집에 살던 임차인이 친구에게 15만 6000달러에 집을 팔라는 제의를 했다. 이번에도 친구는 내 생각을 물었다. 나는 그에게 집을 팔고 1031 부동산교환법을 이용하라고 조언했다.

이제 그 친구는 거의 8만 달러를 운용할 수 있게 되었다. 나는 텍사스 오스틴에 사는 다른 친구에게 전화를 걸었고, 이제 내 친구는 세금 공제를 받은 이 돈을 작은 창고 시설에 투자하게 되었다. 석 달 뒤, 친구는 매달 1,000달러가량의 수표를 받기 시작했고 그는 이 돈을 등록금 펀드에 넣었다.

몇 년 뒤 창고 시설이 팔리면서 친구는 그 대가로 거의 33만 달러에 가까운 돈을 수표로 받았다. 그는 이 돈을 다시 매달 3,000달러의 수입을 안겨 주는 새로운 프로젝트에 투자했다. 그리고 그 수입을 또다시 등록금 펀드에 넣었다. 그는 이제 자신의 목표를 쉽게 이룰 수 있으리라 확신하고 있다.

7,900달러와 약간의 금융 지능이 이 모든 것의 발단이었다. 친구의 자녀들은 원하는 교육을 받을 수 있게 되었고, 내 친구는 법적 기구의 보호를 받는 자산을 이용해 노후를 준비할 것이다. 이 성공적인 투자 전략 덕분에 그는 일찍 은퇴할 수 있을 것이다.

이 책을 읽어 준 독자들에게 감사한다. 이 책이 돈이 나를 위해 일하게 하는 방법에 관해 충분한 통찰력을 제시해 주었기를 바란다. 오늘날 우리는 살아남기 위해서라도 높은 금융 지능이 필요하다. '돈이 있어야 돈을 번다.'는 생각은 돈에 관해 잘 알지 못하는 사람들의 생각이다. 그들이 지적이지 못하다는 이야기는 아니다. 단지 그들은 돈이 돈을 만드는 과학을 배우지 않았을 뿐이다.

돈은 아이디어에 불과하다. 더 많은 돈을 원한다면 사고방식을 바꾸라. 자수성가한 사람들은 모두 하나의 아이디어를 가지고 작게 시작해 뭔가 큰 것으로 바꾼 이들이다. 투자에도 똑같은 법칙이 적용된다. 단 몇 달러로 시작해 그것을 뭔가 큰 것으로 불릴 수 있는 것이다. 나는 평생 동안 한 방을 추구하거나 많은 돈을 모은 뒤에야 큰 거래에 뛰어들려고 하는 사람들을 수없이 만났다. 하지만 내가 보기에 그건 어리석은 짓이다. 나는 별로 현명하지 않은 투자가들이 많은 달걀을 한 거래에 집중시켜 순식간에 잃어버리는 모습도 자주 봤다. 그들은 일꾼으로서는 훌륭할지 몰라도 좋은 투자가는 아니었다.

돈에 대한 교육과 지혜가 중요하다. 일찌감치 시작하라. 책을 사고 세미나를 들으라. 연습하라. 작게 시작하라. 나는 5,000달러의 현금을

100만 달러짜리 자산으로 바꿔 육 년도 안 되어 매달 5,000달러의 현금흐름을 만들어 냈다. 하지만 나는 아주 어렸을 때부터 배움을 시작했다. 여러분도 배워야 한다. 별로 어렵지도 않다. 사실 일단 익숙해지기만 하면 쉽게 느껴질 것이다.

내 요점이 분명히 전해졌으리라 믿는다. 당신 머릿속에 있는 것이 당신 손에 들어오는 것을 결정한다. 돈은 아이디어에 불과하다. 『생각하라, 그러면 부자가 되리라Think and Grow Rich』라는 기가 막힌 제목의 책이 있다. '열심히 일하라, 그러면 부자가 되리라.'가 아니다. 돈이 자신을 위해 일하게 하는 방법을 배우라. 그러면 삶이 더욱 쉽고 행복해질 것이다. 이제는 안전하게 해서는 안 된다. 똑똑하게 하라.

세 가지 종류의 수입

회계 분야에서는 수입을 세 가지 종류로 구분한다.

1. 근로 소득
2. 투자 소득
3. 수동적 소득

내게 "학교에 가서 좋은 성적을 얻고 안전한 직장을 얻어라."라고 말한 가난한 아버지는 근로 소득을 권하는 것이었다. "부자들은 돈을 위해 일하지 않는다. 돈이 자신을 위해 일하게 하지."라고 말한 부자 아버지는 투자 소득과 수동적 소득을 이야기하고 있었다. 수동적 소득은 대부분의 경우 부동산 투자에서 파생되는 수입이다. 투자 소득은 주식이나 채권과 같은 명목 자산에서 비롯된다. 빌 게이츠를 세계 최고의 부자로 만들어 준 것은 근로 소득이 아니라 투자 소득이다.

부자 아버지는 이렇게 말하곤 했다. "부자가 되는 비결은 근로 소득을 최대한 빨리 투자 소득이나 수동적 소득으로 바꾸는 데 있지." 또 이렇게도 말했다. "근로 소득의 세금이 가장 높고, 세금이 가장 덜 붙는 건 수동적 소득이다. 그것이 돈이 너를 위해 일하게 해야 하는 이유다. 정부는 돈이 너를 위해 일할 때보다 네가 열심히 일할 때 더 많은 세금을 부과하거든."

내 두 번째 책인 『부자 아빠 가난한 아빠 2』에서 나는 비즈니스 세계를 구성하는 네 부류의 사람들에 관해 설명한 바 있다. 그들은 바로 봉급생활자employee E와 자영업자 및 전문직 종사자small business or self-employed S, 사업가big business B, 투자가investor I다. 대부분의 사람들은 학교에 가서 E와 S가 되는 법을 배운다. 이 책은 이 네 부류의 사람들이 지닌 차이점과 자신이 속한 영역을 바꿀 수 있는 방법에 관한 책이다. 사실 우리가 사용하는 상품들은 대부분 B와 I에 속한 이들이 만드는 것이다.

부자 아빠 시리즈의 세 번째 책 『부자 아빠의 투자 가이드』는 근로 소득을 투자 소득과 수동적 소득으로 전환하는 것이 얼마나 중요한지 보다 구체적으로 기술한다. 부자 아버지는 이렇게 말하곤 했다. "진짜 투자가는 근로 소득을 투자 소득과 수동적 소득으로 바꾼다. 자기가 무슨 일을 하는지 잘 안다면 투자는 절대 위험한 것이 아니다. 그저 상식일 뿐이지."

재정적 자유를 얻는 비결

재정적 자유를 성취하고 큰 재산을 모으는 비결은 근로 소득을 투자/수동적 소득으로 전환할 수 있는 능력에 달려 있다. 부자 아버지는 마이크와 내게 이 기술을 가르치는 데 많은 시간을 들였다. 이런 능력 덕분에 내 아내 킴과 나는 경제적 자유를 성취했고 다시는 일할 필요가 없었다. 우리가 일을 계속한 이유는 그것을 선택했기 때문이다. 오늘날 우리는 부동산 투자 회사를 이용해 수동적 소득을 얻고, 기업 공개와 사모 발행을 통해 투자 소득을 얻는다.

우리는 또한 일터로 돌아가 금융 교육 회사를 열어 책과 게임을 만들었다. 우리의 교재들은 부자 아버지가 내게 가르쳤던 기술들을 다른 사람들에게 가르치기 위한 것이다. 근로 소득을 투자/수동적 소득으로 바꿀 수 있는 기술 말이다.

우리의 게임이 중요한 것은 책에서 가르칠 수 없는 것들을 가르치기 때문이다. 가령 자전거 타는 법을 책

20년 전 그리고 오늘
임무: 금융 교육

이 임무를 달성하는 데 도움이 되는 '부자 아빠' 시리즈의 새 책들을 소개한다. 『부자 아빠의 세컨드 찬스』 『왜 부자들은 더욱 부자가 되는가(Why the Rich Are Getting Richer)』 『돈보다 더 중요한 것은(More Important Than Money)』

으로 배울 수는 없다. 우리가 '캐시플로' 게임과 '어린이를 위한 캐시플로' 게임을 발명한 것은 근로 소득을 투자/수동적 소득으로 전환하는 기본적인 투자 기술을 가르치기 위해서다. 또 이 게임들은 회계 원리와 돈과 관련된 지식들을 가르친다.

내 부자 아버지는 이렇게 말했다. "진짜 투자가는 주가가 오를 때에도 떨어질 때에도 돈을 번다. 그래서 그렇게 많은 돈을 벌 수 있는 것이지." 그들이 돈을 벌 수 있는 한 가지 이유는 확고한 자신감을 갖고 있기 때문이다. 부자 아버지는 말했다. "그들의 자신감이 확고한 건 잃는 걸 두려워하지 않기 때문이다."

달리 말해, 평범한 투자가가 돈을 많이 벌지 못하는 것은 돈을 잃는 것을 두려워하기 때문이라는 의미다. 평범한 투자가들은 손실로부터 자신을 보호하는 법을 모른다. 평범한 투자가들은 전문 투자가가 되는 훈련을 받은 적이 없기 때문에 투자가 위험한 것이라고 생각한다. 미국에서 가장 부유한 투자가인 워런 버핏은 이렇게 말했다. "자기가 무엇을 하는지 모르기 때문에 위험한 것이다." 내 보드게임은 사람들에게 기본적인 투자와 기술적인 투자의 기초를 가르치는 한편 재미도 느끼게 한다.

나는 자주 이런 말을 듣는다. "당신 게임은 너무 비싸요." 이 말은 투자 수익률에 대한 의문을 제기한다. 지불한 가격에 대해 얼마나 많은 가치를 돌려받을 수 있는가의 문제 말이다. 나는 고개를 끄덕이며 대답한다. "그렇죠. 그것들은 비쌉니다. 특히 재미로 즐기는 보드게임에 비하면 더욱 그렇습니다. 하지만 대학에 가고, 평생 동안 열심히 일하면서 월급을 받고, 많은 세금을 내고, 그런 다음 투자 시장에서 돈을 모두 잃고 빈털터리가 될까 봐 걱정하는 인생에 비하면 별로 비싸지 않습니다."

누군가 가격에 대해 웅얼거리며 멀어져 가는 모습을 보고 있노라면 내 부자 아버지의 목소리가 들리는 듯하다. "부자가 되고 싶다면 어떤 종류의 소득을 얻고 그것을 어떻게 유지할지, 그리고 손실로부터 보호하기 위해서는 어떻게 해야 할지 알아야 한다. 그게 바로 부자가 되는 비결이란다."

부자 아버지는 또 이런 말도 했다. "세 가지 소득의 차이점을 이해하지 못하고 그런 소득을 얻고 지키는 방법을 모른다면, 네 능력보다 적게 벌 뿐만 아니라 필요 이상으로 열심히 일해야 할 거다."

내 가난한 아버지는 좋은 교육을 받고 좋은 직장에 다니며 오랫동안 열심히 일하기만 하면 성공을 거둘 수 있다고 생각했다. 부자 아버지도 좋은 교육이 중요하다는 데에는 의견이 일치했다. 그러나 그분에게는 마이크와 내가 세 가지 소득의 차이점을 알고 어떤 종류의 소득을 추구해야 할지 이해하는 것이 중요했다. 그분에게는 그것이 바로 기본적인 금융 교육이었다.

세 가지 소득의 차이점을 알고 그것을 얻는 투자 기술을 배우는 것은 많은 재산을 모아 재정적인 자유를 성취하고자 하는 사람이라면 누구나 배워야 할 기본적인 교육이다. 그런 특별한 종류의 자유는 오직 소수의 사람들만이 누릴 수 있다. 부자 아버지가 첫 번째 교훈에서 말했듯이 "부자들은 돈을 위해 일하지 않는다. 그들은 돈이 자신을 위해 일하게 하는 방법을 알고 있다."

부자 아버지는 말했다. "근로 소득은 네가 돈을 위해 일하는 것이고, 투자 소득과 수동적 소득은 돈이 너를 위해 일하는 것이다." 이 작은 차이점을 아는 것이 내 인생을 바꿔 놓았다. 로버트 프로스트의 시구처럼 "그리고 그것 때문에 모든 것이 달라졌다."

행동하라!

우리 모두는 두 개의 훌륭한 선물을 받았다. 바로 우리의 정신과 시간이다. 이 두 개의 선물로 무엇을 할 수 있는지는 오직 우리 자신에게 달려 있다. 손에 현금이 들어왔을 때 오직 우리 자신만이 자신의 운명을 결정할 수 있다는 얘기다. 돈을 어리석게 쓰는 것은 가난을 선택하는 것이다. 돈을 부채에 써 버리면 중산층에 합류하게 된다. 그것을 정신에 투자해 자산을 취득하는 방법을 배운다면 당신은 부유함뿐만 아니라 목표와 미래까지 결정하는 셈이다. 선택은 당신만의 몫이며, 오직 당신에게 달려 있다. 매일매일, 한 푼 한 푼을 어떻게 쓸지 선택할 때마다 당신은 부자나 중산층, 또는 가난한 이가 되기로 결정하는 것이다.

이러한 지식을 당신의 자녀들에게 나눠 주기로 선택하라. 그 아이들이 앞으로 마주하게 될 세상에 대비할 수 있도록 선택하라. 당신 말고는 아무도 이 일을 할 수 없다.

지금 당장의 선택이 당신과 당신 아이들의 미래를 결정한다.

삶이라는 이 근사한 선물을 부유하고 행복하게 즐기길 바란다.

— 로버트 기요사키

마치며

부자 아빠 다시 읽기

로버트가 이 책을 쓴 이유는 금융 지능을 높이면 삶의 많은 문제들을 해결할 수 있다는 통찰을 공유하기 위해서다.

그는 자녀들의 대학 교육비를 준비하는 과정에 대해 걱정하던 친구의 사례를 들려준다. 친구는 로버트의 조언에 따라 피닉스의 한 주택에 선불금으로 7900달러를 투자하고 몇 년 뒤 매달 월세 수입으로 3000달러를 챙기는 프로젝트를 성공시킬 수 있었다. 이 일의 성공에는 약간의 착수금과 금융 지능만이 필요했을 뿐이다.

중요한 것은 돈에 대한 교육과 지혜다. 일찌감치 시작하라. 책을 사고 세미나를 들어라. 연습을 하라. 작게 시작하라. 당신 머릿속에 있는 것이 당신 손에 들어오는 것을 결정한다. 돈은 아이디어에 불과하다.

회계 분야에서는 수입을 세 가지 종류로 구분한다. 근로 소득과 투자 소득 그리고 수동적 소득이 그 세 가지다. 수동적 소득은 대부분의 경우 부동산 투자에서 파생되는 수입이다. 투자 소득은 주식이나 채권과 같은 명목 자산에서 비롯된다.

근로 소득의 세금이 가장 높고, 수동적 소득에는 세금이 가장 덜 붙는다. 부자 아버지가 말했듯이, 정부는 돈이 당신을 위해 일할 때보다 당신이 열심히 일할 때 더 많은 세금을 부과한다.

두 번째 책인 『부자 아빠 가난한 아빠 2』에서 로버트는 비즈니스 세계를 구성하는 네 부류의 사람들에 관해 설명한다. 그들은 바로 봉급생활자 E, 자영업자 및 전문직 종사자 S, 사업가 B, 투자가 I다. 대부분의 사람들은 학교에 가서 E와 S가 되는 법을 배운다. 그 책은 이 네 부류의 사람들이 지닌 차이점과 자신이 속한 영역을 바꿀 수 있는 방법에 관해 설파한다.

부자 아빠 시리즈의 세 번째 책 『부자 아빠의 투자가이드』는 근로 소득을 투자 소득과 수동적 소득으로 전환하는 것이 얼마나 중요한지 보다 구체적으로 기술한다.

로버트와 킴의 보드게임인 '캐시플로'는 금융 교육을 위해 고안된 것으로 책에서 가르칠 수 없는 부분을 가르치는 중요한 도구다. 이 게임은 근로 소득을 투자 소득이나 수동적 소득으로 전환하는 기본적인 투자 기술을 가르친다. 또한 이 게임들을 통해 회계 원리와 돈에 관한 지식들을 배울 수 있다.

'캐시플로 202'는 '캐시플로 101'의 고급 버전으로, 기술적 투자의 원리를 가르친다. 기술적 투자에는 공매와 콜옵션, 풋옵션, 스트래들 같은 고급 기술들이 연관되어 있다. 이런 고급 기술들을 이해하게 되면 시장이 호황일 때에도 불황일 때에도 돈을 벌 수 있다.

세 가지 소득의 차이점을 알고 원하는 것을 얻는 투자 기술을 배우는 것은 많은 재산을 모아 재정적인 자유를 성취하고자 하는 사람이라면 누구나 배워야 할 기본적인 교육이다. 그런 특별한 종류의 자유는 오직 소수의 사람들만이 누릴 수 있다.

우리는 모두 두 개의 훌륭한 선물을 받았다. 그것은 바로 정신과 시간이다. 이 두 개의 선물로 무엇을 할 수 있는지는 오직 우리 자신에게 달려 있다. 오직 우리 자신만이 손에 현금이 들어왔을 때 자신의 운명을 결정할 수 있다는 얘기다. 매일매일, 한 푼 한 푼을 어떻게 쓸지 선택할 때마다 당신은 부자나 중산층, 또는 가난한 이가 되기로 결정한다. 이러한 지식을 당신의 자녀들에게 나눠 주기로 선택하라. 그 아이들이 앞으로 마주하게 될 세상에 대비할 수 있도록 선택하라.

실천을 위한 질문과 토론

1. 이 책을 다 읽고 나면 어떤 행보를 처음으로 취할 생각인가?

2. 지금 당신은 무엇을 기다리고 있는가?

『부자 아빠 가난한 아빠 2』 미리 보기

시대가 바뀌고 있다

『부자 아빠 가난한 아빠』가 미국에서 1997년에 출간된 이래, 우리의 경제 및 투자 지평에는 큰 변화가 있었다. 십사 년 전, 로버트 기요사키는 일반적인 통념과 달리 "집은 자산이 아니다."라는 대담한 주장을 펼쳤으며, 돈과 투자에 대한 그의 독특한 관점은 많은 이들로부터 비판과 회의, 그리고 분란을 불러일으켰다.

2002년에 발간된 로버트의 또 다른 저서 『부자 아빠의 미래 설계』는 우리에게 목전에 다가온 금융 시장 붕괴에 대비할 필요가 있다고 조언한다. 로버트는 2006년에 도널드 트럼프와 함께 『기요사키와 트럼프의 부자』를 집필했는데, 이 책은 미국의 중산층 감소 현상에 대한 두 사람의 깊은 우려를 반영한 것이다.

로버트는 금융 교육의 위력과 그 필요성을 굳게 믿고 또 주장하고 있다. 서브프라임 사태에 뒤이어 사상 최악의 주택 차압 현상과 극심한 글로벌 경제 위기에 처해 있는 오늘날, 그는 미래를 예견할 뿐만 아니라 무엇을 어떻게 해야 할지 잘 알고 있는 듯 보인다. 전에는 미심쩍어하던 많은 회의주의자들도 이제는 그의 말을 신봉한다.

『부자 아빠 가난한 아빠 2』의 개정판을 준비하면서 로버트는 두 가지 사실을 깨달았다. 하나는 그의 가르침과 메시지가 시간이라는 테스트를 통과했고, 다른 하나는 투자가들이 움직이던 투자 세계가 극적으로 변화했다는 것이었다. 이러한 변화는 I$^{investor, 투자가}$ 사분면에 커다란 영향을 미쳤고 앞으로도 계속해서 영향을 미치게 될 것이다. 나아가 그러한 변화는 로버트가 이 책의 중요한 부분인 '5장 투자가의 다섯 단계'에 수정을 가하도록 결심하는 계기가 되었다.

내 삶의 목적은 무엇인가

어른들은 늘 아이들에게 이렇게 묻는다. "크면 뭐가 되고 싶니?"

어렸을 적 나는 많은 것에 흥미를 느꼈고, 그래서 뭐가 되고 싶은지 손쉽게 말할 수 있었다. 나는 재미있고 멋져 보이는 것이라면 뭐든 되고 싶었다. 해양생물학자, 우주 비행사, 해병, 선원, 비행기 조종사, 또 미식축구 선수도 되고 싶었다.

나는 그중 세 개의 목표를 달성했다. 해병대원, 선박 사관, 그리고 조종사까지.

나는 내가 교사나 작가, 회계사가 되고 싶지 않다는 걸 알고 있었다. 교사가 되고 싶지 않은 것은 학교를 좋아하지 않았기 때문이었고, 작가가 되고 싶지 않았던 것은 영어 수업에서 두 번이나 낙제를 했기 때문이었다. 또 나는 회계 공부를 참을 수가 없어서 MBA 프로그램을 중

도에 그만두기도 했다.

하지만 아이러니하게도, 어른이 되었을 때 나는 내가 되고 싶지 않던 그 모든 것들을 하게 되었다. 나는 학교를 좋아하지 않았지만 지금 교육 회사를 운영하고 있다. 글짓기 실력이 형편없어 영어 과목을 두 번이나 낙제했는데도 지금은 작가로 이름을 떨치고 있다. 내가 쓴 책 『부자 아빠와 가난한 아빠』는 《뉴욕타임스》 베스트셀러 명단에 칠 년 동안이나 올라 있었고, 미국에서 가장 많이 팔린 삼대 서적 중 하나다. 그보다 많이 팔린 책은 『섹스의 즐거움』과 『아직도 가야 할 길』뿐이다. 한 가지 더 아이러니한 점은 『부자 아빠와 가난한 아빠』와 내가 개발한 '캐시플로' 보드게임이 내가 그토록 애를 먹던 회계를 다루고 있다는 것이다.

그렇다면 이것이 "내 삶의 목적은 무엇인가?"라는 질문과 무슨 상관이 있을까?

그 답은 단순하고 그러면서도 심오한 베트남 승려 틱낫한의 말 속에서 찾을 수 있다. "길이 곧 목표다." 다시 말해 삶 속의 길을 찾는 것이야말로 삶의 목표인 것이다. 당신의 길은 직업도 아니고 돈을 많이 버는 것도 아니며 명성이나 성공, 또는 실패가 아니다.

길을 찾는다는 것은 내가 무엇을 하기 위해 태어났는지 알아내는 것이다. 내 삶의 목적은 무엇일까? 나는 어째서 삶이라는 선물을 선사받게 되었을까? 그리고 내가 다시 삶에게 줄 수 있는 선물은 무엇일까?

예전부터 나는 내가 학교에서는 삶의 길을 찾을 수 없다는 것을 알았다. 나는 사 년 동안 사관 학교에서 공부를 했고 선박 사관이 되기 위한 훈련을 받았다. 만일 내가 스탠더드 오일 사의 유조선에서 계속해서 경력을 쌓았다면 결코 내 삶의 길을 찾지 못했을 것이다. 해병대에 남거나 민간 항공사의 조종사로 일했더라도 마찬가지였을 것이다.

만일 내가 유조선의 사관 또는 비행기 조종사로 남았더라면 나는 절대로 국제적인 베스트셀러 작가가 되지 못했을 것이고 「오프라 쇼」의 초대 손님이 되지도 못했을 것이며, 도널드 트럼프와 함께 책을 쓰거나 전 세계 사람들에게 투자와 창업을 가르치는 국제 교육 회사를 설립하지도 못했을 것이다.

길 찾기

이 '현금흐름 사분면'에 대한 책이 중요한 까닭은 삶의 길을 찾는 것을 도와주기 때문이다. 알다시피 대부분의 사람들은 삶의 초반에 "학교에 가서 직장에 들어간다."는 길을 정해 두고 산다. 학교는 $E^{employee, 봉급생활자}$나 $S^{self-employed, 자영업자 혹은 전문직}$ 사분면에서 직장을 찾는 것과 관련이 있을 뿐, 진정한 삶의 길을 찾아 주지는 않는다.

삶의 초반부터 일찍이 자신이 무엇을 해야 할지 정확히 아는 사람들도 있다. 그들은 자신이 의사나 변호사, 음악가, 골프 선수나 배우가 되리라는 것을 알면서 자라난다. 어릴 적부터 특별한 재능을 보이는 신동들에 대해서는 다들 한 번쯤 들어 봤을 것이다. 그러나 눈치 챘을지 모르겠지만, 그것은 직업이지 엄밀히 말하자면 삶의 길이 아니다.

삶의 길을 찾으려면 어떻게 해야 할까?

내 대답은 나도 알았으면 좋겠다는 것이다. 마법의 지팡이를 휘둘러 삶의 길이 나타나게 할 수 있다면 얼마나 좋겠는가.

하지만 내게는 마법 지팡이도 없고 당신에게 무엇을 하라고 말해 줄 수도 없으니, 내가 할 수 있는 최선의 방법은 고작 내가 어떻게 했는지 알려 주는 것이다. 나는 내 직관과 마음, 본능을 믿었다. 이를테면 1973년에 전쟁터에서 돌아온 후 내 가난한 아버지가 학교로 돌아가 학위를 딴 다음 공무원이 되라고 제안하셨을 때 나는 머리가 멍해졌다. 마음은 무거웠고 내 직관은 이렇게 말했다. "절대로 안 돼."

아버지가 예전처럼 스탠더드 오일 사에 복귀하거나 민간 항공사에서 일하는 게 어떻겠느냐고 했을 때에도 내 정신과 마음, 그리고 본능은 안 된다고 말했다. 항해와 비행은 직업으로서도 훌륭하고 보수도 좋았지만 할 만큼 했다는 생각이 들었다.

1973년에 나는 스물여섯 살이었고, 교육이 과정과 절차라는 사실을 충분히 알 만한 나이였다. 예를 들어 나는 배의 사관이 되고 싶었을 때 사관이 될 수 있도록 가르쳐 주는 학교에 갔고, 비행기를 모는 법을 배우고 싶었을 때에는 해군 비행 학교에 입학해 이 년 뒤에 조종사가 되었다. 나는 내가 배울 교육 과정을 신중하게 선택했다. 나는 새로운 교육 과정을 배우기 전에 그것을 거치고 나면 무엇이 될 것인지 알고 싶었다.

제도권 교육은 내게 많은 도움을 주었다. 나는 어렸을 적 꿈꾸던 직업들을 가질 수 있었다. 어른이 된 뒤에는 조금 혼란스러웠다. 사회에는 "길은 이쪽"이라고 쓰여 있는 간판이 없었기 때문이다. 나는 내가 무엇을 '하고 싶지 않은지'는 알고 있었지만 무엇을 '하고 싶은지'는 알지 못했다.

내가 원하는 것이 직업이었다면 모든 것이 간단했을 것이다. 의사가 되고 싶다면 의대에 가면 되고, 변호사가 되고 싶다면 로스쿨에 가면 될 일이었다. 하지만 나는 삶에는 단순히 학교를 졸업하고 자격증을 따는 것보다 더욱 중요한 일이 존재함을 알고 있었다.

비록 그때는 자각하지 못했지만 스물여섯의 나는 새로운 직업이 아니라 내 삶의 길을 찾고 있었다.

학교와는 다른 교육

해병대 조종사로 복무하던 마지막 해인 1973년에 나는 하와이에서 고향 집과 가까운 곳에 배치되어 있었다. 나는 부자 아버지와 같은 길을 가고 싶었다. 해병대에 있는 동안 나는 부동산 투자와 비즈니스를 다루는 주말 강좌에 등록해, B^{big business, 사업가}와 I^{investor, 투자가} 사분면에 속하는 기업가가 될 준비를 다졌다.

동시에 친구의 추천에 따라 진정한 나 자신을 발견하고자 자기 계발 강좌에도 등록했다. 자기 계발 강좌는 점수를 따거나 자격증을 얻기 위한 것이 아니었기 때문에 전통적인 교육과는 차이가 있었다. 부동산 강좌에 등록했을 때와는 달리 나는 거기서 앞으로 무엇을 배우게 될지 알지 못했다. 내가 아는 것이라고는 이제 나 자신을 발견할 때가 왔다는 것뿐이었다.

그리고 첫 수업 시간, 강사는 다음과 같은 단순한 그림을 그렸다.

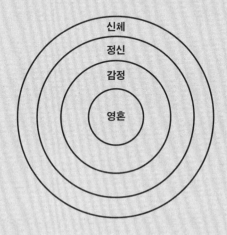

강사는 그림을 완성하고 몸을 돌려 학생들에게 말했다. "완전한 인간으로 성장하기 위해 우리는 정신적, 신체적, 감정적, 그리고 영적 교육을 받아야 합니다."

그녀의 설명을 듣고 있는 동안, 나는 제도권 교육이 학생들을 정신적으로 계발하기 위한 것임을 깨달았다. 그래서 학교에서는 뛰어난 성적을 냈던 학생들 중 상당수가 사회에서는, 특히 돈과 관련된 영역에서는 잘하지 못하는 것이다.

주말 강좌에 참석하면서 나는 내가 왜 학교를 좋아하지 않았는지 알게 되었다. 나는 내가 배우는 것은 좋아하지만 학교는 싫어했음을 깨달았다.

정규 교육은 'A' 학점 학생들을 위한 것이지 나 같은 아이들을 위한 것이 아니었다. 학교 교육은 내 영혼을 억압했고, 두려움이라는 감정을 동기로 활용했다. 실패에 대한 두려움, 직장을 얻지 못할지도 모른다는 두려움 같은 것들 말이다. 그들은 내가 E^{employee}나 S$^{self-employed}$ 사분면에 속한 봉급생활자가 되도록 프로그램했다. 전통적인 학교 교육은 B$^{big\ business}$와 I^{investor} 사분면의 기업가가 되고자 하는 사람에게는 전혀 맞지 않았다.

그토록 수많은 창업가들이 학교를 끝마치지 못한 것도 비슷한 이유일 것이다. 제너럴 일렉트릭의 창시자 토머스 에디슨, 포드 사를 설립한 헨리 포드, 애플의 스티브 잡스와 마이크로소프트의 빌 게이츠, 디즈니랜드를 창립한 월트 디즈니와 페이스북의 창업자인 마크 주커버그까지.

네 가지 종류의 자기 계발 방식에 대해 더욱 깊이 배워 나가면서 나는 내가 매우 황량한 교육 환경 속에서 자라났음을 깨달았다. 남자들밖에 없는 사관 학교에서 사 년을 보내고 그 후 오 년 동안 해병대에서 조종사로 일한 나는 정신적으로나 신체적으로나 상당히 강인했고, 군 조종사로서 감정적, 영적 면에서도 강했다. 그러나 그것은 모두 남성적인 부분에서만 해당되는 것이었다. 나는 부드러운 면이 부족했고 여성적인 에너지를 갖추지 못했다. 나는 해군 사관으로 훈련받은 까닭에 압박감이 극심한 환경에서도 감정적으로 차분했고 언제든 적을 죽일 준비가 되어 있었으며 영적으로도 내 조국을 위해 죽을 각오가 되어 있었다.

톰 크루즈가 나오는 영화 「탑 건」을 본 적이 있다면 용감무쌍한 조종사들의 남성적인 세계에 대해 약간은 감이 잡힐 것이다. 나는 그런 세계에 익숙했다. 그것은 현대판 기사(騎士)와 전사들의 세계다. 겁쟁이나 약골은 살아남지 못한다.

나는 세미나를 통해 내 감정적인 면을 취하고 영적 부분에 접촉했다. 그리고 무척 많이 울었다. 내게는 펑펑 울 만한 이유가 많았다. 나는 누구도 요구받아서는 안 될 일들을 수없이 하고 또 목격했다. 세미나 도중 나는 다른 남자 참가자를 껴안았는데, 이제껏 내가 한 번도 해본 적이 없는 행동이었다. 심지어 내 친아버지에게도 말이다!

일요일 저녁 자기 계발 워크숍이 끝났을 때에는 발길이 쉽사리 떨어지지가 않았다. 세미나는 매우 온화하고 애정이 넘쳤으며 정직하고 솔직했다. 하지만 월요일이면 나는 다시금 젊고 자기중심적이며, 비행기 조종과 살인, 그리고 국가를 위해 죽을 각오가 되어 있는 군인들 세계로 돌아가야 했다.

주말 세미나를 경험한 나는 변화가 필요한 시점이 왔음을 깨달았다. 나 자신의 영혼 및 감정적인 면을 계발해 보다 친절하고 온화하고 그러면서도 더욱 열정적인 사람이 된다는 것은 아마도 내가 이제껏 해본 일 중 가장 힘든 것일 터였다. 사관 학교와 비행 학교에서 보낸 지난 세월과 정반대 방향으로 나아가야 했기 때문이다.

나는 그 뒤로 제도권 교육으로 돌아가지 않았다. 나는 다시는 점수나 학위, 자격증, 승진을 위해 공부하고 싶지 않았다. 이후로 나는 오직 더 많은 것을 배우기 위해, 더 나은 사람이 되기 위해 강의를 듣고 공부를 했다. 점수와 학위, 자격증과 같은 헛된 것은 더 이상 추구하지 않았다.

교사 집안에서 자란다는 것은 내가 나온 고등학교와 대학의 이름, 점수와 학위가 모든 것이라는 의미와도 같다. 마치 해병대 조종사의 가슴에 달린 훈장과 리본들처럼, 명문 대학과 좋은 학위는 교육자의 신분을 나타내는 계급장이다. 그들은 내심 고등학교를 중퇴한 사람들을 삶에서 낙오한 하층민이라고 생각한다. 석사 학위를 가진 사람들은 학사로 졸업한 사람들을 내려다보고, 박사 학위 소지자들을 우러러본다. 스물여섯의 나는 내가 결코 그런 세상으로 돌아가지 않을 것임을 알고 있었다.(2009년 로버트는 페루 리마에 있는 산 이냐시오 데 로욜라 San Ignacio de Loyola 대학에서 기업가정신 부문 명예박사 학위를 수여받았다. 전 스페인 대통령을 비롯한 많은 정치 지도자들도 같은 학위를 수여받은 바 있다.)

나의 길을 찾아

이 글을 읽는 누군가는 지금쯤 의아해하고 있을 것이다. 어째서 저 사람은 비정규 교육 과정에 대해 저렇게 길게 늘어놓고 있는 거지?

내가 처음으로 들은 자기 계발 세미나가 배움에 대한 내 열망에 다시 불을 지펴 주긴 했지만, 그것은 보통의 학교에서 가르쳐 주는 것이 아니었다. 그 세미나를 들은 뒤 나는 세미나광이 되어 온갖 세미나를 기웃거리며 내 몸과 마음, 감정, 그리고 영혼을 하나로 연결할 방법을 찾으러 애썼다.

공부를 하면 할수록 나는 전통적인 교육 방식에 회의를 느끼게 되었다. 나는 이런 질문을 던지기 시작했다.

- 왜 많은 아이들이 학교를 싫어하는가?
- 왜 학교를 좋아하는 아이들은 거의 없는가?
- 왜 훌륭한 교육을 받은 사람들 중 많은 수가 사회에서 성공을 거두지 못하는가?
- 학교는 아이들에게 현실적으로 사회에 대비할 수 있게 해 주는가?
- 왜 나는 학교는 싫어하지만 배우는 건 좋아하는가?
- 왜 교사들은 대부분 가난한가?
- 왜 학교에서는 돈에 대해 가르치지 않는가?

이러한 질문들은 내게 학교 제도라는 담장 너머 바깥세상의 교육에 대해 공부하게 만들었다. 나는 연구를 통해 내가 왜 학창 시절에 학교를 싫어했으며, 어째서 학교가 대부분의 학생들을, 심지어 A학점 학생들마저도 제대로 교육하는 데 실패했는지 이해했다.

호기심은 내 영혼을 자극했고, 나는 교육 사업가가 되었다. 만약 이런 호기심이 아니었다면 나는 결코 작가가 되지 못했을 것이며 재정 관리를 교육하는 게임을 개발하지도 못했을 것이다. 영적인 교육이 나를 삶의 길로 인도한 것이다.

삶의 길은 우리의 정신 속에서 찾을 수 있는 것이 아니다. 그것은 바로 우리의 마음속에 있다.

제도권 교육에서는 길을 찾을 수 없다는 얘기가 아니다. 물론 학교에서 자신의 길을 찾는 사람들도 많다. 그저 나 자신은 정규 교육제도 안에서 내 길을 찾지 못했다고 말하는 것이다.

삶의 길이 왜 중요한가?

여러분은 많은 돈을 벌면서도 자기가 하는 일을 싫어하는 사람들을 알고 있을 것이다. 돈을 많이 벌지도 못하고 자기 일도 싫어하는 사람들도 알 것이다. 그리고 오직 돈을 위해 일을 하는 사람들도 알고 있을 것이다.

나와 함께 해양 사관 학교에 다녔던 한 친구가 있다. 그 친구는 평생을 바다에서 보내고 싶지 않았고, 그래서 해양 사관 학교를 졸업하고 로스쿨에 들어가 삼 년 동안 열심히 공부한 끝에 변호사가 되어 S 사 분면에 자리를 잡았다.

그는 오십 대 초반에 죽었다. 친구는 변호사로 크게 성공했지만 행복하지는 않았다. 그는 나와 마찬가지로 스물여섯 살 때 두 가지 직업을 가지고 있었다. 친구는 변호사 일을 싫어했지만 가족과 아이들, 주택 융자와 청구서를 위해 일을 계속했다.

친구가 죽기 일 년 전 나는 뉴욕에서 열린 동창회에서 그를 만났다. 친구는 무척 신랄한 사람이 되어 있었다. "내가 하는 일은 너 같은 부자들의 뒤치다꺼리를 해 주는 거지. 하지만 내가 얻는 건 하나도 없어. 난 내가 하는 일도 싫고, 내가 일을 해 주는 그 작자들도 싫어."

"다른 일을 해 보지 그러나?"

"일을 그만둘 수가 없어. 첫애가 대학에 들어가거든."

그는 딸이 대학을 졸업하기 전에 심장마비로 사망했다.

친구는 직장 생활을 하며 많은 돈을 벌었지만 감정적으로는 늘 화가 나 있었고 영적으로는 죽어 있었으며, 그의 육신도 곧 영혼의 뒤를 따르고 말았다.

이게 극단적인 예시라는 건 안다. 내 친구만큼 자기 일을 싫어하는 사람들은 사실 별로 많지 않다. 그러나 이 이야기는 좋아하지도 않는 직업에 매여 자기 길을 찾을 수 없는 이들이 어떤 문제를 겪는지를 잘 보여 준다.

내가 보기에는 이것이 바로 제도권 교육의 결점이다. 학교를 졸업한 수많은 사람들이 자기가 싫어하는 일에 매여 살게 된다. 그들은 자신의 삶에 뭔가가 부족하다는 사실을 안다. 많은 이들이 재정적 함정에 빠져 겨우 먹고살 정도로만 벌며, 더 많은 돈을 벌길 원하면서도 어떻게 해야 할지 알지 못한다.

많은 이들이 다른 경제 사분면이 있다는 것을 알지 못한 채 학교로 돌아가 새로운 직업을 알아보거나 E나 S 사분면에서 급여를 인상받는 데 그칠 뿐, B와 I 사분면의 세계를 인지하지 못한다.

내가 교사가 된 이유

내가 B 사분면에서 교사가 된 이유는 다른 사람들에게 금융 교육을 제공하고 싶었기 때문이다. 나는 돈을 얼마나 벌든 평균 점수가 얼마나 되든 상관없이, 배우고자 하기만 한다면 누구에게나 금융 교육을 해 주고 싶었다. 리치 대드 컴퍼니가 캐시플로 게임을 만든 것도 그런 이유에서다. 이 게임은 현재 16개국 언어로 번역되어 세계 곳곳의 수백만 사람들에게 보급되고 있다.

오늘날 리치 대드 컴퍼니는 금융 교육 강좌를 제공할 뿐만 아니라 개인의 금융 교육을 돕는 코치나 멘토들과의 만남도 주선한다. 우리의 프로그램은 E와 S 사분면에서 빠져나와 B와 I 사분면에 합류하고자 하는 사람들에게 특히 큰 도움이 된다.

모든 사람들이 B와 I 사분면에 들어갈 수 있다는 보장은 없으나, 원하기만 한다면 그 두 사분면에 접근하는 방법은 배울 수 있다.

변화는 쉽지 않다

내게 있어 사분면을 옮기는 것은 쉽지 않은 일이었다. 정신적으로도 많은 노력이 필요했지만 감정적으로나 영적으로는 더 큰 노력이 필요했다. 많은 교육을 받은 봉급생활자, 즉 E 사분면에 속한 집안에서 자란 나는 어렸을 때부터 그에 걸맞는 교육과 안정적인 직장, 복지혜택, 그리고 정부 연금이 중요하다는 가치관에 익숙해져 있었다. 나는 창업가 겸 투자가가 되겠다는 내 결심에 대해 주변 사람들의 걱정과 우려, 그리고 비판에 맞서 싸워야 했다. 나는 이런 말들을 수도 없이 귓전으로 흘려보냈다.

- "하지만 넌 벌써 직장이 있잖아."
- "너무 위험하지 않아?"
- "그러다 실패하면 어쩌려고?"
- "대학원에 가서 학위나 따지?"
- "의사가 되어야 해. 그래야 돈을 많이 벌지."
- "부자들은 탐욕스러워."
- "왜 그렇게 돈을 중요하게 여기는데?"
- "돈이 많다고 행복해지는 건 아냐."
- "그냥 아끼면서 살아."
- "안전이 최고야. 무턱대고 꿈만 좇으면 안 돼."

다이어트와 운동

내가 감정 및 영적 계발에 대해 언급한 이유는 삶에 영구한 변화를 일구기 위해서는 그것들이 필수적이기 때문이다. 예를 들어 살을 빼고 싶은 사람에게 "그냥 적게 먹고 운동을 많이 해."라고 말해 봤자 아무 소용도 없다.

사분면을 바꿀 때에도 마찬가지다. "난 B 사분면에서 기업가가 되겠어."라고 스스로 다짐하는 것은 골초 흡연가가 "내일은 담배를 꼭 끊겠어."라고 말하는 것과 별반 다를 바가 없다. 흡연은 감정적 그리고 영적 문제 때문에 발생하는 신체의 중독 현상이다. 따라서 흡연가는 감정 및 영적 도움 없이는 담배를 끊을 수가 없다. 알코올 중독과 섹스 중독, 쇼핑 중독의 경우도 마찬가지다. 대부분의 중독은 자신의 영혼 속에서 행복을 찾고자 하는 시도에 의해 발생한다.

우리 회사가 몸과 마음을 위한 강의를 제공하고 감정 및 영적 변화를 도와줄 코치와 멘토들과 연결해 주는 것도 그런 이유에서다.

분명 혼자서 여정을 마칠 수 있는 사람도 존재하지만 나는 그런 이들 중 한 명이 아니었다. 부자 아버지 같은 코치나 내 아내 킴의 도움이 없었더라면 나는 내 길을 찾지 못했을 것이다. 나는 수도 없이 길을 찾는 여정을 그만두고 포기하고 싶었다. 부자 아버지와 킴이 없었더라면 필시 포기하고 말았을 것이다.

'A' 학점 학생들이 실패하는 이유

다음 그림을 들여다보면 어째서 그토록 수많은 'A' 학점 학생들이 재정적 영역에서 실패하는지 이해할 수 있을 것이다.

부자 아빠 가난한 아빠

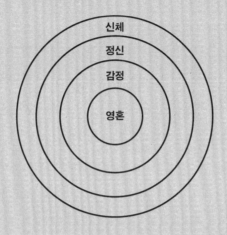

정신적으로 많은 교육을 받은 사람도 감정적으로는 교육이 미흡할 수 있다. 몸이 겁에 질리면 반드시 해야 할 일도 못하게 된다. 'A' 학점 학생들은 너무 소소한 세부 사항까지 신경을 쓰는 나머지 '분석 불능' 상태에 빠져 아무것도 하지 못하게 된다.

그들이 분석 불능 상태에 빠지는 이유는 우리의 교육 제도가 실수를 저지른 학생들에게 벌을 주기 때문이다. 따지고 보면 'A' 학점 학생들이 'A'를 받는 것은 실수를 잘 저지르지 않기 때문이다. 문제는 현실 세계에서는 어떤 행동이든 취하는 사람은 많은 실수를 저지르고, 그로써 새로운 것을 배워 삶이라는 게임에서 승리하게 된다는 점이다.

클린턴 대통령과 부시 대통령을 보라. 클린턴은 섹스를 했다는 것을 인정하지 않았고 아들 부시는 재임 시절 자신이 한 실수를 하나도 기억하지 못했다. 실수를 저지르는 것은 인간적인 행동이지만 자신의 실수에 대해 거짓말을 하는 것은 범죄다. 그것을 '위증죄'라고 부르지 않는가.

전구를 발명하기까지 1,014번의 시행착오를 거쳤다는 비판에 대해, 토머스 에디슨은 이렇게 말했다. "나는 1,014번 실패한 게 아니오. 작동하지 않는 방법을 발견하는 데 1,014번이나 성공한 거지."

다른 말로 하자면, 사람들이 성공을 거두지 못하는 이유는 충분히 실패하지 못했기 때문이다.

아래 그림을 다시 보라.

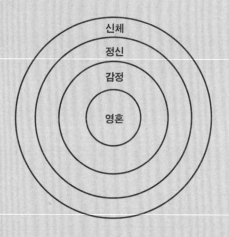

사람들이 안정적인 직장에 매달리는 이유는 감정 교육이 미흡하기 때문이다. 그들은 두려움 때문에 앞으로 나아가지 못한다.

사관 학교와 해병대의 가장 좋은 점은 이 같은 조직들이 많은 시간을 들여 젊은이들을 영적으로, 감정적으로, 정신적 그리고 신체적으로 계발하고 발전시킨다는 데 있다. 비록 그 방식이 조금 힘들고 거칠긴 하지만 우리가 고약한 일을 할 수 있도록 만반의 준비를 갖추게 해 주는 완전한 교육임은 틀림없다.

결론

삶의 길을 찾는 것이 늘 쉬운 일은 아니다. 심지어 나조차도 내가 올바른 길을 찾았는지 아직까지는 확신하지 못한다. 우리는 끊임없이 길을 잃을 것이며, 다시 올바른 길로 돌아오는 것도 쉽지 않을 것이다.

알맞은 사분면에 속해 있지 않거나 올바른 길에 들어서지 못했다고 생각한다면 가슴속 깊은 곳을 들여다보고 나만의 삶의 길을 찾으라. 혹시 이런 말들을 입에 달고 사는 사람이 있다면 변화를 꾀해야 할 때가 온 것이다.

- "나랑 일하는 사람들은 다 맞이 간 것 같아."
- "지금 하는 일은 좋지만 그래도 돈을 더 많이 벌고 싶어."
- "빨리 주말이 왔으면 좋겠다."
- "내 사업을 하고 싶어."
- "아직 퇴근 시간 안 됐나?"

우리 누이는 불교 승려다. 그녀의 길은 달라이 라마를 받드는 것이며, 그 보답으로 아무것도 받지 않는다. 누이는 돈을 벌지 못하지만 그렇다고 가난하지는 않다. 임대료를 받는 건물을 소유하고 있고 금과 은에 투자를 하고 있기 때문이다. 그녀의 강인한 영혼과 금융 교육으로 단련된 정신은 그녀가 삶의 길을 따르되 빈곤을 경험하지 않게 해주었다.

어찌 보면 내가 학창 시절 그리 똑똑하지 못한 아이로 낙인찍힌 것은 오히려 다행이었다. 감정적으로는 고통을 겪었지만 바로 그 고통의 감정이 내게 교사로서의 삶을 길을 찾을 수 있게 도와주었기 때문이다. 그리고 내 누이와 마찬가지로 나 역시 교사라고 해서 굳이 가난하게 살 필요는 없다.

틱낫한 스님의 말을 상기하라. "길이 곧 목표다."

나는 어떤 사분면에 속해 있는가

현금흐름 사분면(Cashflow Quadrant)은
돈을 얻는 출처에 따라 사람들을 분류한다.

당신은 경제적 자유를 누리고 있는가? 만일 경제적으로 삶의 갈림
길에 놓여 있다면 『부자 아빠 가난한 아빠 2』는 당신을 위한 책이다.
만약 지금 하는 일을 조절하고 통제해 자신의 재정적 운명을 바꾸고
싶다면, 이 책이 당신의 길을 새로 그리는 데 도움을 줄 것이다.

다음 그림이 바로 현금흐름 사분면이다. 각각의 사분면에 있는 글자
들은 다음을 의미한다.

E: 봉급생활자 (employee)
S: 자영업자 또는 전문직 종사자 (self-employed)
B: 사업가 (big business: 직원 500명 이상)
I: 투자가 (investor)

우리 모두는 현금흐름 사분면의 네 영역 가운데 최소한 한 부분에 속해 있다. 우리가 속한 사분면이 무엇인지는 우리의 현금이 어디서 비롯하는가에 의해 결정된다. 우리 중 많은 이들이 봉급에 의존하는 피고용인이고 또 어떤 이들은 자영업자나 전문직이다. 봉급생활자들과 자영업자 및 전문직 종사자 들은 현금흐름 사분면의 왼쪽 면에 속한다. 한편 현금흐름 사분면의 오른쪽 면은 자기 소유의 사업체나 투자를 통해 현금을 얻는 이들의 자리다.

현금흐름 사분면은 돈을 얻는 출처에 따라 사람들의 유형을 분류하는 간단한 방식이다. 네 개의 사분면은 각각 독특한 특성을 지니고, 같은 사분면에 속한 이들은 공통점을 지닌다. 현금흐름 사분면은 현재 당신이 속한 사분면을 알려 주고, 경제적 자유를 얻는 길을 선택했을 때 향후 가고자 하는 길로 갈 수 있게 도와준다. 경제적 자유는 네 개의 사분면 모두에서 찾을 수 있지만 B나 I의 기술들이 당신이 택한 재정적 목표에 더욱 빨리 도달할 수 있도록 도와줄 것이다. 성공적인 E가 퇴직 후에도 경제적인 안정을 확보하기 위해서는 성공적인 I가 될 필요가 있다.

크면 뭐가 되고 싶니?

이 책은 여러 가지 면에서 내 전작인 『부자 아빠 가난한 아빠』의 속편이다. 혹시 그 책을 읽지 않은 독자들을 위해 간단히 설명하자면 『부자 아빠 가난한 아빠』는 내 두 분 아버지가 돈과 삶에 관해 가르친 서로 다른 교훈들을 담고 있다. 한 분은 내 진짜 아버지이고 다른 한 분은 내 가장 친한 친구의 아버지였다. 한 분은 많은 교육을 받았고 다른 한 분은 고등학교를 중퇴했다. 그리고 한 분은 가난했고 다른 한 분은 부자였다.

가난한 아버지의 충고

교육은 많이 받았지만 가난한 내 친아버지는 어린 내게 이렇게 말했다. "학교에 가서 좋은 성적을 받아 안전하고 안정된 일자리를 찾아라." 아버지가 권한 삶의 길은 이런 것이었다.

가난한 아버지는 내게 높은 보수를 받는 봉급생활자 E나, 자영업자 또는 의사나 변호사, 회계사 같은 전문직 S가 되기를 권했다. 가난한 아버지는 고정된 급여와 복지 혜택, 그리고 안정적인 일자리가 중요하다고 생각했고, 그래서 높은 보수를 받는 고위 공무원이 되어 하와이 주의 교육감이 되었다.

부자 아버지의 충고

한편 교육을 많이 받지 못한 내 부자 아버지는 매우 다른 조언을 해주었다. 그분은 "학교에 가서 졸업을 한 다음, 사업을 하고 성공적인 투자가가 되어라."라고 말했다. 그분이 권한 삶의 길은 다음과 같았다.

이 책은 내가 부자 아버지의 조언을 따르면서 경험했던 정신적, 감정적, 그리고 교육적 과정에 관한 것이다.

이 책을 읽어야 할 사람들

이 책은 사분면을 옮겨 갈 준비가 되어 있는 사람들, 특히 지금은 E와 S에 속해 있지만 앞으로 B나 I로 옮겨 가고자 하는 사람들을 위한 것이다. 안정적인 일자리를 넘어 경제적인 안정을 달성하고 싶어 하는 사람들을 위한 것이다. 쉽고 편안한 삶의 길은 아니지만 그 길의 끝에 놓여 있는 경제적 자유는 힘든 여정에 대한 충분한 보상이 되어 줄 것이다.

내가 열두 살 때 부자 아버지는 내게 단순한 이야기를 하나 들려주었다. 그 이야기는 나를 큰 재산과 경제적 자유의 길로 인도해 주었는데, 그것은 현금흐름 사분면의 왼쪽에 있는 E와 S 사분면과 사분면의 오른쪽에 있는 B와 I 사분면이 어떻게 다른가에 대한 부자 아버지 특유의 독특한 설명이었다.

"옛날 옛적에 작고 기이한 마을이 하나 있었단다. 그곳은 참 살기 좋은 마을이었지만 한 가지 문제가 있었지. 비가 오지 않으면 물을 구할 수가 없다는 것이었어. 이 문제를 완전히 해결하기 위해 마을 장로들은 날마다 마을에 물을 날라 줄 사람을 구하기로 했다. 두 사람이 그일을 하겠다고 나섰지. 그리고 장로들은 두 사람 모두와 계약을 했어. 약간의 경쟁을 허락한다면 가격도 낮추고 만일의 사태에 대비도 할 수있을 거라고 생각했거든.

계약을 따낸 첫 번째 인물은 에드라는 사람이었는데, 즉시 달려 나가 잘 만든 강철 양동이를 두 개 샀지. 그런 다음 이 킬로미터나 떨어진 호수를 왔다 갔다 하며 물을 나르기 시작했다. 그러자 즉시 돈을 벌수 있게 되었어. 그는 아침부터 저녁까지 두 개의 양동이로 열심히 호수에서 물을 퍼 날랐다. 그러곤 그 물을 마을에서 만든 커다란 콘크리트 탱크에 가져다 부었지. 매일 아침 에드는 누구보다도 일찍 일어나 온 마을 사람들이 물을 충분히 쓸 수 있도록 열심히 일했단다. 일이 힘들긴 했지만 그는 돈을 벌 수 있다는 것과 자기가 이 독점적인 사업을 따낸 두 사람 중 한 명이라는 사실이 좋았어.

두 번째로 계약을 따낸 인물은 빌이라는 사람이었는데, 한동안 모습을 감추고 보이지 않았지. 몇 달 동안이나 말이야. 그래서 에드는 무척 기뻤어. 경쟁자가 없었으니까.

양동이 두 개를 산 에드와는 달리 빌은 사업 계획을 짜고, 회사를 만들고, 네 명의 투자자를 구하고, 자기 대신 일을 해 줄 사장을 구했단다. 그러곤 반년 뒤에 건설팀을 데리고 마을로 돌아왔지. 빌이 데려온 사람들은 그 뒤로 일 년 동안 마을과 호수를 연결하는 크고 두꺼운 스테인리스 송수관을 건설했단다.

마침내 송수관을 작동하는 날, 빌은 자기가 제공하는 물이 에드의 물보다 더 깨끗하다고 선언했다. 빌은 마을 사람들이 에드에게 물이 더럽다고 불평하는 걸 알고 있었거든. 또 빌은 자기가 일 년 내내 하루도 빠짐없이 하루 종일 물을 공급할 수 있다고 말했지. 에드는 평일에만 물을 공급했어. 주말에는 일을 하고 싶지 않았으니까. 그리고 마지막으로 빌은 이렇게 깨끗하고 좋은 물을 에드보다 칠십오 퍼센트나 낮은 가격으로 안정적으로 공급하겠다고 선언했단다. 마을 사람들은 환호성을 지르며 그 즉시 빌의 송수관 끝에 달려 있는 수도꼭지로 달려갔지.

에드는 빌과 경쟁을 하기 위해 즉시 물값을 칠십오 퍼센트 낮추고, 양동이를 두 개 더 산 다음 양동이에 뚜껑도 달았단다. 그러곤 이제 양동이를 한 번에 네 개씩 운반하기 시작했다. 더 나은 서비스를 제공하기 위해 자신의 두 아들까지 고용해서 주말과 야간에 일을 시켰지. 아들들이 대학에 가게 되자, 그는 아이들에게 이렇게 말했다. '빨리 돌아

와야 한다. 이 사업이 언젠가는 너희들 게 될 테니까.'

　그런데 무슨 이유에서인지 두 아들들은 돌아오지 않았어. 결국 에드는 직원들을 고용했고, 노조 문제를 겪어야만 했다. 노조는 더 많은 임금과 복지 혜택을 요구했고, 양동이를 한 번에 하나씩만 운반하겠다고 말했지.

　한편 빌은 이 마을에 물이 필요하다면 다른 마을에도 물이 필요할 것이라는 걸 깨달았어. 그래서 그는 사업 계획을 다시 짜서 신속하고 대량 공급이 가능하며 가격은 낮고 품질은 높은 그의 물 공급 시스템을 전 세계 마을에 팔러 갔지. 빌은 물 한 양동이당 겨우 일 센트밖에 못 벌지만 대신에 매일 수십억 양동이의 물을 배달한단다. 그리고 그가 일을 하건 안 하건 수십억 명의 사람들은 매일 수십억 양동이의 물을 소비하고, 그 돈은 모두 그의 은행 계좌로 들어가지. 빌이 개발한 송수관은 마을에 물을 공급할 뿐만 아니라 그에게 돈을 가져다주는 거야.

　빌은 그 뒤로 오래오래 행복하게 살았단다. 하지만 에드는 평생 동안 열심히 일만 하면서 영원토록 경제적 곤란을 겪었지. 자, 이야기는 여기서 끝이다."

　빌과 에드의 이야기는 수년 동안 나를 인도해 주었다. 내가 삶에서 중요한 결정을 내릴 때마다 이 이야기는 나를 도와주었다. 나는 종종 스스로에게 이렇게 묻는다.

　"나는 지금 송수관을 짓고 있는가 아니면 양동이를 나르고 있는가?"

"나는 힘들게 일하고 있는가 아니면 영리하게 일하고 있는가?"

그리고 이런 질문들에 대한 대답이 나를 경제적으로 자유롭게 만들었다.

이 책이 알려 주고자 하는 것도 바로 그것이다. 이 책은 사업가 B와 투자가 I가 되려면 무엇이 필요한지 말해 준다. 이 책은 양동이를 나르는 데 지쳐 송수관을 만들고 주머니에 현금이 흘러들어 오게 하고 싶어 하는 사람들을 위한 것이다.

이 책은 3부로 나뉜다

1부에서는 각각의 사분면에 속한 사람들의 핵심적인 차이점을 다룬다. 왜 어떤 이들은 특정 사분면에 끌리며, 종종 자신도 깨닫지 못한 채 거기 갇혀 있는가? 1부는 자신이 현재 어떤 사분면에 속해 있는지, 그리고 오 년 뒤에는 어디에 있고 싶은지 확인할 수 있게 도와준다.

이 책의 2부에서는 개인적인 변화를 다룬다. 내가 무엇을 해야 하는지가 아니라 어떤 사람이 되어야 하는지에 관해 이야기할 것이다.

3부는 현금흐름 사분면의 오른쪽 면에서 성공하려면 어떻게 해야 하는지를 다룬다. 성공적인 B와 I가 되는 데 필요한 기술들에 관한 부자 아버지의 비밀을 더욱 자세히 설명할 것이며, 이는 경제적 자유로 가는 자신만의 길을 찾는 데 큰 도움이 될 것이다.

이 책 전반에 걸쳐 나는 금융 지능의 중요성을 강조할 것이다. 현금흐름 사분면의 오른쪽에 있는 B와 I 사분면에서 활동하려면 왼쪽에 있는 E나 S 영역의 사람들보다 금융적으로 더욱 똑똑해야 할 필요가 있다. B나 I가 되고 싶다면 자신의 현금흐름 방향을 통제할 수 있어야 한다.

이 책은 삶에서 기꺼이 변화를 일궈 안정적인 일자리를 넘어 자신만의 송수관을 짓고 경제적 자유를 구축하려는 사람들을 위한 것이다.

우리는 지금 정보화 시대에 살고 있다. 역사상 그 어느 때보다도 금전적 보상을 얻을 수 있는 기회가 있는 시대다. B와 I의 기술을 지녔다면 그런 기회를 발견하고 잽싸게 붙잡을 수 있다. 정보화 시대에 성공을 거두려면 네 개의 사분면 모두에서 정보를 발굴할 수 있어야 한다. 그러나 불행히도 우리의 학교 제도는 아직도 산업화 시대에 머물러 있으며 오직 사분면의 왼쪽에만 대비해 학생들을 교육시키고 있다.

정보화 시대로 나아갈 새로운 답을 찾고 있다면, 이 책이 바로 당신을 위한 해답이다. 물론 모든 질문에 대한 답을 지니고 있는 것은 아니지만 이 책은 내가 현금흐름 사분면의 E와 S 영역에서 B와 I 영역으로 이동하면서 얻은 심오하고 유용한 개인적 통찰력을 함께 나누고 있기 때문이다.

저자 소개

로버트 기요사키 *Robert T. Kiyosaki*

재테크 분야 고전으로 손꼽히는 『부자 아빠 가난한 아빠』 시리즈를 통해 전 세계 수천만 사람들의 돈에 대한 인식을 바꿔 놓았다. 하와이에서 태어나고 자란 그에게는 두 아버지가 있었다. 교육은 많이 받았지만 가난했던 친아버지와, 정규 교육은 제대로 받지 못했으나 부자가 된 친구 아버지의 가르침을 동시에 받으면서 그는 결국 부자 아버지의 가르침 속에서 자신의 문제를 해결하는 방법을 찾게 된다.

로버트 기요사키는 돈과 투자에 대한 기존의 통념과 대조적인 사고방식을 지니고 있으며, 직설 화법과 대담한 태도로도 명성이 자자하다. 그는 좋은 일자리를 얻고 돈을 모아 빚을 갚고 장기적으로 분산 투자를 하라는 기존의 충고는 한물간 구식이라고 평한다. "집은 자산이 아니며, 특히 그것이 가장 큰 부채라면 곤경에 처한다."는 그의 주장은 큰 논란을 불러일으켰지만, 금융 위기가 닥쳐오면서 그 말이 사실임이 증명되었다.

금융 교육 회사인 리치 대드 컴퍼니를 설립해 많은 사람들을 경제적 안정으로 가는 길로 안내하는 한편, 「래리 킹 라이브」, 「오프라 윈프리 쇼」를 비롯한 다양한 프로그램에 출연해 투자와 경제적 성공에 대한 해답을 제시하고 있다.

옮긴이 | 안진환

경제경영 분야에서 활발하게 활동하고 있는 전문 번역가. 1963년 서울에서 태어나 연세대학교를 졸업했다. 『영어 실무 번역』, 『Cool 영작문』 등을 집필했고, 역서로 『스티브 잡스』, 『로그아웃에 도전한 우리의 겨울』(공역), 『넛지』, 『빌 게이츠@생각의 속도』, 『The One Page Proposal』, 『포지셔닝』, 『괴짜경제학』, 『미운오리새끼의 출근』, 『피라니아 이야기』, 『실리콘밸리 스토리』, 『전쟁의 기술』, 『애덤 스미스 구하기』 등이 있다.

부자 아빠 가난한 아빠

20주년 특별 기념판

1판 1쇄 펴냄 2000년 2월 10일
1판 141쇄 펴냄 2009년 7월 7일
2판 1쇄 펴냄 2012년 11월 27일
2판 16쇄 펴냄 2018년 1월 18일
3판 1쇄 펴냄 2018년 2월 22일
3판 73쇄 펴냄 2025년 1월 9일

지은이 | 로버트 기요사키
옮긴이 | 안진환
발행인 | 박근섭
책임편집 | 강성봉
펴낸곳 | ㈜민음인

출판등록 | 2009. 10. 8 (제2009-000273호)
주소 | 06027 서울 강남구 도산대로 1길 62 강남출판문화센터 5층
전화 | **영업부** 515-2000 **편집부** 3446-8774 **팩시밀리** 515-2007
홈페이지 | minumin.minumsa.com

도서 파본 등의 이유로 반송이 필요할 경우에는 구매처에서 교환하시고
출판사 교환이 필요할 경우에는 아래 주소로 반송 사유를 적어 도서와 함께 보내주세요.
06027 서울 강남구 도산대로 1길 62 강남출판문화센터 6층 민음인 마케팅부

한국어판 ⓒ ㈜민음인, 2018. Printed in Seoul, Korea
ISBN 979-11-5888-359-1 03320

㈜민음인은 민음사 출판 그룹의 자회사입니다.